도서관, 세상을 바꾸는 힘

Civic Librarianship

국립중앙도서관 출판시도서목록(CIP)

도서관, 세상을 바꾸는 힘 : 도서관과 사서의 위기 극복을 위한 철학적 고민 / 로널드 B. 맥케이브 지음 : 오지은 옮김. − 서울 : 이채, 2006 p. ; cm

원서명 : Civic Librarianship: Renewing the Social Mission of the Public Library
원저자명 : McCabe, Ronald B.
참고문헌수록
ISBN 89-88621-65-4 93020 ; ₩13000

026.3-KDC4
027.4-DDC21   CIP2006001955

도서관, 세상을 바꾸는 힘

초판 1쇄 발행 2006년 9월 25일 | **초판 2쇄 발행** 2006년 12월 27일
지은이 로널드 B. 맥케이브 | **옮긴이** 오지은 | **펴낸이** 한혜경 | **펴낸곳** 도서출판 이채 | **주소** 135-100 서울특별시 강남구 청담동 68-19 리버뷰오피스텔 1110호 | **출판등록** 1997년 5월 12일 제 16-1465호 | **전화** 02)511-1891, 512-1891 | **팩스** 02)511-1244 | **e-mail** yiche7@dreamwiz.com

Original Title : Civic Librarianship : Renewing the Social Mission of the Public Library

Copyright ⓒ 2001 Ronald B. McCabe
published by arrangement with Scarecrow Press, Inc.
Rowman & Littlefield Publishing Group
4501 Forbes Blvd., Suite 200, Lanham, MD 20706, U.S.A.
All Rights Reserved.

Korean translation copyright ⓒ 2006 by Yiche Publishing Co.
through Inter-Ko Book Library Service, Inc.

ISBN 89-88621-65-4 93020
     978-89-88621-65-3 93020

* 값은 뒤표지에 있으며, 잘못된 책은 바꿔 드립니다.

도서관, 세상을 바꾸는 힘

Civic Librarianship

로널드 B. 맥케이브 지음 / 오지은 옮김

이채.

contents

개요 목차

contents

30년이 넘도록 도서관 사서직에 몸담아 온 나는 1980년대 초, 볼티모어 카운티 공공도서관의 관장을 지낸 찰스 로빈슨(Charles Robinson)이 장서 선정에 관하여 "그들이 원하는 것을 주자"는 이론을 처음 펼쳤던 당시를 기억한다. 과거의 도서관 사서들은 도서 선택 시, 책의 질을 가장 중요시하여 서평이 좋고 질적으로 높은 수준을 반영하는 서적들을 구입했다. 그러나 어떠한 기준에서건 도서관 사서들이 고르기보다는 시민들이 원하는 서적을 제공해야 한다는 것이 로빈슨 관장의 주장이었다. 그는 또한 책 홍보의 일환으로 전면을 보이게 하는 페이스 아웃(face-out) 방식이나 서점식의 장서 진열과 같은 급진적인 마케팅 전략을 갖고 있었다. 이러한 로빈슨 관장의 아이디어들은 내게 흥분을 불러일으킴과 동시에 힘을 북돋워 주었고 나는 즉시 도서관으로 돌아가 실행에 옮겼다.

1980년대 말, 나는 오레곤 주 포틀랜드의 멀트노마 카운티 도서관 관장으로 임명된 자리에서 도서관을 "기업처럼 운영"할 것이라고 언론에 공표한 바 있다. 도서관에는 손익계산서는 없지만 도서관의 산출을 측정할 수 있는 방법은 있었다. 나는 공공도서관협회(Public Library Association)가 구상해 낸 이 측정 방법을 이용하여 지역사회에 좀 더 유용하고 책임 있는 도서관을 만들 작정이었다. 당시 나의 이러한 발언은 뉴스거리로, 도서관 운영에 있어서의 신선한 접근으로 여겨졌다.

후에 공공도서관협회에서는 『공공도서관 계획과 역할 선정*Planning and Role Setting for Public Libraries*』이라는 책자를 발간하였고 나는 도서관의 8가지 임무 중 각각의 도서관에 알맞은 임무를 선정하는 데 선발된 시민들과 도서 관 직원들을 활용하는 안내서의 과정을 열심히 따랐다. 그것은 어느 도서관도 8가지 임무를 모두 수행할 수 없다는 생각에서 발로한 것으로, 도서관은 지역 사회와 밀접하게 관련된 하나 혹은 두세 가지의 임무에 집중함으로써 더 나은 서비스를 제공할 수 있을 것이었다. 인터넷이 출현한 1990년대 초, 나는 순회강 연을 통해 도서관이 '정보 사업(information business)'을 하고 있다고 당당히 선언했다. 그리고 정보는 여러 형식으로 전달되며, 도서관은 그 모든 정보 형태 를 사용 가능하게 만든다는 사실을 강조했다.

이 모든 아이디어들이 실행되었을 때 그것은 적절한 조치로서 공공도서관 서비스의 근거를 한 걸음 더 나아가게 하는 듯 보였다. 그러나 민간 마케팅 전 략의 도입으로 초래된 의도되지 않은 결과는 공공도서관의 근간을 이루어온 교 육적 사명과는 거리가 있었다. 공공도서관은 한때 미국 전역을 휩쓸었던 반 (反)주지주의(主知主義)와 반(反)권위주의적인 성향을 띤 시류(時流)와 우연히 맞아 떨어지게 되었다. 공공도서관은 무엇보다도 개인의 권리를 우선적으로 포용했고, 교육이라는 전통적인 사회적 임무에 대한 요구를 최소화했다. 이 책 의 저자 로널드 맥케이브(Ronald McCabe)는 이러한 현상에 대해 다음과 같이 기술한다. "1960년대 문화남북전쟁(the cultural civil war)의 결과로 민주사회 를 위한 교육이라는 공공도서관의 공화주의적 임무는 개인을 위한 정보 제공이 라는 자유주의적 임무 아래 급격한 쇠퇴의 길을 걸었다." 좀 더 큰 그림을 보고 난 후 나는 그의 생각에 동의했다. 우리는 공공도서관의 사회적 임무를 새롭게 해야 한다. 그렇지 않으면 도서관에 세금을 지원해 달라는 요구의 근거는 물론 존재의 이유마저 잃게 될 것이다.

몇 주 전 뉴욕타임스와의 인터뷰에서, 나는 "도서관은 단지 세금을 재원으로 만들어진 휴양 장소일 뿐이지 세금까지 지원할 가치는 없다"는 미드웨스트 지역의 공공도서관을 둘러싼 비난 여론에 대해 나의 의견을 묻는 질문을 받았다. 대개의 미국인들은 여전히 공공도서관이 최소한 교육과는 관련이 있다고 믿는다. 하지만 자세히 들여다보면 우리가 공공도서관의 교육 임무에 대한 권위를 주장하는 데 있어 그 열정을 잃었다는 것을 알 수 있을 것이다. 도서관 이사회와 관장, 대표자들은 교육에 대한 도서관의 보다 큰 권위와 책임을 주장하는 데 실패했다. 다시 저자의 글을 살펴보자. "도서관 운영자들은 사회권위와 공공 교육에 대한 줄어든 사회적 지지와 그들 자신의 교육자와 행정가, 지도자로서의 자질에 대한 개인적 의구심으로 인해 그 영향력이 약화되었다." 도서관에 교육과 지역사회 지도자로서의 역할을 요구하기보다 도서관은 단순한 지역사회의 반영이라고 하는 것이 보다 수월해진 것이다.

미국도서관협회(American Library Association)의 회장직을 맡기 직전인 1998년, 나는 재임 기간을 대비한 중점 목표 혹은 주제를 찾고 있었다. 여러 사람들을 만났고 많은 기사를 읽고 되새겼다. 베이비붐 세대는 오십 줄에 들어서고 있었고 많은 사람들이 원격통신과 재택근무를 하고 있었다. 스타벅스와 킨코스는 교역의 중심이자 만남의 장소가 되고 있었으며 사람들은 커뮤니티를 형성할 수 있는 모임 장소를 갈망하고 있었다. 도서관 사서인 나에게 있어서 어느 지역사회에 기여하건 도시, 시내, 마을, 학교, 대학교, 상업지에 위치한 도서관은 사회와 지식의 중심이라는 것은 분명해 보였다. 나는 회장 재임 기간 동안의 주제를 "도서관이 커뮤니티를 세운다(Libraries Build Community)"로 정했다. 내가 도서관에 말하고 싶었던 것은 다음과 같다. "도서관은 항상 커뮤니티 건설에 참여해 왔습니다. 앞으로도 계속해서 커뮤니티를 만들고 뻗어 나가며 파트너십과 동맹을 구축하십시오. 서로 상충되는 생각들이 모이기에 안전한 장소였던 도서관이 사람들이 모이기에도 안전한 장소라는 것을 보여 주십시오." 같은 맥락에서 시민들에게는 이렇게 말하고 싶었다. "여러분이 생활하고 일하고 공부하는 지역사회의 중심에 도서관이 있기를 기대하십시오. 도서관과 사서들이 지역사회의 모든 구성원들에게 다가오기를 기대하십시오."

이 시기에 나는 저자와 이야기를 나눈 적이 있다. 그 또한 머지않아 공공도서관에 변화가 있으리라고 예상하고 있었지만 그의 관심은 공공도서관의 업무에 쏠려 있었다. 내가 미국도서관협회 회장직을 맡고 도서관 사서들과 일반 시민들에게 지역사회의 모임 장소로서의 도서관의 가능성에 대한 언급을 할 당시 맥케이브는 시민사서의 직무에 관한 연구를 하고 있었다.

이 책을 좀 더 일찍 접했더라면 하는 아쉬움이 남는다. 저자의 연구는 도서관의 지역사회의 모임 장소로서의 개념과 공공도서관의 주요한 사회적 사명으로서의 교육 철학을 접목시키고 있는 것이다. 저자는 1965년 이후 미국을 휩쓸고 있는 반주지주의적이며 개인주의적인 철학의 문화적 기원을 밝히고 도서관 사서 업무가 극단적인 개인주의 풍조와 어떻게 조화를 이루게 되었는가를 설명한다. 이 책은 "그들이 원하는 것을 주자"는 식의 장서 선정에 대한 접근과 지난 30여 년간 채택된 민간 전략이 그 당시에는 적절했음에도 불구하고 도서관의 교육 목적을 퇴색시킨 이유를 설명하면서 퍼즐의 조각들을 맞춰 나간다. 저자는 왜 지금 공공도서관이 그 뿌리를 찾아야 하고 민주주의 사회를 위한 교육이라는 도서관의 사회적 임무를 받아들이는 것이 바람직하며 또 그러할 필요가 있는가를 설명한다.

이 책은 공공도서관에 대한 독자들의 생각에 이의를 제기할 것이다. 보다 광범위한 사회적 측면에서 도서관 사서의 업무에 접근하고 새로운 시대 도서관 발전의 초석인 공공도서관의 전통적인 사회 임무의 재정립을 촉구한다. 저자는 우리에게 미국 공공도서관에 관한 풍부한 사상이 담긴 훌륭한 철학적 논문을 선사하고 있다.

새러 앤 롱(前 미국도서관협회 회장)

역자 서문

　　지식정보화시대의 도래는 디지털 환경을 급속도로 확산시켰을 뿐 아니라 역설적으로 시민들에게 독서의 중요성을 새삼 느끼게 하였다. 또한 지방자치 제도의 부활로 주민들이 자신의 지역에 공공도서관 건립을 강력하게 요구하게 되었고 이러한 요구에 부응하여 지방자치단체에 의한 공공도서관의 건립은 유행처럼 확산되어, 이제 공공도서관은 양적으로 빠르게 성장하는 단계에 이르고 있다.

　　그러나 이러한 지식정보화시대의 도래와 양적인 공공도서관의 확산에도 불구하고 독서진흥법에서 양질의 정보를 제공하고 평생교육과 문화 활동의 증진을 목적으로 하는 공공도서관에서 중심 역할을 하여야 하는 사서는 여러모로 위기를 맞고 있다. 인터넷의 발달이 가져온 풍부한 정보 환경은 정보 수요자 스스로가 필요한 정보를 직접 취득할 수 있게 되어 공공도서관 사서들이 정보 액세스를 제공하는 단순한 도움을 줄 수 있는 기회조차 위축되고 있으며, 지방자치단체를 기반으로 하는 구민회관이나 지역 문화센터 등 다양한 문화 시설의 출현은 공공도서관의 문화적·교육적 기능과 중복되어 공공도서관의 임무와 사서의 역할에 대한 재검토가 필요하다고 생각된다.

　　10년이 넘게 공공도서관 현직에 몸담고 있는 역자는 이러한 도서관에 있어서의 정보화의 급속한 확산과 하드웨어 측면에 있어서 공공도서관의 수의 확대에도 불구하고 소프트웨어 측면에서의 공공도서관의 새로운 역할과 사서의 임무, 공공도서관의 운영 방법과 주민의 요구에 부응하고 우리 사회가 당면한 문제를 토론할 수 있는 프로그램의 개발 등 다양한 문제에 대해 고민하지 않을 수

도서관, 세상을 바꾸는 힘

없었다. 여행시에 개인적으로 외국 도서관 방문 경험을 빼놓곤 외국 유학이나 외국 도서관의 체계적 연수 등의 경험이 없는 역자로서는 이러한 고민이 비단 한 사람의 고민만은 아닐 것이라는 생각으로 급변하는 환경 속에서 양적으로 팽창하는 공공도서관의 새로운 역할과 사서의 임무에 대한 여러 가지 자료와 책을 찾았으나 의외로 국내에는 공공도서관과 관련된 책이 많지 않았고 외국 서적으로 눈을 돌려 찾던 중 이 책을 접하게 되었다.

이 책에서 저자는 미국이라는 구체적인 상황 속에서 공공도서관 임무의 변화를 역사적·정치적·철학적 배경을 기반으로 설명하면서 공공도서관이 민주사회를 위한 교육적 임무를 달성하기 위해 일정한 지역사회에 기반을 두고 개인을 위한 서비스뿐만 아니라 지역사회를 위한 다양한 서비스로 지역의 커뮤니티를 구축하고 강화시키는 임무를 맡은 사서를 '시민사서'라는 개념으로 제시하고 있다. 이러한 문제 제기와 분석은 현재 우리나라의 공공도서관에서 유행하고 있는 전자정보서비스, 독서지도, 아동사서 등 부분적이고 기능 중심적인 논의와는 다르게 공시적(共時的)이며 동시에 통시적(通時的)으로 공공도서관의 역할에 대한 원론적인 고민과 방향성을 제시하여 준다는 점에서 차별화되고 있다고 생각된다.

물론 미국 중심의 사례라는 한계를 가지고 있어 국내에 그대로 적용할 수 있는가라는 또 다른 문제를 남기지만 감히 역자가 이 책을 번역하여 발간하고자 하는 무리한 용기를 갖게 된 동기도 이 책이 공공도서관의 발전을 고민하는 모든 사람들에게 폭넓게 고민하고 대화하는 계기가 되었으면 하는 바람에서였다. 책의 내용을 간단히 소개하자면 이 책은 먼저 소위 미국의 문화남북전쟁 과정에서 나온 다양한 철학적·문화적 입장이 공공도서관에 끼친 영향에 관해서 미국 공공도서관의 역사와 관련지어 서술하고 있다. 그다음으로 지역사회 운동의 이념에 대한 일반적인 설명과 새로운 접근을 가능하게 하는 제도 개혁의 측면에서의 재정의를 내리고 있다. 그리고 미래의 공공도서관에 있어서의 시민사서직의 중요성 및 시민사서직의 가능성을 제시하고 있다.

저자는 이러한 논의를 통해 '시민사서 업무'가 자유주의적 공공도서관의 관점인 사용자에게 정보 액세스를 제공하는 소극적 임무에서 벗어나 지역사회 운동의 아이디어를 빌려 전통적인 공공도서관 서비스인 교육적 임무로 회귀할 수 있게 해 줌과 동시에 공공도서관을 미래로 나가도록 할 수 있게 하는 새로운 시각으로 제시한다. 이러한 회귀는 전통적 공공도서관의 관점인 과거로 다시 돌아가는 것이 아니라 전통적 관점과 자유주의적 관점의 장점을 결합하여 공공도서관이 개인에 대한 서비스와 개인의 삶을 지탱하는 사회구조에 대한 서비스 사이에서 새로운 균형을 찾아가기를 제시하고 있는 것이다.

이 책은 모두 12개의 장으로 구성되어 있으며, 각 장의 내용은 아래와 같다.

먼저 제1장 '미국의 문화남북전쟁(자유주의적 공공도서관 탄생 배경)'에서는 1960년대 미국에서 일어난 문화남북전쟁을 통해 미국 문화의 주요 갈래를 성서적, 공화주의적, 그리고 현대 개인주의적인 것—이는 다시 표현적 개인주의와 공리주의적 개인주의로 나눈다—으로 나누고 각 입장이 1960년대, 1970년대에 벌어진 문화남북전쟁에서 어떻게 충돌하였는가 그리고 1980년대 자유주의자들의 합의, 1990년대 그러한 자유주의자들의 합의에 대한 공동체 주의자들의 반향에 대해 다루고 있다.

제2장 '자유주의적 공공도서관의 도래'에서는 오랜 사회 갈등이 공공도서관을 어떻게 변모시켰는가를 살펴보고, 전통적인 공공도서관의 철학을 현재 공공도서관의 지배적인 이데올로기이며 앞으로 자유주의로 묘사될 관념과 비교해 보고 있다.

제3장 '커뮤니티 운동의 의미와 중요성'에서는 사회 발전을 뒷받침해 온 교육기관으로서의 공공도서관의 긴 역사 위에 세워진 자유주의적 공공도서관의 대안을 제시하며, 이 대안은 전통적 공공도서관으로의 회귀가 아니라 전통적 공공도서관에 기초하지만 지역사회 운동의 새로운 아이디어를 빌려 이러한 전통을 한 발 더 나아가게 만드는 것으로 정의하고 있다. 이어서 지역사회 운동의 아이디어에 관해 상세히 설명한 뒤, 시민사서직에 대한 정의와 함께 공공도서관에 대한 새로운 접근을 설명하고 미래의 공공도서관에 있어서 시민사서직의 중요성을 제시하고 있다.

제4장 '시민사서직'에서는 사회적 권한을 행사하는 전문직에 지역사회 운동이 기여한 바를 제시하며, 지역사회 운동의 관점이 공공도서관 사서 업무에 부여하는 잠재적인 혜택들과, 시민사서직의 정의와 함께 이러한 새로운 관점으로 가능하게 된 몇 가지 개혁에 대해 서술하고 있다.

제5장 '도서관과 사서의 사회적 권위 회복'에서는 공공도서관의 사서와 이 사회의 사회권위에 대한 표현적 개인주의의 도전에 지역사회 운동이 어떻게 대

응하는지를 살펴보고, 사회권위를 수행하는 데 현재 겪고 있는 문제점을 다룬 뒤, 사회권위의 적절한 수행이 필요한 이유를 설명하고 있다.

제6장 '교육적 임무의 재개'에서는 자유주의 공공도서관을 지지하는 여타 이데올로기의 전통에 대한 도전과 공리주의적 개인주의의 전통에 대해, 그리고 민주사회를 위한 교육이라는 공공도서관의 전통적인 교육 임무의 대체물로서 개인에게 정보 액세스를 보장하려는 자유주의 공공도서관 임무의 실행 가능성에 대해 서술하고 있다.

제7장 '도서관, 지역사회의 중심'에서는 지역사회의 구심점으로서 공공도서관의 역할을 확장시키는 데 필요한 잠재력에 대해 이야기하고 있으며, 지역사회의 구심점이라는 발상이 어떻게 공공기관을 위한 발전 모델 역할을 할 수 있는지 설명하고 있다. 그러면서 지역사회의 중심으로서 공공도서관을 개발하는 전략은 민간 부문 개발 전략의 밑바탕에 놓인 철학과는 그 바탕이 현저하게 다르다는 점을 설명하고 있다.

제8장 '커뮤니티 구축을 위한 도서관의 전략'에서는 어떻게 공공도서관이 지역사회 조직을 재정립하는 데 도움을 줄 수 있는가, 즉 어떻게 공공도서관이 다양한 방법으로 지역사회의 중심으로서 서비스를 제공할 수 있는가에 대하여 구체적으로 설명하고 있다.

제9장 '사회적 콘텍스트 속에서의 도서관 역할 정립'에서는 공공도서관이 사회적 요구에 부합해야 할 필요성과 공공도서관의 단체에 대한 서비스가 공공도서관에 대한 지원을 강화할 수 있는 정치적 이익, 공공도서관 서비스를 증진

시킬 수 있는 단체에 어떻게 서비스를 제공할 것인가에 대해 서술하고 있다.

　제10장 '도서관 정책 강화'에서는 자유주의적 공공도서관 정책의 부적절함을 지적하고 겉으로 보기에는 모순적인 옹호와 중립의 원칙에 대한 도서관의 의무를 지지하는 새로운 도서관 정책을 제시하고 있다.

　제11장 '직업적 관점으로 본 사서직'에서는 공공도서관 사서직에 대한 교육, 공공도서관 사서직과 운영자들의 채용과 유지, 장서개발 및 인기 있는 자료의 개발, 도서관 편의시설과 확장된 서비스 등 사서로서의 직업적 관심사와 도서관 서비스에 대한 시민사서직의 함의를 다루고 있다.

　제12장 '공공도서관의 미래'에서는 공공도서관과 운영자들이 문화적인 변화를 받아들임으로써 획득할 수 있는 일반적 이익과, 미래의 잠재적인 성공과 관련하여 시민사서직의 개혁에 대하여, 그리고 공공도서관과 지역사회의 미래 발전에 대해 서술하고 있다.

　공공도서관에 관한 책으로는 기능 중심의 서술이 아니므로 상당히 어렵게 느껴질 것이다. 따라서 효과적으로 읽으려면 각 장의 말미에 있는 각 장의 결론을 먼저 한 번 읽어 책 내용의 대강을 이해한 후 읽는 방법과, 처음에는 제1장, 제2장, 제3장, 제4장, 제11장, 제12장을 먼저 읽은 후 제4장에서 제시한 시민사서직을 수행하기 위한 6가지 과제에 대한 구체적인 내용을 서술한 제5장, 제6장, 제7장, 제8장, 제9장, 제10장을 나중에 읽는 방법 또한 제안하고 싶다.

　이 책을 읽는 독자들에게 다시 한 번 양해를 구하고 싶은 것은 조악한 번역에도 불구하고 (물론 이 점은 전적으로 역자의 능력의 한계에 기인한 역자의 책임이지만) 역자가 이 책을 번역하여 출간하겠다는 무리한 용기를 갖게 된 계기는 공공도서관과 사서의 역할에 대한 해답을 내놓겠다는 욕심이 아니라 공공도서관 발전을 위한 고민과 토론의 계기를 만들어 보고자 하는 바람에서였고 부디 이 책이 공공도서관 발전에 조금이라도 도움이 되었으면 하는 바람이다.

마지막으로 본서의 주제가 공공도서관이라는 한계에도 불구하고 출간에 격려를 보내 준 도서출판 이채 사장님, 의욕만 앞서고 아무것도 모르는 역자에게 책이 출간되기까지 자신의 일처럼 발로 뛰어 준 도서관계 선배님들께 진심으로 감사를 드리는 바이다. 또한 역자가 도서관학을 선택하는 데 많은 영향을 주시고 지역사회 운동을 몸소 실천하셨던 분, 지금은 꿈에서나 만날 수 있는 사랑하는 아버지께 뜨거운 눈물과 함께 "보고 싶고, 감사합니다"는 말을 하늘나라에 전한다.

2006년 8월

광진정보도서관에서 역자 씀

서론

서론

제스 세라(Jesse Shera)는 도서관 역사 연구의 유용성에 대해 다음과 같이 평한 바 있다.

> 미래 세대가 도서관의 역사에 관한 고찰에서 배울 것이 있다면 그것은 바로 공공도서관의 목표가 전적으로 그 사회 자체의 목표에 달려 있다는 사실이다. 도서관의 진정한 준거(準據)기준은 동시대의 문화에서 찾을 수 있다. 조국이 나아가고 있는 방향에 대해 혼란스러워 하고 있을 때에는, 도서관 사서 어느 누구도 추구해야 할 목표를 제대로 인식하지 못한다. 자신들이 이루고자 하는 목표에 확신을 가질 때 공공도서관의 기능에 대한 정확한 정의가 내려질 수 있다.

공공도서관에 있어 좋지 않은 소식은 E. J. 디온(E. J. Dionne Jr.)이 미국의 '문화남북전쟁(the cultural civil war)'으로 묘사한 1960년대 발생한 사회적 갈등 이후 미국인들이 혼란에 빠졌으며 깊이 분열되어 있다는 사실이다. 클린턴 대통령의 탄핵을 둘러싼 갈등이 증명하듯 문화적 혼란과 분열은 국가의 생명에 계속해서 위해를 가한다. 좋은 소식은 '커뮤니티 운동(community movement)'이라 일컬어지는 주요한 문화적 변화가 미국인들을 다시 통합하고 공동의 목표 달성에 있어 필수적인 명쾌함을 제공하기 시작했다는 것이다. 최근 형성된 이 치유문화는 미국에 희망을 안겨 준다. 그리고 이것은 새로운 서비스의 시대에서 공공도서관의 임무를 명확히 해야 하는 도서관 운영자들에게도 희망을 준다.

도서관 운영자들은 대다수의 미국인들과 마찬가지로 '커뮤니티 운동'에 대해서 정확히 알지 못한다. 커뮤니티 운동의 아이디어들은 미국의 민주당과 영국의 노동당으로 변형되었다. 커뮤니티 운동은 사회적, 정치적 문제에 접근하는 '제3의 길', 즉 문화남북전쟁과 정치적 정체 현상을 극복하는 방법으로 묘사되거나 혹은 다음과 같이 커뮤니티 강화를 위한 노력의 일환으로 고려되기도 한다.

- 사회적, 정치적인 공통분모 발견
- 권리와 책임이 균형을 이루도록 하는 사회도덕 재정립
- 언쟁을 교양과 대화로 대체
- 사회문제 해결을 위한 협력
- 시민사회 인프라스트럭처 강화
- 공공 교육에서의 인성 개발 및 시민교육 강화
- 지역사회 경찰활동을 통한 지역사회와 법 집행의 통합
- 시민 저널리즘을 통한 언론의 민주적 목적 회복
- 시민 생활 향상을 위한 구획법(zoning laws)과 커뮤니티 설계에 대한 재고찰

커뮤니티 조성에 있어 도서관의 실행 가능한 역할에 대한 논의가 지금 진행 중이다. 그 이전 미국도서관협회의 보수적인 두 명의 회장은 도서관의 시민 역할과 관련된 주제를 선택했고, 새러 앤 롱(Sarah Ann Long) 회장은 1999~2000년 재임 기간 동안의 테마를 "도서관이 커뮤니티를 세운다(Libraries Build Community)"로 정했다. 2000~2001년 회장직을 맡은 낸시 크래니크(Nancy Kranich)는 "도서관: 민주주의의 초석(Libraries: The Cornerstone of

Democracy)"을 택했다. 이러한 논의는 레드먼드 캐슬린 몰즈(Redmond Kathleen Molz)와 필리스 데인(Phyllis Dain)이 공동 저술한 『공공의 장소/사이버스페이스: 미국의 공공도서관*Civic Space/Cyberspace: The American Public Library*』과 캐슬린 드 라 페냐 맥쿡(Kathleen de la Pena McCook)이 쓴 『테이블의 한 자리: 커뮤니티 건설 참여*A Place at the Table: Participating in Community Building*』에 의해서도 제기되었다.

공공도서관 서비스를 통하여 커뮤니티를 조성하는 실험은 퀸즈 공립도서관, 브룩클린 공공도서관, 시카고 공공도서관, 그리고 미 전역의 수많은 도서관들의 성공적인 노력으로 인해 점차 가시화되고 있다. 도시도서관총회(Urban Libraries Council)와 비영리 단체인 미래를 위한 도서관(Libraries for the Future) 또한 이러한 혁신에 기여하고 있다. 최근 뉴욕타임스의 한 기사는 퀸즈 공립도서관이 미 전역 공공도서관들의 "주변 커뮤니티에 보다 필수적이기 위한 방법 모색"이라는 중대한 변화의 선두에 서 있다고 전했다.

도서관 운영자들이 공공도서관을 더욱 효율적으로 만드는 데 '커뮤니티 운동'의 아이디어들이 어떠한 도움을 줄 수 있는지를 살피고, 커뮤니티 조성에 대한 논의를 심화시키려는 시도로 쓰여진 이 책은 사회학자인 아미타이 에치오니(Amitai Etzioni, 조지워싱턴대학교 교수. 사회학자이며 국제문제전문가로 활동. 카터 대통령 시절 국제보좌관으로도 활동한 바 있음: 역주)와 공동체주의적(communitarian) 견해를 가진 작가들의 견해에 특별한 관심을 기울일 것이다. 공동체주의자들은 커뮤니티 운동에서 발생한 사회철학을 가장 분명하게 표현하고 커뮤니티 운동 이념에 내재된 사회적 공공정책을 밝히는 데 주도적인 역할을 해 오고 있다. 이 책의 목적은 도서관의 운영자들이 직면한 해묵은 문제에 대한 새로운 접근을 제공하기 위함이다. 이와 더불어 커뮤니티 조성에 대한 새로운 시각을 제공하도록 도서관을 발전시키기 위한 강력한 뉴 패러다임을 도서관 운영진에게 소개하기 위한 것이다. 여러 측면에서 살펴볼 때 뉴 패러다임은 현재 공공도서관 발전에 관해 팽배해 있는 관념보다는 공공도서관의 역사적 전통에 더욱 부합한다. 때로 미래로의 여행에는 과거의 재평가가 필요한 것이다.

이 책은 먼저 미국의 문화남북전쟁과 그것이 공공도서관에 끼친 영향에 관해, 미국 공공도서관의 역사와 관련 지어 이야기할 것이다. 그다음으로 커뮤니티 운동의 이념에 대한 일반적인 설명과 새로운 접근을 가능하게 하는 제도 개혁의 측면에서의 재정의를 내릴 것이다. 그리고 직업적 우려와 미래의 공공도서관에 있어서의 시민사서직의 중요성에 대한 평가 및 시민사서직의 가능성에 대한 이야기로 결론을 내릴 것이다.

'시민도서관 사서 업무'는 공공도서관 서비스의 최고의 전통으로 회귀하는 것임과 동시에 공공도서관을 미래로 나아도록 할 수 있게끔 하는 새로운 시각이다. 미국의 공공도서관들은 이론이란 현실 세계의 문제 해결에 쓰일 수 있어야 의미가 있다는 사실을 알고 있다. 미국의 공공도서관이 개인에 대한 서비스와 개인의 삶을 지탱하는 사회구조에 대한 서비스 사이에서 새로운 균형을 찾기 시작함에 따라, 이 책의 아이디어들은 하루가 다르게 그 중요성을 입증해 갈 것이다.

제1장 미국의 문화남북전쟁
(자유주의적 공공도서관의 탄생 배경)

제1장 미국의 문화남북전쟁(자유주의적 공공도서관의 탄생 배경)

1991년 발간된 『왜 미국인들은 정치를 싫어하는가*Why Americans Hate Politics*』에서 E. J. 디온은 1960년대의 사회적 갈등이 현재 정치에도 계속해서 강력한 영향을 미치고 있다는 사실에 주목한다.

> 미국은 앞으로 나아가기를 원한다. 이러한 때에 우리는 자유당원들과 보수주의자
> 들이 끊임없이 같은 문제를 반복하는 정계의 헛된 대립으로 고통받고 있다. 이 의
> 미 없는 대치의 원인은 1960년대에 일어난 문화남북전쟁이다. 남북전쟁(the Civil
> War)이 종전된 후로도 수십 년간 미국의 정치계를 지배했듯 긴장과 모순으로 얼룩
> 진 1960년대의 문화남북전쟁은 오늘날의 정치를 형성하고 있다. 우리는 여전히
> 1960년대에 발이 묶여 있는 것이다.

1998년 10월 워싱턴포스트의 한 기사에서 데이비드 브로더(David Broder)와 리처드 몰린(Richard Molin)은 "클린턴 대통령의 탄핵을 놓고 국민들의 반응은 완전히 분열되었다. 이것은 오늘날까지도 미해결 과제로 남아 있는, 1960년대에 시작된 가치관을 둘러싼 고군분투를 극적으로 보여 주는 것이다. 일부에서는 그것을 종교적 우파 청교도주의(Puritanism)와 1960년대에 젊은 시절을 보낸 세대의 방임주의, 두 양극 간의 전투라고 부른다"고 적고 있다.

미국문화의 남북전쟁으로 생긴 분열이 더디게 회복되어 온 것은 주지의 사실이다. 하지만 이러한 분열은 분명 치유되고 있다. 부분적으로는 커뮤니티 운동이 이런 문화적 갈등의 본질을 밝히고 상반되는 사회·정치적 이념을 통합시

킬 수 있을 듯 보이는 대안을 제시하는 데 성공한 덕분이다. 문화남북전쟁과 정치적 정체 현상을 종결시키기 위한 커뮤니티 운동의 제안을 이해하려면 우선 1960년대에 구체화된 우파와 좌파 간 뿌리 깊은 갈등을 분석해 볼 필요가 있다.

1985년 발간된 『마음의 습성: 미국에서의 개인주의와 책임*Habits of the Heart : Individualism and Commitment in American Life*』에서 로버트 벨라 (Robert Bellah)와 공동 저자들은 미국의 정치문화에 유용한 모델을 제시했다. 이 책은 미국문화의 3가지 중심 요소를 "성서적 전통, 공화주의, 현대 개인주의자― '공리주의적 개인주의'와 '표현적 개인주의'를 포함"이라고 설명한다. 성서적인 전통은 두말할 나위 없이 지배적인 미국 종교의 도덕 개념이며 공화주의적인 전통은 18세기 계몽주의 철학사상에서 발생한 미국 민주주의의 시민 전통이다. 공리주의적 개인주의는 미국 자본주의의 원동력이 되어 온 개인의 경제적 자유의 전통을 일컫는다. 표현적 개인주의란 개인의 표현을 억압하는 사회적 강제로부터의 자유를 옹호하는 전통을 일컬으며, 이것은 19세기 낭만주의와 20세기 낭만주의 계승 문화의 영향을 받은 미국작가들에 의해 대중화되었다. 성서적 전통, 공화주의적인 전통, 공리주의적 개인주의와 표현적 개인주의 문화 전통은 몇 백 년에 걸쳐 서로 영향을 주고받았다. 최근의 문화남북전쟁은 이러한 상호작용 중 가장 격렬한 것이었다.

1960년대 문화남북전쟁은 반체제문화(Counterculture)와 그 정치 세력화인 신좌파(the New Left)의 출현으로 발생한 표현적 개인주의가 대중들에게 엄청난 호응을 얻으면서 촉발되었다. 반체제문화는 비합리적이며 개인의 주관적인 현실에 편견을 가진 주류문화에 대항했다. 종종 체제(system)나 기성사회 (establishment)로 대표되는 주류문화는 기술과 사회구조를 이용하여 객관적이고 사회적 현실을 강요하는 것으로 인식되었으며, 사회경제적 엘리트에 의한 지배는 여성과 소수민족, 빈자(貧者)에게는 부당한 것으로 간주되었다. 국내의 대규모 운동으로는 시민권리운동이 있었는데, 이것은 환경운동뿐 아니라 여타의 권리운동이 확산되는 효시가 되었다. 가장 큰 국제적 이슈는 베트남전쟁이었다. 이러한 운동들은 비록 규모는 컸으나 산발적이고 체계적이지 못했는데, 그 이유는 반체제문화가 가지는 사회조직과 지도자의 역할에 대한 불신 때문이었다. 록 음악은 반체제문화의 가치들을 전달하는 최초의 수단이었고 기분전환용 마약과 혼외정사가 유행처럼 퍼져 나갔다.

반체제문화가 1960년대의 주류문화의 부정적인 특징들을 적시하고 있다는 생각은 범세계적이라고까지는 할 수 없어도 일반적인 것으로 간주되었다. 정점에 다다랐을 때 반체제문화는 마틴 루터 킹(Martin Luther King Jr.)의 업적처럼, 모든 미국인들을 포함하고 지지하는 소중한 지역사회를 향한 탐구였다. 그러나 반체제문화가 현재 문화에 끼친 영향이, 그 무절제한 생활 방식뿐만 아니라 낭만주의의 표현적 개인주의에서 차용된 왜곡된 문화적 추정에 의해 훼손되는 현상도 점차 가시화되고 있다.

1960년대 초, 문화의 변방에 머물러 있던 사상들은 갑작스럽게 성서적이고 공화주의적인 전통의 사회도덕에 강력한 도전을 제기했다. 그 결과 생긴 문화적 긴장은 1980년대의 표현적 개인주의와 공리주의적 개인주의 간 동맹으로 여겨지는 자유주의적(Libertarian) 정치 철학의 발생으로 인해 복잡한 양상을 띠게 되었다. 1990년대의 커뮤니티 운동은 자유주의적 정치 정책의 과도한 개인주의에 대항하여 공동체주의 철학을 가지고 사회도덕의 전통을 다시 정립하기 위해 노력했다. 이 장에서는 1960년대, 1970년대에 벌어진 문화남북전쟁에서 서로 마찰을 빚은 사상들과 1980년대 자유주의자들의 합의, 그리고 1990년대 그러한 자유주의자들의 합의에 대한 공동체주의자들의 반응에 대해 다룰 것이다. 기술적, 사회적인 변화 역시 이러한 충돌에 영향을 끼친 것은 자명하나 여기서는 사회적, 정치적 이데올로기를 다루는 것에서 그치도록 하겠다. 이 같은 배경 지식은 공공도서관의 역사와, 공공도서관 개발에 관해 공동체주의자들이 생각한 아이디어의 유용성을 논의하는 뼈대를 제공할 것이다.

낭만주의와 여타 사상 간의 역사적 전쟁

대다수 미국인은 성서적, 공화주의적 문화 전통을 이해하고 있으며, 미국 자본주의 뒤에 숨겨진 공리주의적 개인주의라는 강력한 전통에 대해 익히 알고 있다. 그러나 반체제문화가 낭만주의에 그 뿌리를 두고 있다는 사실을 아는 사람은 거의 없다. 좌파 세력과 문화에 반체제문화 낭만주의가 미친 영향을 인지하지 못하는 것은 문화남북전쟁을 해결하기 어려운 가장 큰 이유이다. 반체제 낭만주의의 영향에 대한 이해는 또한 공공도서관과 같은 교육·문화 시설의 사회적 측면을 연구하는 데에도 매우 중요하다. 이러한 시설들은 낭만주의의 표현적 개인주의의 영향을 가장 많이 받은 미국사회의 한 단면이기 때문이다.

낭만주의 : '현대 문화의 빅뱅'
반체제문화는 비교적 최근의 사회 현상이지만 그 문화가 신봉하는 철학은 오랜 전통인 18세기에 시작된 낭만주의에 그 뿌리를 두고 있다. 낭만주의는 유럽과 미국의 문화 전반에 강력한 영향력을 지닌 예술에서 일어난 운동이었다. 영국의 낭만주의 작가로는 블레이크(Blake)를 비롯 워즈워스(Wordsworth), 콜리지(Coleridge), 바이런(Byron), 셸리(Shelly), 키츠(Keats), 스콧(Scott), 에밀리

(Emily)와 샬럿 브론테(Charlotte Bronte) 등이 있고 미국의 낭만주의 작가로는 롱펠로(Longfellow), 포(Poe), 에머슨(Emerson), 소로(Thoreau), 호손 (Hawthorne), 멜빌(Melvile), 휘트먼(Whitman) 등을 꼽을 수 있다.

반체제문화에 끼친 낭만주의의 영향이 잘 알려지지 않은 데는 2가지 중요한 이유가 있다. 첫째, 미국문화에 엄청난 영향을 주었음에도 불구하고 언론이나 학계에서 반체제문화는 관심을 둘 필요 없는, 단명하는 대중문화의 한 현상쯤 으로 치부되었다. 둘째, 반체제문화와 낭만주의, 모더니즘을 비롯한 문화사의 주요 사조들을 연구하는 이들은 이 복잡하고 때로는 모순되어 보이는 사조를 일반화하기에 매우 주저한다.

시어도어 로작(Theodore Roszak)은 『반문화의 형성: 기술관료사회와 젊은 이들의 저항에 대한 견해The Making of a Counter Culture: Reflections on the Technocratic Society and Its Youthful Opposition』의 서문에서 "나는 만약 누 군가가 역사의 극히 작은 현상들을 유심히 살펴보지 않았다면 나의 몇몇 학계 동료로부터 낭만주의 운동이나 르네상스 같은 것은 결코 존재하지 않았다고 설 득당할 뻔했다"라고 말한다. 로작은 낭만주의 운동에서 많은 예를 들어 반체제 문화의 뿌리를 설명하고 있으나 낭만주의의 저변에 깔린 철학이 어떠해야 하는 지에 대한 설명은 찾아볼 수 없다.

반체제문화 및 그 선행 문화와 후속 문화를 진지하게 받아들이는 것은 매우 중요하며, 이처럼 문화사의 광범위한 운동들을 일반 대중이 이해하도록 하는 것 역시도 중요한 일이다. 이사야 벌린(Isaiah Berlin)의 연구는 그것이 어려울 수 있으나 불가능한 것은 아니라는 것을 보여 준다. 1999년 『낭만주의의 뿌리 The Roots of Romanticism』라는 제목의 책으로 출판된 1965년 워싱턴 국립미 술관에서 행한 멜론 강연(A. W. Melon Lectures)에서, 벌린은 낭만주의의 정의를 내리는 것을 포기시키려는 이들에게 이렇게 반박했다. "낭만주의 운동은 엄연히 존재했고, 낭만주의 운동이 지닌 중요한 무언가는 의식 세계에 혁명을 일으켰습니다. 그러므로 그것이 무엇인지를 밝히는 것은 중요한 일입니다." 이어지는 내용에서는 이사야 벌린과 E. D. 허시(E. D. Hirsch Jr.), 마사 베일리스(Martha Bayles), 로버트 패티슨(Robert Pattison)을 인용하여 낭만주의의 사고들과, 이 사고가 반체제문화 및 오늘날의 문화전쟁을 두고 벌어진 논쟁에 어떠한 영향을 끼쳤는지에 대해 이야기하겠다.

낭만주의와 지식

낭만주의는 18세기 계몽주의의 극단적인 합리주의에 대한 대응이었다. 이사야 벌린은 다음과 같이 설명한다. "계몽주의는 어떤 특정한, 완벽한 삶의 패턴이 존재한다고 주장했다. (…) 충분히 알기만 하면 다른 이들에게 전수할 수 있는 옳고 바르며 진실된 객관적인 특정한 삶과, 예술과 감정, 생각의 형태가 존재한다는 것이다." 낭만주의자들은 그들의 눈에는 답답하고 불완전한 것으로 비치는 이 같은 지식과 삶에 대한 규정된 접근에 대항했다. 벌린은 낭만주의가 신봉한 가치들을 설명한다.

> 의지, 사람들이 뜻하는 대로 만들 수 있는 모든 것에는 구조가 없다는 사실—만드는 행위의 결과로써 구조가 존재할 뿐이다—따라서 연구할 수 있고, 기록될 수 있고, 배울 수 있으며, 다른 이에게 전할 수 있고, 과학적으로 다룰 수 있는 일정한 형태를 가진 듯이 보이는 현실을 나타내려고 하는 모든 관점들에 대한 반대인 것이다.

벌린은 낭만주의에서 유래한 다양한 행동 양식들은 계몽주의적 체제에 도전하기 위해 고안된 것이라고 설명한다.

> 18세기 사람들은 극단적인 교양질서를 지키며 살았다. (…) 그것을 파괴하고 망가
> 뜨리는 것은 무엇이든 환영받았다. 따라서 사람들이 신성한 섬(유럽신화에서 나오
> 는 석양 너머 서쪽 어딘가에 있다는 신성한 섬 : 역주)으로 가건, 점잖은 인디언들에게
> 가던, 루소가 찬양한 단순한 인간의 타락하지 않은 단순한 마음으로 가건, 아니면
> 초록색 가발을 쓰건, 파랑색 양복조끼를 입건, 무서운 병을 가지건, 극단적 교양을
> 가지고 통제 불능의 자유분방한 삶을 사는 사람이 되건, 무슨 방법을 택하건 간에
> 이것은 모두 교양 질서를 파괴하고 붕괴시키는 방법이었다.

세계와 인간 상태와 관련한 보편적 지식을 만드는 인간 능력에 대한 낭만주의자들의 불신은 계몽주의에의 탈피뿐만 아니라 서구사상의 전통 전체를 버리는 것을 의미했다. 벌린은 낭만주의를 "최근 일어난 서구 세계의 생활과 생각을 변화시키려는 가장 광범위한 운동"이라고 부른다. 로버트 패티슨은 낭만주의를 '현대문화의 빅뱅'으로 묘사한다. 낭만주의의 영향력을 과소평가하기는 어렵다. 단순한 관습 파괴가 아닌 기존 질서의 완전 폐지를 추구했던 것이다.

낭만주의, 그리고 개인과 사회와의 관계

낭만주의는 사회와 교육, 보편적인 사회 가치관을 제공하려는 사회의 노력에는 적개심을 표출하는 반면 개인과 개인의 권리는 전폭적으로 지지한다. 『천박함의 승리 : 낭만주의의 반영, 록 음악 *The Triumph of Vulgarity : Rock Music in the Mirror of Romanticism*』에서 로버트 패티슨은 루소(Rousseau)의 사회계약설을 다음과 같이 요약하고 있다.

루소의 이론에 따르면 인간은 자연의 명령을 따르면서 성장할 때 자유롭다. 인간이 문명과의 타락한 접촉을 피할 수만 있다면 인간은 진실성과 함께 잘 성장한다. 문명세계는 타락했다. 왜냐하면 문명은 세계의 시민을 평범한 프랑스인으로 만듦으로써 혹은 인간의 무한한 지혜를 정당 강령과 같은 판에 박힌 문구들로 축소함으로써 자연과 한 몸인 자연적 인간을 하찮은 존재로 만든다. 모든 사회단체는 악이다. 단체 구성원들의 전인성(human wholeness)을 감소시키기 때문이다. 루소는 완벽한 사회의 인간은 모든 연합 형태를 피하고 원시의 덕을 유지한다고 말했다. 만약 자연 상태에 있는 인간들이 투표를 하게 되면 그 문제에 대한 견해는 모두 같을 것이다. 모두가 동일한 완전성의 순수한 중심에서 투표를 할 것이기 때문이다. 어쩌면 투표 결과가 똑같지 않을지도 모른다. 그러나 그들 견해의 일치는 그 결과가 루소가 '일반의지'라고 부른 것의 명령임을 나타낸다. 각각의 자아가 자유롭다면 모든 자아가 일치를 보일 것이다.

낭만주의는 합리주의의 한계와 사회의 불완전성을 보여 주는 유익한 효과를 지니고 있었다. 낭만주의는 개인의 권리와 주관적 경험의 가치의 중요성을 부각시킴으로써 문화계에 큰 공헌을 세웠다. 그러나 낭만주의는 그 자체의 심각한 한계를 안고 있었다. 벌린은 삶과 예술의 차이를 지각하지 못한 결과로 이러한 한계가 나타났다고 말한다.

그러나 삶을 예술로 전환하려는 시도는 페인트, 소리가 일종의 재료인 것처럼 인간도 단순히 일종의 재료라는 것을 전제로 한다. 이것은 진실이 아니며, 인간이 서로 간에 의사소통하기 위해 일반화된 특정의 가치와 사실을 깨닫고 공통의 세계에서 살아가도록 강제된다는 것이나 과학과 상식이 사실이 아니라고 하는 것들까지도 그리하여 (…) 완전한 형태의 낭만주의, 심지어는 낭만주의에서 파생된 실존주의와 파시즘의 범위까지 영향을 미치는 이러한 전제에는 논리의 오류가 있어 보인다.

낭만주의는 서구문화에 찬란한 공헌을 했지만 개인과 사회에 해를 끼친 반(反)사회적, 반(反)교육적인 가치를 동반했다.

다른 시대, 혹은 원시문화 중에 존재했을 법한 평화로운 '자연' 사회에 대한 신념에도 불구하고 낭만주의는 분쟁과 깊이 관련되어 있었다. 지구상의 모든 체제는 개인의 의지에 의해 강요된 것이므로 의지들간의 충돌은 당연한 것이었다. 분쟁은 종종 강자가 승리하는 무력충돌을 낳았다. 벌린은 18세기말 일어난 낭만주의 질풍노도운동(the Romantic Strum und Drang movement)의 역할을 설명하면서 이 유력한 낭만주의 하위운동(submovement)의 중심에는 "개인의 자기주장 폭력주의"가 자리잡고 있다고 말한다.

낭만주의, 계몽주의, 청교주의의 관점에서 본 교육

세계는 불가지(不可知)한 것이며 사회는 개인의 자유를 억압해서는 안 된다는 믿음은 교육에 대해 부정적인 시각을 낳았다. E. D. 허시는 낭만주의가 전파한 이러한 믿음이 교육에 끼친 영향에 대해 이렇게 설명한다.

우선 낭만주의는, 인간의 본성은 근본적으로 선하기 때문에 사회적 편견과 관습의 인위적인 강제에 오염되지 않은, 자연스런 과정을 거치도록 장려되어야 한다고 믿었다. 두 번째, 어린이는 작은 어른도 아니고 다듬을 필요가 있는 형태 없는 진흙덩어리도 아니다, 어린이는 독특하고 신뢰할 수 있는―실로 신성한―충동을 지닐 자격이 있는 특별한 존재이며 그러한 충동은 개발되고 자연스레 발달되도록 두어야 한다는 것이 낭만주의의 결론이었다.

이렇듯 인간 본성에 대한 과도할 정도로 긍정적인 시각은 개인을 선으로, 개인을 제약하는 사회를 악으로 보았다. 전통적인 개인 도덕은 사멸해 가고 있는 사회관습으로 여겨졌고, 합리성과 기강은 자연적인 충동을 경감시키는 경향 탓에 교육에서 환영받지 못했다.

낭만주의와 계몽주의의 교육에 대한 이해는 현저한 차이를 보인다. 대다수 미국 건국의 아버지들이 갖고 있었던 계몽주의적 견해는 인간 본성에 대해 보다 균형적 시각을 지녔으며 교육이라는 사회의 역할에 한층 긍정적이다. 토머스 제퍼슨(Thomas Jefferson)과 같은 계몽주의자들은 인간의 본성에 대해 낙관적인 시각을 지녔으나 사회가 인간 본성의 함정에 빠지지 않도록 개인을 교육시킬 때만이 개인과 사회 모두가 번영할 수 있다고 믿었다. 허시는 인간 본성에 대한 이러한 의혹들에 관해 다음과 같이 이야기한다.

> 비록 계몽주의자들이 분파 종교와 원죄의 개념을 버렸다고는 하나 그들 대부분은 그간 사회에 생명을 불어넣어 온 형체를 만드는 것과 문명화라는 교육의 원칙을 버리지는 않았다. 미국 건국의 아버지들―매디슨과 제퍼슨과 같은 계몽주의자들 (…)―은 인간 본성에 대해 회의적이고 의심스러운 견해를 가졌다.

허시는 이러한 인간 본성에 대한 회의는, 인간 본성의 결점에 대한 본질적인 보호 수단인 헌법에서 견제와 균형(the checks and balances)의 방식으로 나타난다고 말한다. 1822년 제임스 매디슨(James Madison)은 이 세계관을 다음과 같이 요약한다. "민중에 대한 정보가 없거나 그것을 획득할 방법이 없는 민주

정치는 희극이나 비극, 또는 그 둘 모두의 발단이 된다. 지식은 무지(無知)를 영원히 지배할 것이다. 자치를 하고자 하는 민족은 반드시 지식이 주는 힘으로 스스로를 무장시켜야 한다."

계몽주의에서 교육은 자유롭고 목적이 있는 개인의 진실 추구에 대한 사회의 지원으로 사회와 개인 모두에게 득이 되는 과정이었다. 청교도주의와 낭만주의는 교육을 강압적인 사회 교화로 보는 경향이 있다. 인간 본성에 대해 부정적인 청교도주의는 청교도적 가치관에 바탕을 둔 사회교화와 사회적 통제를 주장했다. 올리버 가쇼(Oliver Garceau)는 『정치적 과정에서의 공공도서관*The Public Library in the Political Process*』에서 17세기 뉴잉글랜드 지역에서 행해진 청교도 교육을 두고 이렇게 이야기한다. "청교도적 교육 시스템과 개인 교육에 대한 청교도적 신념은 모두가 동등하고 각자의 지적인 노력에 의해 출세할 수 있다는 면에서 민주적이지 못하다. 교육과 독서는 신정(神政)주의 국가의 시민으로서 적합한 역할을 할 수 있도록 하는 데 맞춰진다." 낭만주의는 사회교화에 대해 비판적이었으며 개인은 자유롭게 개별적인 지적 추구를 할 수 있어야 한다고 주장한다.

케이 S. 하이모위츠(Kay S. Hymowitz)는 저서 『어린이들을 작은 어른처럼 대하는 것이 그들의, 그리고 우리의 미래를 위태롭게 만드는 이유*Ready or Not: Why Treating Children as Small Adults Endangers Their Future—And Ours*』에서 미국 교육의 변천사를 논의한다. 하이모위츠는 '반체제문화적 신화', 다시 말해서 아이들은 그들을 문명화시키려는 어른들에 의해 몰락하고 있는 도덕적 창조물이라는 주장이 현재 아이들을 교육하려는 우리의 노력에 지배적인 역할을 하고 있다고 말한다. 루소의 교육관이기도 한 이 신화는 교육에 대한 낭만주의적 입장이다. 하이모위츠는 반체제문화가, 과거 청교도식의 권위주의적 접근을 대체했고 그녀가 '공화주의적'이라고 표현하는 어린이와 교육에 관한 계몽주의적 관점을 대체했다는 사실에 주목한다.

> 1800년대 초 목사와 지식인들과 문화 인사들은 신국가의 이상적인 목표들과 일치하는, 내가 '공화주의적 유년기'라고 칭하는 구성 과정에 착수했다. 공화주의적 유년기의 주된 단 하나의 목적은 자유를 대비하여 젊은이들을 철저히 준비시키는 것이었다. '자율'적인 개인을 빚어내기 위해 설계자들은 그 당시만 해도 전 세계적이던 체벌에 반대하며 부모들에게 자녀들의 감정과 이성의 힘에 호소하도록 촉구했다. 그들은 부모들로 하여금 자녀들의 지성을 일깨우고 자유롭게 놀 시간을 주고 장난감과 책이 쌓인, 지금의 중상층 정도의 주거 환경을 제공함으로써 자녀의 흥미를 자극하도록 장려하였다. 하지만 공화주의적 유년기가 그토록 쉽지만은 않았다. 부모들은 사적인 야망과 공익을 위한 배려, 법 존중과 비판적인 자주, 충절과 기업가적 욕망 사이에서 균형을 이루도록 자녀들을 가르쳐야 했다. 이렇게 복잡하고 모순적인 가치관이 자연스레 도출될 것이라고는 아무도 믿지 않았다. 공화주의 이론가는 이를 광대한 인간 사업, 즉 다단계 방식으로 서로 연결된 거대한 정신적 지하철 시스템으로 보았다. 그들은 이 프로젝트가 성공적으로 완성되기 위해서는 15년에서 20년이라는 시간과 어머니의 지속적인 관심, 아버지의 정신적·경제적 지원, 사회 전체의 애정 어린 관심이 필요하다고 믿었다.

공화주의적인 아이디어들은 곧바로 공공 교육제도의 발전을 낳았다.

계몽주의적·공화주의적 접근이 교육을 복잡한 의사 결정을 돕기 위한 진실의 추구로 본 반면, 청교도주의적·낭만주의의 교육에 대한 시각은 그것과는 전혀 다른 것이었다. 청교도주의적·낭만주의적 관점에서 교육은 선과 악 사이의 도덕 투쟁이나 진실과 거짓 사이의 지적 투쟁이 아니었다. 청교도주의는 개인에게 무엇을 믿고 무엇을 생각할 것인지를 직접적으로 말해 주었다. 낭만주의는 선과 악, 진실과 거짓 사이에 존재하는 긴장을 서로 아무런 관련이 없으며 전통문화의 잘못된 집착으로 간주했다. 낭만주의자들은 인간 본성에 내재된 내면의 선을 강조하면서 합리적인 의사 결정은 물론 지적인 진실 추구의 가치를 절하하였다. 만일 모든 것이 자연스럽게 훌륭한 끝맺음을 맞을 수 있다면 왜 그렇게 선에 열중하는가? 도덕적 갈등이나 지적 갈등은 선한 삶을 사는 데 필요 없을뿐더러 오히려 위험한 역효과를 초래할 수도 있다는 것이다.

낭만주의, 계몽주의, 청교주의의 관점에서 본 도덕

지식은 도덕을 내포하는가에 대한 토론에 이르면 이 세 사조간의 논쟁은 특히나 격렬해진다. 정통 기독교와 비종교적인 계몽주의 철학자 모두 이사야 벌린이 "선은 지식이라는 오래된 진술"이라 일컬은 것을 받아들인다. 세계의 진실은 밝힐 수 있는 것이며 그 진실에 순응하는 사람은 선과 행복으로 귀착될 것이다. 기독교와 계몽주의 사상가들은 사회가 개인들을 지식으로 이끌고 선행을 하도록 촉구함으로써 강력한 지원을 제공해야 한다는 데 동의한다.

낭만주의자들에게 지식은 선의 근원이 아니라 자기기만의 근원이자 개인에 대한 사회 통제의 도구이다. 전통과 이성, 또는 사회가 공유할 수 있는 방법을 통해 획득된 지식의 정당성에 대한 낭만주의의 거부는 기독교와 계몽주의의 합리성에 기반한 미국 정부의 민주주주에 있어 강력한 도전이다. 낭만주의는 보편적 지식의 유용성과 개인으로 하여금 지식을 믿도록 하는 사회의 권위에 대한 뿌리 깊은 부정이다. 낭만주의는 개인에게 기독교적 전통이나 종교와는 무관한 이성에 기초한 법에서 비롯한 사회의 관행을 따르지 않을 권리를 부여하며, 어느 선까지는 부추긴다고도 할 수 있다. 기독교인들과 민주주의에 헌신한 이들 모두에게, 도덕적 가치와 법은 권위가 없으며 의지에 위반되는 것이라는 제안은 가장 기본적이면서도 극단적인 류의 도전이 될 것이다.

낭만주의와 반체제문화

앞선 논의에서 낭만주의와 반체제문화 사이의 연관관계는 뚜렷이 나타났다. 여기서는 이 상관관계를 좀 더 직접적으로 밝히도록 하겠다.

『우리 영혼의 구멍: 미국 대중음악의 미와 의미 상실*Hole in Our soul : The Loss of Beauty & Meaning in American Popular Music*』에서 마사 베일리스는 낭만주의의 아이디어들이 모더니즘과 포스트모더니즘의 전통을 통해 계속적으로 미국문화에 어떠한 영향력을 미쳤는지 설명한다. 베일리스는 낭만주의와 그 후속 문화들은 현대의 배타적인 합리주의에 반대한다고 말한다.

> 자연과학에 대한 경신(敬信) 및 여타 모든 진리 주장에 대한 회의는 '현대성 (modernity)'으로 알려진 것의 핵심을 이룬다. 일부는 현대성을 르네상스에서, 다른 이들은 계몽주의에서, 또 다른 이들은 산업혁명에서 유래한 것이라고 한다. 그러나 모더니즘(modernism)을 현대성과 혼동해서는 안 된다. 모더니즘은 오히려 현대성에 대한 반발로서 가장 잘 설명될 수 있다. 보다 정확히 말하자면 모더니즘은 현대성에 대한 최초의 반발인 낭만주의의 계승자이다.

여기서 낭만주의와 함께 시작된 모더니즘의 영향을 받은 수많은 주요 사회·문화운동을 자세히 다루는 것은 불가능하다. 중요한 사실은 반체제문화가 150년간 문화의 변방에 있었던 이러한 생각들을 중심으로 끌어들였다는 것이다.

파괴적이지만 그 영향은 미약한 것으로 보였던 생각들은 이제는 사회에 실제 위협을 가할 수 있을 정도로 대중화되었다.

베일리스는 모더니즘에 호의적인 지식인들에게조차도 반체제문화의 규모와 영향력은 두려움의 대상이었다고 설명한다.

> 1950년대 말의 신급진주의(new radicalism)와 1960년대의 반체제문화의 차이는 말할 필요도 없이 그 규모에 있었다. 처음 소수의 엘리트들의 열광으로 시작되어 모두가 깜짝 놀랄 속도로 일반 대중의 자산이 되었던 것이다. 그러나 선견지명이 있는 이들은 이것을 예감했는데, 그중 한 사람이 뉴욕 지식인들의 정신적 지주였던 라이오닐 트릴링(Lionel Triling)이다. (…) 모더니즘에서 나타나는 사회에 대한 적대적 태도를 설명하기 위해 '적 문화(adversary culture)'라는 말을 처음 만들어 낸 그는 자신과 같은 교육자들이 젊은 세대의 반체제문학을 체계적인 대학교 커리큘럼으로 변형시키는 역할에 의구심을 품기 시작했다.
>
> 과거 뉴욕의 지식인들은 비트세대(미국문학사에서 잃어버린 세대의 뒤를 이어, 모든 기성 세대의 질서와 도덕 및 문학에서 벗어나 인간의 고유한 성격의 밑바탕에서 몸부림치던 세대: 역주)의 허무적 아젠다로 인해 곤란에 처했다. 그러나 트릴링은 1961년 에세이 「현대 문학 교육에 관하여On the Teaching Of Modern Literature」에서 자신의 업적이 "반(反)사회주의자들과 반(反)문화주의자들의 사회화나 위험인물들의 합법화"에 기여했을지도 모른다고 주장했다. 그에게는 그럴 만한 이유가 있었는데, 그의 가장 역량 있는 제자들 중 하나가 바로 긴스버그(Ginsberg, 비트세대의 지도적인 미국 시인: 역주)였기 때문이었다.
>
> 트릴링은 그가 '거리의 모더니즘'이라고 칭한 것에 대해 비관적이었는데, 모더니즘은 저질화되지 않는 이상 대중화될 수 없다고 믿었던 것이다.

반체제문화와 낭만주의 간의 상관관계를 자세히 규명하려면 록 음악의 저변에 깔린 철학에 대한 논의가 효과적일 것이다. 이것은 마사 베일리스의 저서와 로버트 패티슨의 『천박함의 승리 : 낭만주의의 반영, 록 음악』의 주제이기도 하다. 록 음악은 반체제문화의 가치관과 더불어 이 가치관이 미국사회 깊숙이 침투하도록 하는 데 쓰인 가장 강력한 매개체였다. 책의 제목에서 풍기는 부정적인 어투와는 달리 베일리스와 패티슨 모두 미국 대중문화의 진가를 인정한다.

로버트 패티슨은 낭만주의 철학을 '범신론(pantheism)'이라고 칭하며 범신론적 입장은 이성보다는 본능이나 감정에 의해 형성된다고 설명한다. "범신론자가 신과 자신을 동등하게 여길 때 앎의 근본적인 방법으로써 감정을 최우선으로 여기며, 사고는 두 번째 순위로 강등된다." 이것을 '록의 중심 신조'로 설명하기 위해 그는 트로그스(Troggs)의 1967년도 노래 '사랑은 우리 주위에 있다(Love Is All Around Us)'의 가사를 인용했다. "난 느낀 그대로 마음먹는다."

패티슨은 낭만주의처럼 록 음악도 교육이라는 사회의 전통적인 역할에 반대한다고 한다.

> 록 음악은 지혜가 곧 에너지인 세상을 꿈꾸는 낭만주의적 무정부주의에 동참한다. 그러므로 록 음악은 어느 합리주의자들만큼이나 어리석음을 중요한다. 그러나 루소와 마찬가지로 록 음악은, 에너지와 지혜는 정규교육이 아닌, 그것의 폐지에 의해서만 육성될 수 있다고 생각한다. "학교는 영원히 안녕"이라며 앨리스 쿠퍼(Alice Cooper, 쇼크록의 대부로 불리는 록가수: 역주)는 기뻐했다. 록 신화에서의 학교는 에너지와 이성을 사멸시키고 본능을 절단한다.

패티슨의 낭만주의와 록 음악의 철학에 대한 범신론적 설명은 낭만주의가 지닌 선한 인간 본성의 견해에 관한 깊은 인식과, 이러한 관점이 그들의 도덕관에 끼친 깊은 영향을 말해 준다.

> 범신론적 민주주의에는 악이 존재하지 않는다. 선과 악을 구분하는 데 탁월한 존재가 완전히 삼켜졌기 때문이다. 개인은 수많은 사람들의 무한한 형태를 취해 봄으로써 자신을 알아 간다. 그렇기 때문에 전통적인 기준에서 봤을 때 그것이 얼마나 혐오스러운가를 떠나 모든 행동은 가치가 있다. 이러한 과정을 이해하는 것은 선과 악, 세련과 천박의 "차이를 뛰어 넘어" 사는 것이다.

낭만주의자들과 록 음악계의 후진들은 당연히, 그 '혐오스러운' 행동들을 보여 주는 데 있어 오랜 역사를 갖고 있다. 이러한 행동들은 자신들의 철학을 증명하고 기성사회의 질서를 해체한다는 2가지 목적을 위해 행해진다. 패티슨은 록 음악의 이러한 태도를 낭만주의적 전통과 연결시킨다.

> 록 음악의 사회질서를 향한 적개심은 또 하나의 낭만주의의 유산이다. 루소의 영국인 문하생이자 셸리의 장인이기도 한 윌리엄 고드윈(William Godwin)은 자신의 사회철학을 낭만주의 풍자시로 표현했다. "대개 협력이라는 용어로 이해되는 것들은 모두 어느 정도의 악을 포함한다." (…) 협력 (…) 은 항상 자기 자신을 제약한다.

패티슨은 록 음악처럼 낭만주의의 현대적 형태가 지닌 사회에 대한 적개심은 종종 사회생활로부터의 무감각한 이탈과 결합된 반사회 예술에서 분명히 드러난다고 말한다. "록 가수의 무관심은 투표 참여율의 감소와 공개 토론에서의 이탈, 고소득 직업으로 나타난다."

주류문화 파괴에 열중하는 낭만주의는 베일리스가 '비뚤어진 모더니즘 (perverse modernism)'이라 칭하는 모더니즘의 한 지류로 그 명맥을 유지해 나간다. 베일리스는 이 모더니즘의 지상 과제를 "인간의 부정적인 초월"이라고 한 라이오닐 트릴링을 인용하여 설명한다. 그녀는 "비뚤어진 모더니즘은 무정부주의적이며, 정치 단체는 물론 사회 모든 단체의 조직화 능력을 파괴하려고 한다"고 설명하며, 1960년대 롤링스톤스(Rolling Stones)와 같은 반체제문화 음악가들의 활동 속에 록 음악에 내재된 모더니즘적인 괴팍함이 뚜렷이 나타난다고 말한다. 그러나 그녀는 이러한 전통을 더욱 심화시킨 랩, 펑크, 얼터너티브 음악의 후진들을 위해 보다 신랄한 비난을 아껴 두고 있다. 베일리스의 저서의 '중심 주장'은 "비뚤어진 모더니즘의 무정부주의적이고 허무주의적인 충동은 아프리카계 미국인들의 전통을 훼손했을 뿐만 아니라 오늘날의 외설, 잔인성, 소리 중독에 대한 숭배를 부추기는 대중음악과 연계되게 되었다"는 것이다.

이성보다는 감정을 중시하고 개인의 자유를 최우선으로 하며, 사회에 대한 일반적인 적개심, 공공 교육에 대한 증오, 협력과 타협보다는 충돌을 선호하는 것, 전통적인 도덕 및 시민 책임의 거부, 비도덕적인 행위와 예술을 향한 기성 사회의 경악스런 반응을 보면서 얻는 즐거움은 록 음악과 반체제문화가 공유하는 낭만주의적 철학이다.

1980년대의 자유주의와 반사회적 합의

로버트 푸트남(Robert Putnam)은 『혼자서 볼링하기: 미국 지역사회의 붕괴와 부활Bowling Alone: The Collapse and Revival of American Community』에

서 포스트 반체제문화(post-counterculture) 베이비붐 세대를 '자유주의자 (Libertarian)'라고 서술하고 있다. 그는 베이비붐 세대를 이렇게 설명한다.

> 그들은 이전 세대보다는 좀 더 자유주의적인 태도를 취하며 권위, 종교, 애국심을 덜 중시한다. 1967년과 1973년도의 고등학교 졸업반을 비교해 보면 고등학교에서 조차도 나중에 태어난 베이비붐 세대가 일찍 태어난 베이비붐 세대에 비해 권위에 대한 신뢰가 적고 참여적이지 않으며 더욱 더 냉소적, 자기중심적, 물질적이라는 것이 확연히 드러난다. 일반적으로 베이비붐 세대는 매우 개인주의적이고, 집단에 속해 있기보다는 혼자 있을 때를, 규칙보다는 가치를 선호한다.

푸트남은 베이비붐 세대의 사회 참여의 부족은 반체제문화와, 부분적으로는 신좌익의 혁명적 무정부주의가 붕괴된 결과라고 말한다. 진 립맨블루먼(Jean Lipman-Blumen)은 저서 『통합형 리더십: 변화하는 세계에서 헤쳐 나가기 *Connective Leadership : Managing in a Changing World*』에서 반체제문화 정치는 권한과 체계를 지극히 최소화했기 때문에 붕괴되었다고 설명한다.

> 이러한 격렬한 시대에서 '리더십'은 금기시된 단어였다. 많은 단체들이 의도적으로 공식적인 지도자를 인정하지 않았으며 일부 단체들은 구성원들이 돌아가면서 지도자직을 맡았다. 역설적으로 들릴지도 모르지만, 계급제와 엘리트 지배구조는 한 정치학자가 '무체계적 전제정치'라 부른 결과를 낳았다.
> 궁극적으로, 1960년대 세대를 매혹시킨 무체계는 조직체의 치명적 약점으로 판명될 것이었다. 체계의 공백은 오래 지속될 수 있는 새로운 조직체를 만들거나 차세대 지도자를 배출하기는커녕 결국 단순한 분노만을 낳았다. 실질적으로 체계가 없

었던 많은 조직체들이 회복 불능이 될 정도로 산산조각 나고 말았다.

비록 반체제문화의 사회적 이상주의는 사라졌지만 반체제문화의 개인주의 신봉과 사회조직을 향한 적개심은 계속해서 미국 정치에 깊은 영향을 끼쳤다. E. J. 디온은 신좌익이 1980년대 레이건 대통령 시절의 극도의 반정부주의 정서에 일부 기여한 점이 있다고 설명한다.

> 1960년대의 반권위주의 풍조와 대치되기는커녕 1980년대의 보수정치로 알려진 것의 대부분은 사실 자유주의(libertarian)였다. 과거 신좌익과 반체제문화의 권위에 대한 공격에 매력을 느꼈던 많은 젊은 투표권자들은 나라를 공격하는 보수주의에 매력을 느꼈다. 우익은 전열을 가다듬기 시작했다.

프란시스 후쿠야마(Francis Fukuyama)는 좌익과 우익의 관심사인 포스트 반체제문화적 수렴 과정을 이렇게 설명한다.

> "불필요하고 답답한 사회 규제에서 벗어난 개인의 자유"라는 매우 강력한 문화적 테마에 대한 공통된 지지이다. (…) 좌우익 모두 개인을 구속하는 규제로부터 개인을 자유롭게 하려는 노력에 동참했다. 그러나 중점을 두는 부분은 따로 있었다. 간단히 말하자면 좌파의 관심사는 생활 방식에서의 개인의 자유였고 우파의 관심사는 돈에 관한 것이었다. (…) 사람들은 곧 규칙을 어기는 것이 유일하게 남아 있는 규칙인 듯 보이는, 속박에서 벗어난 개인주의 문화에 심각한 문제가 있다는 것을 깨달았다.

자유주의는 사회·경제 분야에서의 극단적인 개인주의를 주장했다. 자유주의 철학자 데이비드 보아즈(David Boaz)는 자유주의의 시각을 다음과 같이 설명한다.

> 현재 미국 좌우익 스펙트럼에서 자유주의는 좌파에도, 우파에도 속하지 않는다. 자유주의자들은 현재의 진보주의자나 보수주의자들과는 달리 지속적으로 개인의 자유와 축소된 정부를 주장한다. 일부 언론인들은 자유주의자들을 경제·자유·사회 이슈에 있어서는 보수주의자라고 칭하지만, 현재의 진보주의자들은 (일부) 사회 이슈에 있어서는 자유주의자, 경제 이슈에 있어서는 국가 통제주의자로, 보수주의자들을 (일부) 경제 이슈에 있어서는 자유주의자, 사회 문제에 있어서는 국가 통제주의자라고 하는 것이 좀 더 타당할 것이다.

레이건 대통령 시절 합의는 좌파에게는 그들이 원하던 사회적 자유를, 우파에게는 그들이 원하던 경제적 자유를 주는 자유주의적인 것이었다. 이 타협을 진척시키기 위해 레이건 대통령은 도덕주의적 수사법으로 공화당의 사회 보수주의자들을 대표했다. 그러나 보수주의자들의 이슈에 대한 실질적인 지지는 거의 없었다. 개인주의는 사회·경제 분야 모두에서 과도한 개인주의를 억제하려는 사회에 승리를 거두었다. 표현적 개인주의와 공리주의적 개인주의는 미국문화를 장악하기 위해 힘을 합쳤던 것이다.

역사적 관점에서의 공리주의적·표현적 개인주의

『마음의 습성: 미국에서의 개인주의와 책임』의 공동 저자인 로버트 벨라는 "18세기 말엽, 개인이 각자의 이익을 추구하는 사회에서 사회적 선은 자동적으로 실현될 수 있다고 주장하는 사람들이 있었다. 이것이 바로 순수한 형태의 공리주의적 개인주의이다"라고 말한다. 한편, 표현적 개인주의는 정치 우파에서 각광받는 경제적인 개인주의가 아닌, 낭만주의가 좌파에 끼친 직접적인 영향이었다. 벨라와 공동 저자들은 이 두 개인주의의 관계를 다음과 같이 설명한다.

> 19세기 중반까지 공리주의적 개인주의는 미국사회를 강력히 지배하여 수많은 반향을 일으켰다. 많은 미국인들에게 개인의 물질적 관심 추구에 바쳐진 이기적인 삶은 문제가 있어 보였다. 이렇듯 문제를 감지한 이들 중에는 여성, 성직자, 시인, 작가들이 포함되어 있었다. 프랭클린(Franklin)이 '덕(virtues)'이라고 한 난해한 자기 제어는 사랑, 인간의 감정, 자아의 표출의 여지를 거의 남기지 않았다. F. O. 매티슨(F. O. Matthissen)이 '미국의 르네상스'라고 부른 시기의 위대한 작가들은 이러한 낡은 형식의 개인주의에 반발했다. 1855년 허먼 멜빌은 프랭클린을 신랄하게 풍자한 『이스라엘 도공*Israel Potter*』을 펴냈고 에머슨, 소로와 호손은 부의 추구는 제쳐두고 자아의 수양에 힘썼다. 그러나 우리가 '표현적 개인주의'라고 부를 수 있는 것을 가장 분명한 형태로 제시한 사람은 월트 휘트먼이었다.

여기 명시된 작가들은 초기 초월주의를 포함하는 19세기 미국 낭만주의 운동의 대표적인 인물들이다.

1980년대 공리주의적 개인주의와 표현적 개인주의에 심취한 이들간에 때로는 무의식적인 연대가 생겨났다. 이 이익 연합의 통치는 미국의 지배 종교인 성서적인 전통과 자유 민주주의의 공화주의적 전통의 영향력을 급격히 약화시켰다. 당시 두 전통은 지금은 많은 사람들이 당연히 무시할 수 있다고 생각하는 개인적, 공적 압력을 행사해 왔던 것이다.

자유주의적 개인주의와 교육

자유주의적 합의는 교육을 개인의 부(富)라는 공리주의적인 추구와, 마찬가지로 개인주의적인 자기 표현을 추구하는 것으로 축소시켰다. 교육을 행하는 사회체계가 축소되자 개인의 재능을 사회적 목적을 위해 쓰자는 생각 역시도 감퇴했다. 개인의 자기 표현이 허용되자 지식을 통해서 중요한 개인적, 사회적 판단력을 확립하려는 전통적인 계획은 무관심한 상대주의에 패배하게 된다.

앨런 블룸(Alan Bloom)은 1987년 출간된 『미국 정신의 종말*The Closing of the American Mind*』에서 개인 표현으로 인한 개방성, 포용력의 추구는 진실과 지식 추구 간의 관계를 무관하게 만들고 있다고 말한다.

> 따라서 2가지 종류의 개방성이 있다. 무관심의 개방성—우리의 지적인 자존심을 비하하고, '지식인이 되는 것을 원하지 않는 한 우리가 바라는 다른 모든 것은 무엇이든 되도록 방치하는 이 2가지 목적에 고무된—과 지식과 역사와 다양한 문화의 고찰을 통해 훌륭한 예를 찾을 수 있는 확신에 찬 탐구로 우리를 초대하는 개방성이 있다. 두 번째 개방성은 진지한 학생들에게 흥미와 욕망—"나는 나에게 무엇이 좋고 무엇이 나를 행복하게 만드는지 알고 싶다."—을 불러일으킨다. 그러나 첫 번째 개방성은 그러한 욕망을 억누른다.
> 현재 개방성은 가장 강력한 것에 무릎을 꿇는 방법 중 하나이거나 혹은 원칙에 의거한 듯 보이는 천박한 성공에 대한 숭배로 여겨진다.

블룸의 비평은 좌익의 표현적 개인주의 쪽으로 기우는 경향이 있기는 하지만 표현적 개인주의와 우익의 공리주의적 개인주의가 가진 허점의 상관관계를 보여 준다. 교육이 단순히 자아 표출에 국한된 진실 추구로 변형되자 도덕적 목

도서관, 세상을 바꾸는 힘

적을 상실하게 되었고 가장 우세한 문화적 가치관이 그 빈 자리를 채울 것이었다. 사회환경을 제공하는 도덕체계가 사라진 교육은 시장에서 개인의 출세를 위한 탐구로 축소되었다.

프란시스 후쿠야마는 자유주의의 지적·도덕적 상대주의에 대한 지지를 다음과 같이 서술한다.

> 더욱이, 우리는 서로 경쟁관계에 있는 문화적 주장들을 타협하는 데 있어서 어느 하나도 다른 것보다 낫다고 단정할 수 없다고 교육받았다. (…) 이것은 좌파적 성향의 다문화주의 지지자들이 아니라 모든 인간 행동을 최소화된 개인적 '선호'의 추구라고 요약한 우파적 성향의 자유주의 경제학자들이 가르친 교훈이다.

자유주의적 개인주의와 도덕

표현적 개인주의의 근원인 낭만주의는 종교적 전통이건 시민 책임의 합리적인 개념이건 간에 도덕에 대한 어떤 종류의 사회적 공식화에도 반대한다. 낭만주의와 관련된 '반체제문화', '적 문화', '비뚤어진 모더니즘'과 같은 용어들은 낭만주의와 사회와의 대립관계를 반영한다. 낭만주의는 모든 종류의 사회도덕을 반대하고 사회에 반하는 개인도덕을 지지한다. 이러한 태도는 종종 지배적인 사회도덕에 대한 단순 반발인 반(反)도덕(anti-morality)에서도 나타난다. 한편, 경제적 자유를 주창한 공리주의적 개인주의의 도덕관은 도덕적이지도, 그렇다고 비도덕적이지도 않다. 이처럼 표현적 개인주의, 공리주의적 개인주의 그 어느 것도 개인의 자유를 억압하는 도덕 지침을 지탱할 토대가 될 가망성은 없었다. 개인주의자들의 상상처럼 만약 개인의 자유를 억압하는 보편적인 사회의 가치관이 필요 없다면 그 부재는 전혀 문제가 되지 않을 것이다. 그러나 사회도덕의 쇠락은 사회에 매우 부정적인 영향을 미친다는 것은 1960~80년대에 걸쳐 충분히 입증되었다.

자유주의적 개인주의가 사회에 미친 일반적인 영향

1980년대의 공리주의적, 표현적 개인주의의 융합은 자아도취와 탐욕으로 얼룩진 반사회적 기간이라는 1980년대의 명성에 일조했다. 『새 황금률 : 민주사회에서의 지역사회와 도덕 The New Golden Rule : Community and Morality in Democratic Society』에서 아미타이 에치오니는 이 시기에 대해 서술하고 있다.

> 1960년대 반체제문화의 부흥은 색다른 수단이 되는 새로운 개인주의의 강력한 지원 속에 1970, 80년대에도 이어졌다. 그것은 사회에 대한 책임보다는 자신에 중점을 맞추기를 용인하는 기준에 확증을 부여했고 이기주의가 사회질서와 사회의 선을 위한 가장 중요한 토대가 된다고 보았다. (…) 1950년대의 특징이 강력한 책임의식이었다면 1960년대에서 1990년대의 특징은 높아지는 신분의식과 함께 사회적 책임을 기피하려는 경향이었다. 미국인들은 정부가 권한을 축소하고 세금을 줄여야 한다고 느끼지만 그와 동시에 많은 영역에서 더욱 많은 정부의 서비스를 요구한다.

1965년 이후 과도한 개인주의로의 이동이 끼치는 사회학적인 영향은 프란시스 후쿠야마의 저서 『대붕괴 신질서 The Great Disruption : Human Nature and the Reconstitution of Social Order』에 잘 설명되어 있다. 그는 "협동 조직에 속한 구성원이 공유되는 일련의 비형식적인 가치관과 기준들"로 정의되는 '사회적 자본(Social Capital)'이라는 용어를 사용한다. 사회적 자본에 의한 측정에서 수많은 부정적인 지표는 1965년 즈음을 시발로 급속하게 상승하기 시작했다.

도서관, 세상을 바꾸는 힘

이러한 지표들은 범죄, 가족, 신뢰라는 3개의 광범위한 범주로 나뉠 수 있다.

후쿠야마는 미국에서 1960년대 중반 연간 1만 명 중 2백 명 꼴로 일어나던 폭력 범죄가 1991~92년경에는 평균 1만 명 당 750명 꼴로 최고치를 기록했다고 한다. 그는 또한 1960년대 중반부터 급격하게 늘어나기 시작한 이혼에 대해서도 언급한다.

> 미국에서 1980년대 이루어진 결혼 중 거의 절반은 이혼으로 끝난 것으로 추측된다.
> 꾸준히 증가하던 기혼자 대비 이혼자의 비율은 결혼율 감소로 인해 더욱 치솟았다.
> 미국 전체의 이혼율은 30년 만에 4배 이상 증가했다.

후쿠야마는 "신뢰는 사회 중심지를 구성하는 협동 사회 규범의 주요한 부산물이다. (…) 1958년 한 설문 조사에서 미국인들의 73%가 '거의' 혹은 '대부분' 연방정부가 옳은 일을 하고 있다고 믿는다고 대답했다. 그러나 1994년에 들어서면 이 수치는 15%까지 하락한다"고 설명한다.

로버트 푸트남은 지난 30년간 시민 참여 형식으로 이루어지는 광범위한 분야의 활동에서의 가파른 하락세를 지적한다. 1972~75년, 1996~98년 사이 매일 신문 읽기, 매주 교회 참석, 탄원서 제출, 공공 모임 참여, 의원에게 편지 쓰기, 정치 정당 근무, 공직에의 입후보나 집무 등과 같은 분야에서 시민 참여가 감소했는데, 이 비율은 특히 베이비붐 세대와 젊은 성인들에게서 두드러진다. 푸트남은 지난 20, 30년간 전체적인 투표율은 1/4 정도, 공무(public affair)에 대한 관심은 1/5 정도 낮아졌다고 설명한다.

자유주의적 개인주의 가치관이 이러한 사회적 분열에 끼친 영향의 범위는 분명하지는 않다. 그러나 포스트 반체제문화 자유주의가 이러한 부정적인 변화에 도움을 준 것은 확실하다. 지금 일어나고 있는 이러한 사회 분열 과정은 대중의 사회철학에 변화가 있을 때 다시 일어난다는 것 또한 확실하다. 이 같은 사회 변화가 일어난 데에는 커뮤니티 운동 노력도 일조했다.

1990년대 자유주의 합의에 대한 커뮤니티 운동의 대응

아미타이 에치오니와 자신을 공동체주의자라고 칭한 여타 커뮤니티 운동 저자들은 자유주의적 합의에 대해 강한 반향을 보였다. 자유주의자들과 마찬가지로 공동체주의적 관점은 전통적인 자유·보수주의 정치 스펙트럼에는 잘 맞지 않았다. 에치오니는 공동체주의의 견해를 다음과 같이 설명한다.

> 공동체주의 사고는 좌파와 우파적 사고 간의 해묵은 논쟁을 뛰어넘어 또 다른 사회
> 철학을 제시한다. 이러한 재정리가 필요한 기본적인 이유는 정부의 역할 대 민간의
> 역할, 국가의 권위 대 개인의 권위에 대한 논쟁이 오래된 지도를 중심으로 펼쳐지기
> 때문이다. 현재의 중심축은 개인과 지역사회의 관계, 자유와 질서 간의 관계이다.

자유주의적 입장과는 달리 에치오니의 공동체주의는 일관적으로 개인이나 사회를 지지하거나 반대하지 않고 개인과 사회의 관계가 조화를 이루어야 한다고 주장한다. 사회도덕과 개인의 자유 모두가 미국문화의 필수적인 측면이듯 성서적인 공화주의적 도덕 전통과 공리주의적, 표현적 개인주의의 전통을 거부하지 않는다. 그 결과는 다른 전통들을 경시하고 한두 개의 문화 전통만을 옹호하는 사람들의 월권을 지양하는 한편 각 문화의 중요성을 인식하는 문화의 갈

도서관, 세상을 바꾸는 힘

래들의 강력한 통합으로 나타났다.

예를 들어, 공동체주의자들은 표현적 개인주의자들에게 도덕 가치관의 공유는 모든 사회의 생존에 필수적인 것이라는 점을 상기시킨다. 공동체주의자들은 공공 생활에서의 종교적 표현의 금지를 제창하는 표현적 개인주의자들의 경향을 강도 높게 비판하며 인간 본성과 모순된 문화적 무정부주의라는 낭만주의의 꿈은 정부나 교육과 조화를 이룰 수 없다고 믿는다. 낭만주의에서 유래한 반체제문화의 월권에 비판적인 공동체주의자들은 반체제문화가 지지하는 시민권리 운동, 여성운동, 환경운동과 같은 정치적 프로젝트에는 대체적으로 협조적이다.

공동체주의자들은 성서적인 전통을 중시하는 사회적 보수주의자들에게, 미국인은 신정 사회가 아닌 다원적인 민주주의 사회에서 살고 있으며 개인과 조직의 표현은 존중되어야 한다는 것을 상기시킨다. 사회도덕의 보편적 가치들은 어느 사회에서건 절대적으로 필요한 것이지만 민주주의 사회에서는 그 누구라도 자신의 뜻을 강제하지 않는 것이 매우 중요하다. 국가의 하위문화들 간에 공유되는 가치관의 합의를 이끌어 내기 위해서는 대화가 필요하다.

민주주의의 진보를 위한 다양한 방식의 사회·정부 개혁에 대한 공동체주의자의 지지는 공동체주의와 공화주의 전통과의 밀접한 관계를 확인시켜 준다. 그러나 공동체주의자들은 일부 비종교적 계몽주의 사상가들보다 사회도덕의 원천으로서의 종교를 더욱 중시했고, 과거의 공화주의적 전통 지지자들보다 공리주의적 개인주의와 표현적 개인주의를 더욱 지지했다. 공동체주의자들은 현재의 문화가 개인주의 쪽으로 치우쳐 있다는 것을 알지만 그렇다고 1950년대의 엄격한 사회 기강으로의 회귀를 모색하지는 않는다. 공동체주의자들은 현재의 진보주의자들에게 정부는 사기업과 시민사회단체 같은 사회 내 다른 조직들의 지지 없이는 문제를 해결하지 못하며, 성공적인 문제 해결을 위해서는 그러한 문제를 겪고 있는 개인들의 적극적인 참여와 책임이 필요하다는 것을 상기시킨다.

공동체주의는 공리주의적 개인주의의 기업가 정신을 높이 평가하며 미국의 경제적, 사회적 성공에 있어서 이러한 정신의 중요성을 인식하고 있다. 그러나 경제적 자유만을 고집하는 이들에게는 사회도덕의 전통에 의해 통제되지 않은 공리주의적 개인주의가 끼치는 악영향에 대한 경종을 울린다. 사회도덕이라는 고삐에서 풀려난 공리주의적 개인주의의 폐해를 보일 수 있는 최근의 예로는 1980년대의 저축은행 스캔들(1980년대 무책임한 모기지 대출의 결과 뒤이어 거품이 붕괴하면서 저축은행들이 연쇄 파산한 사건: 역주)과 월스트리트 스캔들(1980년대 후반부터 2001년 초반까지 월스트리트의 트레이더들을 중심으로 대규모로 벌어진 금융 모럴 헤저드 사태를 일컬음: 역주)을 꼽을 수 있다.

공동체주의의 입장은 강력한 것이다. 미국의 주요한 문화 갈래 각각의 중요성을 인식하고, 여타의 문화를 희생양으로 삼는 문화의 부흥을 효과적으로 거부하기 때문이다. 각각의 정치적 문화 갈래들을 지지하는 공동체주의자들은 타협의 원칙이라는 역할을 수행할 수 있는 가능성을 지니고 있는 것이다.

클린턴 대통령의 두 번의 임기 동안 정부 조직화의 원칙이었던 공동체주의적 태도의 힘은 1990년대에 계속적으로 입증되었다. 토니 블레어 영국 총리는 노동당 개혁에 공동체주의 철학을 이용했으며, 빌 클린턴 대통령과 함께 좌익과 우익의 양극화를 극복하는 정치적인 '제3의 길'에 동참했다. 2000년 대통령 선거 운동에서 앨 고어(Al Gore)와, 빌 브래들리(Bill Bradley), 조지 W. 부시(George W. Bush), 존 맥캐인(John MacCain) 모두 공동체주의의 견해를 이용하였다. 민주당 내에서 공동체주의적 견해는 지배적이었다. 부시 대통령과 공동체주의 성향을 가진 조언자들의 영향력은 본래 자유주의적이었던 공화당의 입장을 바꾸기 시작했다. 미국의 정치 갈등은 보수당원들과 민주당원들 간의 전쟁으로 묘사되지만 좀 더 깊은 관점에서 보면 이 분쟁은 자유주의자들과 공동체주의자들 간의 경쟁이다.

1980년대의 합의에서 포스트 반체제문화 좌익과 주류였던 보수주의 우익은 사회의 억압에서 벗어난 개인의 자유가 가장 중요하다는 데 동의하였다. 이 새로운 합의는 이 주요한 두 조직을 극한으로 몰고 갔다. 그들은 도덕적 제약에 몰두하는 성서적인 전통을 지닌 사회적 보수주의자들과, 적극적인 정부와 다양한 방식의 경제적 제약을 추구하는 공화적인 전통적 진보주의자들이었다. 공동체주의적 입장은 1980년대의 자유주의 합의에 대한 반향이었다. 커뮤니티 운동은 개인주의와 새롭게 정립된 사회도덕, 시민 책임 사이의 균형을 추구했다. 공동체주의 사상에 대한 자세한 설명은 제3장에서 이어질 것이다.

결론

반체제문화의 발생과 함께 1960년대에 일어난 문화남북전쟁은 미국이 이러한 갈등을 해결하고자 한다면 반드시 이해해야 할 역사적 기원을 갖고 있다. 그것을 이해하기 위해서는 『마음의 습성: 미국에서의 개인주의와 책임』의 공동저자들과 로버트 벨라의 카테고리를 사용하여 미국문화를 설명하는 것이 유용할 것이다. 그들은 미국문화의 주요한 갈래를 성서적, 공화주의적, 그리고 현대 개인주의적인 것으로 나누었고, 여기서 현대 개인주의는 다시 표현적 개인주의와 공리주의적 개인주의로 나뉜다. 성서적인 전통은 미국의 지배 종교의 도덕관이다. 공화주의적인 전통은 18세기 계몽주의의 철학적 이념에서 나온 미국 민주주의의 시민 전통이다. 공리주의적 개인주의는 자본주의하에서 개인의 경제적 자유를 옹호하고, 표현적 개인주의는 개인의 표현의 자유를 지지한다.

문화남북전쟁은 반체제문화에 의해 촉진된 표현적 개인주의 사상의 급격한 대중화에 대한 반발이었다. 낭만주의에 그 뿌리를 두고 있는 표현적 개인주의는 전통, 이성 또는 사회질서 형성을 위한 모든 매개 수단에서 비롯된 지식의 권위에 도전한다. 표현적 개인주의는 교육과 법의 집행, 여타 형태의 사회적 설득이나 압력을 통한 사회도덕 형성에 반대한다. 불필요한 것이며 용납할 수 없는 개인의 자유에 대한 제한으로 비춰졌던 것이다. 1960년대의 반체제문화는 문화의 변방에 머물러 있었던 이러한 사고를 문화의 중심 무대로 가져왔다.

이러한 관념은 성서적인 전통의 도덕 가치관을 중시하던 이들과 민주주의의 법적, 윤리적 체계를 중시한 이들에게 있어 가장 기본적이며 극단적인 도전이었다. 전통적 기독교인들은 이러한 관념에 처음으로 저항한 이들이었다. 종교적 우익은 현재 공화당 내에서 강력한 영향력을 갖고 있다. 자유 민주주의의 공화주의적 전통을 대표하는 사람들도 표현적 개인주의에 대항했는데, 여기서 커뮤니티 운동이라고 일컬어지는 분파는 1990년대 민주당 내에서 막강한 영향력을 행사한 공동체주의라는 정치철학을 발전시켰다. 공동체주의는 표현적 개인주의와 공리주의적 개인주의가 융합된 1980년대 자유주의 사회 합의에 대한 직접적인 대응이었다.

다음 장에서는 이 오랜 사회 갈등이 국가 시설인 공공도서관을 어떻게 변모시켰는가를 살펴보고, 공화주의적 전통에 연유한 전통적인 공공도서관의 철학을 현재 공공도서관의 지배적인 이데올로기이며 앞으로 자유주의로 묘사될 관념과 비교해 볼 것이다.

제2장 자유주의적 공공도서관의 도래

제2장 자유주의적 공공도서관의 도래

공공도서관 측은 반정부주의적 태도와 사회적 권위 존중의 전반적인 쇠퇴가 공공도서관을 발전시키려는 노력에 해가 된다는 것을 알고 있다. 그러나 공공도서관 사서와 이사들은 표현적·공리주의적 개인주의 이념들이 반사회적 분위기에 어떻게 기여했으며, 그에 대한 도서관 운영자들의 반응에 어떤 영향을 끼쳤는지에 대해서는 잘 알지 못한다. 표현적·공리주의적 개인주의의 이념은 주류의 전통적인 시각으로 흡수되었기 때문에 더 이상은 확연히 찾아볼 수가 없는 것이다.

이러한 관념의 영향을 살펴보기 위해서는 미국 공공도서관의 역사와 관련하여 현재 공공도서관의 이데올로기를 분석해 볼 필요가 있다. 제2장에서는 1980년대 자유주의적인 사회 분위기를 반영하는 현재 공공도서관의 이데올로기와 보스턴 공공도서관 초창기 이사회가 꿈꾼 전통적인 공공도서관을 대조해 볼 것이다. 전통적인 공공도서관을 설명하는 데는 미국 최초의 주요 공공도서관에 세금 지원을 요청하는 보스턴 공공도서관 이사회의 1852년 보고서가 이용될 것이다. 자유주의적 공공도서관의 이데올로기를 설명하는 데 있어서는 1980년대 공공도서관협회의 계획 안내서 『공공도서관을 위한 계획 과정A Planning Process for Public Libraries』이 이용될 것이다. 보스턴 공공도서관 이사회 보고서와 계획 과정 안내서는 계몽주의의 공화적인 전통 위에 기초한 공공도서관과 낭만주의의 공리주의적·표현적 개인주의에서 발로한 자유주의 철학에 기초한 도서관의 차이를 보여 주는 중요하고 영향력 있는 자료들이다. 전통적인 공공도서관에서 자유주의적 도서관으로의 가장 근본적인 변화는 "개인이 정보에 접근할 수 있는 민주사회를 위한 교육"이라는 임무로의 변화였다. 공공도서관의 이데올로기에서 지금은 자유주의가 우세적이지만 도서관 자체는 전통적인 공공도서관과 후에 제기된 대안이 혼합된 것이다.

전통적인 공공도서관

1852년 보스턴 공공도서관

보스턴 공공도서관 이사회가 세금 지원을 요청하는 보고서를 시의회에 제출했던 당시, 1852년 보스턴에서는 현대 공공도서관 운동이 시작되고 있었다. 이 보고서는 새로운 시설의 존재에 대한 명확하고도 심오한 이론적 근거이다. 현대 공공도서관의 임무에 관한 논의는 이 문서에서부터 시작되어야 마땅하다.

보스턴 공공도서관 이사회는 보스턴의 공공 교육 시스템을 완성하기 위해서 공공도서관이 필요하다고 주장했다. 그들은 "지식인들도 잘 알고 있듯이 학교는 심지어 대학교까지도 교육의 첫 단추에 불과하다. 그러나 대중은 교육이라는 대업을 계속 이어나갈 준비가 되어 있지 않다. (…) 학교가 독서에 대한 흥미를 일깨워 주기는 하지만 대중에게는 아무런 읽을거리를 제공하지 못한다"면서, 지식이 없으면 다음 세대가 우리처럼 행복하고 번영하도록 바랄 자격이 없다며, 우리 사회에 지식을 널리 보급하기 위해서는 우리의 필요와 요구에 걸맞은 충분한 수단이 있어야 하기 때문에 공공도서관이 필요하다고 주장했다.

그럼에도 불구하고 우리가 무상교육을 실시하는 것과 같은 원리에서, 도서관 정책과 의무이자 실질적으로 모든 교육에서 가장 중요한 부분인 독서를 모두에게 제공해야 함은 의심의 여지가 없다. (우리와 같은 정치적, 사회적 그리고 종교적인 제도하에서) 일반 정보 매체를 널리 확산시켜, 가능한 한 많은 이들이 결국은 사회질서의 근거로 귀결되는 질문에 대해 읽고 이해하도록 장려하는 것이 중요하다는 것은 올바른 판단이다. 이러한 질문은 계속적으로 그 모습을 드러내 왔으며, 우리는 어떠한 방식으로든 계속해서 결정을 내려야 하는 것이다.

보스턴 공공도서관 이사회는 이 새로운 시설이 모든 경제적 계층을 위한 것이라는 점을 믿어 의심치 않았다. "무엇보다도, 어느 계층—이미 높은 교육을 받았더라도—도 간과되어서는 안 되겠지만 무료 학교(Free School)의 경우처럼 다른 방법으로는 교육을 받을 수 없는 이들의 요구를 가장 먼저 고려해야 할 것이다." 가난한 이들을 위한 복지의 필요성에 대해서도 명확히 언급했으나 그렇다고 해서 도서관 설립을 삶에 영향을 끼치고 인성 함양과 처우 개선을 할 수 있도록 가난한 가정과 값싼 하숙집에 가능한 한 많은 책을 전달하려는 '위대한 사업'으로 여기지는 않았다.

보스턴 공공도서관 이사회는 공공도서관을 "시립학교 시스템의 더할 나위 없는 영광"인 교육적 제도로 보았다. 이 새로운 시설은 개인이 교육을 통해 성장하도록 도우며 "공공 증진의 도구"로서의 역할을 할 것이었다. 그들은 민주주의 제도는 교양 있는 시민들을 필요로 하며, 정부 단체와 국민들 모두 전 지역사회의 교육을 지지하고 장려해야 할 책임이 있다는 것을 알고 있었다.

보스턴 공공도서관 이사회에 의해 묘사된 전통적인 공공도서관은 미국 정부의 민주주의의 형태의 초석이 된 계몽주의 철학에서 연유된 것이다. 제스 세라(Jesse Shera)는 논문 「미국 공공도서관 역사 연구*The Study of American Library History*」에서 "교육기관으로서 도서관의 개념은 18세기 계몽주의에 그

도서관, 세상을 바꾸는 힘

근간을 두고 발전이라는 개념과 인간의 완전성에 믿음을 갖는 대중교육에 관한 19세기의 신조를 지닌 도서관 사서의 역할로 직접적으로 전승되었다."

보스턴 이사회 보고서의 책임 저자인 조지 티크너(George Ticknor)가 천재적 계몽주의자 토머스 제퍼슨의 어린 시절 친구였다는 사실은 놀라운 것이 아니다. 올리버 가쇼가 저서 『정치적 과정에서의 공공도서관』에서 "티크너를 통해 우리는 18세기와 손잡았다. 그는 18세기의 열정적인 인문주의를 19세기의 용어들로 해석했다"고 적고 있다. 그는 1809년도 제퍼슨이 존 와이치(John Wyche)에게 보낸 편지에서 다음과 같은 문구를 인용해 티크너와 제퍼슨 사상의 유사점을 보여 준다.

> 각국의 국민들은 스스로의 권리를 지키는 유일한 수호자이면서 스스로를 파멸시키는 데 쓰이는 유일한 도구입니다. 속임수에 넘어간 것이 아니라면 어느 누구도 자신의 파멸에 이용되는 데 절대 동의하지 않겠지요. 이러한 상황을 피하기 위해서는 어느 정도의 교육을 받아야 하는데, 나는 각 카운티에 작은 순회 도서관을 건립하는 것보다 더 적은 비용으로 막대한 효과를 낼 수 있는 것은 없다고 생각하고 있습니다. 정해진 기간 내 도서 반납을 보장하는 규정하에서 국민들이 대여할 수 있는 잘 선정된 서적들이 구비된 도서관 말이지요. 도서관은 국민들에게 다른 역사에 대한 일반적인 시각과 국가의 역사에 대한 특정한 시각과 지리, 자연의 원리, 철학의 원리, 농업의 원리, 기계학 원리에 관한 상당한 지식을 제공할 수 있어야 할 것입니다.

1852년 이후 전통적인 공공도서관

민주사회를 위한 교육에 힘써 온 전통적인 공공도서관의 역사에서는 여기서 언급된 것보다 더 놀라운 상황을 찾기란 어려울 것이다. 패트릭 윌리엄스

(Patrick Williams)는 저서 『미국 공공도서관과 그 목적의 문제*The American Public Library and the Problem of Purpose*』에서 공공도서관 역사를 통해 사회 발전을 위한 교육이라는 도서관의 임무를 추적한다. 윌리엄스는 19세기 말 대중소설의 교육적인 가치에 대한 논쟁, 진보주의 시대 호전적 교육 시설로서의 공공도서관의 성장, 1920년과 1948년 사이에 일어난 성인교육운동(Adult Education Movement)에의 적극적인 참여, 1960년대 말에서 1970년대 초의 공격적인 사회 복지에 관해 논의한다.

1940년대 말부터 1950년대 초에 만들어진 '공공도서관 연구(Public Library Inquiry)' 보고서들에서도 전통적인 공공도서관의 강점과 약점에 대한 매우 흥미로운 고찰을 찾아 볼 수 있다. '공공도서관 연구'는 정치학자인 로버트 리(Robert D. Leigh)가 주도한, 사회과학자들로 이루어진 독립적인 단체가 실시한 공공도서관에 관한 포괄적인 연구로서, 공공도서관과 도서관 사서의 역할에 관한 흥미로우면서도 뛰어난 외부 평가이다. 이 보고서에서 권고보다도 중요한 점이 있다면 그것은 바로 이 보고서가 보스턴 공공도서관 설립 이후 1백 년 만에 나온 공공도서관에 대한 구체적인 견해라는 점이다.

로버트 리와 공동 저자들은 공공도서관의 사서들이 여전히 민주사회를 위한 교육의 제공이라는 전통적인 목표를 따르고 있다고 말한다. 전통적인 임무에 대한 관심은 제2차 세계대전의 민주주의 사회에 대한 위협으로 더욱 심화되었다. 도서관 사서들은 여전히 교육을 통한 인간의 완전성을 믿는 전통적인 낙관주의에 많은 영향을 받고 있었다. 저자들은 책이 지니는 '개량성'에 대한 이 같은 믿음을 '도서관 신념(Library Faith)'이라고 일컫는다. '공공도서관 연구'의 저자들은 중세 국립도서관의 목적에 관한 목록에 상세히 기술되어 있는 중대한 교육적·시민적 목적들이 공공도서관의 임무에 합리적인 기초를 제공한다고 믿었다. 그러나 그들은 시민 생활에 중요한 교육과 적극적 참여에 관심을 보이는 사람의 수는 얼마 되지 않는다고 경고하고 있다. 더글러스 레이버(Douglas Raber)가 그의 저서 『사서 업무와 적통성: 공공도서관 연구의 이데올로기 *Librarianship and Legitimacy: The Ideology of the Public Library Inquiry*』에서 이야기한 내용에는 로버트 리와 올리버 가쇼 또한 "공공도서관 서비스의 수요자는 적었다"는 데 동의를 표명한다.

도서관의 공식적인 목표에 대한 지지도 확인을 위해 '공공도서관 연구'의 연구자들은 110명의 도서관 사서에게 1940년도에 제작된 미국도서관협회의 3가지 자료에서 추출해 낸 목표 목록을 보냈다. 대다수의 도서관 사서가 강력하게 지지한 이 목표 목록은 주목할 만한 가치가 있다. 도서관의 사회적 목적을 강력히 지지하고 있기 때문이다. 이 통합 목록의 '목표의 일반적 정의(General Definition of Objectives)' 항목을 보면 주요 목표 중 첫 번째 목표를 다음과 같이 설명한다. "지도와 자극을 통해 교화된 시민정신과 풍요로운 개인의 삶을 장려하기 위한 목적으로, 서적들과 여타 관련된 교육 자료를 모아서 정리·보존·소장하는 것." 이러한 목표를 뒷받침하는 내용들은 "표현의 자유라는 소중한 유산"의 보존뿐 아니라 "단체 생활의 민주적 절차의 이해"와 관련된 시민권을 강조한다. "강의, 포럼, 토론 그룹들"을 제공하는 것도 바람직하다. 다음은 '자극과 리더십' 항목에서 소개된 내용이다.

교육과 정보와 관련된 모든 기관들과 협력하고 있는 도서관은 이용자들로 하여금 올바른 판단을 내릴 수 있는 능력을 증진시키고 주요 사회문제를 이해할 뿐만 아니라 자신의 의견을 표현하고 판단에 따라 행동해야 한다는 것을 깨닫게 하도록 노력해야 한다.

도서관은 지역사회 조직 프로그램의 조성과 증진에 힘써야 하고 프로그램을 조직의 특정 관심사에 맞춰야 한다. 그와 동시에 쟁점이 되는 문제의 모든 측면에서 믿을 만한 정보를 제공하는 책임도 수행해야 한다.

'중점' 항목에서는 도서관이 "우리 시대의 중요한 문제 해결에 직접적으로 가담"해야 한다고 설명하고 있다. 1952년부터 대략 1972년에 이르기까지 도서관 사서들과 이사회는 민주주의 사회를 위한 교육이라는 도서관의 임무를 충족시키기 위해 이상주의적인 노력을 해 왔다. 그러나 이러한 노력은 도서관 측의 높은 기대를 충족시키지 못해 환멸과 후퇴의 기간이 이어지게 되었다. 1970년대 초 이래로 도서관 운영자들은 전통적 공공도서관의 사회적 임무에서 후퇴하게 되었다.

자유주의적 공공도서관과 『공공도서관을 위한 계획 과정』, 1980

1960년대 문화남북전쟁의 여파로 공공도서관의 민주사회를 위한 교육이라는 공화주의적 임무는 개인을 위한 정보 제공이라는 자유주의적 임무 아래 급격한 쇠퇴의 길을 걸었다. 새로운 공공도서관은 모체인 자유주의 합의처럼 표현적 좌파적 개인주의와 우익적 공리주의적 개인주의의 산물이었다. 올리버 가쇼가 인용한 1947년 『미국도서관협회 전국 계획A.L.A National Plan』은 개인과 사회에 대한 균형적인 서비스를 제공했던 전통적인 공공도서관에 대해 설명한다. "공공도서관의 목표는 수도 없이 많고 다양하다. 그러나 그 본질에 있어서는 2가지의 목표만이 존재한다. 계몽된 시민권을 장려하고 개인의 삶을 풍요

롭게 하는 것이다. 이러한 목표는 조직 생활에서의 민주적 과정과 개인의 존엄
성이라는, 미국식(the American way)의 2개의 지주(支柱)와 깊은 관련이 있
다." 1980년대 자유주의 합의는 개인의 자율만을 인정하는 문화를 창조하려 노
력하였고, 이를 반영하기 위해 공공도서관은 그 발전 방향을 바꾸었다.

표현적 개인주의와 자유주의적 공공도서관

E. J. 디온은 신좌익이 "온정주의적인 자유국가"를 굴복시켰다고 말한다. 이
것은 낭만주의 전통을 지닌 표현적 개인주의가 사회도덕이라는 공화주의적 전
통에 대항해 거둔 승리로 볼 수 있다. 표현적 개인주의는 사회적 목표를 지지하
거나 어떠한 사회의 권위를 행사하는 데 주저하는 1980년대 문화 경향에 가장
큰 공헌을 했다. 지식에 대한 상대주의적인 접근과 모든 형태의 사회권위에 대
한 공공연한 적개심은 공립학교와 공공도서관의 교육적 권위에도 엄청난 도전
이었다. 상대주의는 현실에 대한 모든 해석은 동등한 가치를 지닌다고 주장한
다. 이러한 풍조 속에서 교사와 사서들은 세상을 해석할 필요가 없었고, 그들의
해석은 개인과 이익집단의 해석을 억압하는, 환영받지 못하는 사회적 노력으로
전락하고 말았다.

• 전통적 공공도서관에 대한 상대주의적 역사학자들의 도전

이러한 사상들이 공공도서관에 끼친 영향은, 1970년대 마이클 해리스
(Michael Harris)와 디 개리슨(Dee Garrison)과 같은 수정주의 도서관 역사학자
들의 전통적인 공공도서관 운영자들의 공화주의적인 태도를 폄하하려는 시도
에서 확연히 나타난다. 예를 들면, 조지 티크너를 비롯한 보스턴 공공도서관 이
사회는 민주주의와 교육에 힘쓴 것이 아니라 엘리트주의와 사회 지배에 전념하

였다는 것이 새로운 해석이었다. 마이클 해리스는 "일반적으로 도서관 사서들은 미국 공공도서관의 기원과 성장에 관한 따뜻하고 위안이 되는 설명이 진실이라고 확신한다"고 주장한다. 그는 공공도서관 운동이 "자유롭고 인문주의적인 열정"에서 유래한 것이 아니라 다루기 까다로운 "권위주의적이고 엘리트주의적"인 아일랜드계 이민자들을 통제하기 위한 일환에서 비롯되었다고 했다.

디 개리슨도 『문화의 사도들: 1876~1920년 공공 사서와 미국사회 *Apostles of Culture: The Public Librarian and American Society, 1986~1920*』에서 공공도서관과 그 기원에 대한 '진보적인 해석'에 의문을 던진다. 디 개리슨은 정확하고 균형 있는 해석을 제공한다고 주장하지만 그녀의 연구는 "성별·사회적 계층과 관련된 문제들이 공공도서관의 공식화와 도서관 운영 이데올로기에서 지배적인 역할을 했다"는 이론을 증명하기 위한 노력이었다. 해리스처럼 개리슨도 사회권위와 공공도서관을 통해 대중을 교육시키려 한 사람들의 동기에 의구심을 품는다. 그녀는 다음과 같이 말한다. "모든 사회 시설들은 사회를 통제한다. 그리고 공공도서관이 가진 상류층적 방침 결정과 행정은 전혀 놀라운 일이 아니다. 도서관의 문화적 가치관을 확산시킴으로써 그것이 지닌 힘을 영속시키려는 것은 결국 엘리트들을 통제하려는 목적이며, 이 같은 현상은 정치 민주주의에서도 일어난다." 여기서는 물론 교육받은 엘리트의 이타적인 동기나 엘리트적 가치관의 공유가 사회에 끼치는 긍정적인 영향에 대한 가능성을 고려하지 않는다. 엘리트적 가치관의 공유는 교화를 위한 압제적인 권위주의의 수단으로서 비춰졌다.

개리슨은 도덕적 리더십은 특히나 불쾌한 것이라고 말한다. 그녀의 책 제목에 나타난 조롱적 의도는 당시의 도서관 사서들을 설명하고 있는 다음의 문구에서 확연히 드러난다. "오직 그들의 도덕적 양심에 의해서만 제한되는 문화적

도서관, 세상을 바꾸는 힘

인 오만으로 뭉친 그들은 교육을 통해 물질적, 도덕적 성공을 추구하는 대중들에게 봉사한다는 임무를 지지했다." 해리스와 개리슨의 저서에서 도서관 운영자는 대중에 관한 실용주의적 압제자인 동시에 대중을 교육시키는 전망에 대해서는 이상주의적인 낙관주의자들로 그려진다.

이러한 급진적인 평가 이면에는 사회는 어떠한 방식으로든 개인을 교육시키거나 사회화할 권리가 없다는 낭만주의적 믿음이 내재하고 있다. 표현적 개인주의 가치관에 부합되는 자유주의적 공공도서관은 개인의 권리와 사회적 필요 사이에 갈등이 일어날 때 개인의 편을 들었다. 앞서 설명한 바와 같이 사회의 권위와 관련하여 전통적인 공공도서관에 대한 계몽주의의 시각은 반체제문화가 가진 낭만주의 철학과는 매우 다른 것이었다.

해리스와 개리슨에 의해 이루어진 공공도서관 설립자들과 그 후진들에 대한 냉담한 평가는 낭만주의의 관점에서 바라본다면 충분히 이해할 수 있는 것이다. 만약 인간 본성이 선천적으로 선하다면 어떠한 교육이나 지도도 필요하지 않을 것이다. 사회적 통제에서 벗어나 그들의 본능을 따라야 하는 것이다. 다른 이의 삶을 계획하려는 것은 개인의 자유를 침해하는 것이다. 해리스와 개리슨이 선호하는 공공도서관의 급진적으로 평등주의적인 접근이란 민주주의 지탱과 같은 사회적 목적이 아닌 개인의 필요에 응하는 것이다. 이러한 관점에서 교육과 지도는 개인을 억압하는 것이므로 비도덕적이다. 포스트 반체제문화적 좌익에게 모든 사회적 권한 행사는 강압적이고 권위주의적인 것이었다. 어떠한 형태의 사회적 권위도 가치가 없었으며, 어떠한 형태의 지식도 사실이라고 할 수 없었다. 이러한 입장은 종교적인 우익 청교도들의 권위적인 입장과는 정반대의 것이었다. 문화전쟁의 선택은 사회생활에서의 무정부주의와 권위주의 사이, 지식세계에서의 상대론과 절대론 사이의 선택이었다.

• 『공공도서관을 위한 계획 과정』과 표현적 개인주의

　도서관을 겨냥한 표현적 개인주의의 과제는 이끌지 않고 이끄는 것이고 교육하지 않고 교육하는 것이었다. 신비주의적인 매력을 가지기는 했지만 어떻게 이런 식의 자가당착적인 프로젝트가 계속될 수 있었는지 이해하기란 쉬운 일이 아니다. 이 어려운 과제에 대한 접근 방법으로 도서관 운영자들은 여전히 대중적 개념이었던 루소의 '일반의지'에 의존했다. 일반의지가 권위나 도서관의 지도력보다 우월하다는 지역사회의 믿음은 공공도서관협회를 위해 설계된 계획 안내서 중 1980년 첫 번째로 발행된 『공공도서관을 위한 계획 과정』에 잘 나타나 있다.

　이 안내서의 저술자들은 "도서관은 지역사회가 도서관에게 그 안에서 어떤 존재가 되기를 바라는 만큼이나 지역사회를 위해 어떠한 일을 할 것인가를 스스로 결정할 수 없다"는 데 동의한다. 1852년의 보스턴 공공도서관 이사회와 같은 이들의 지도력을 통한 도서관 발전 전략은 대중의 목소리에 좀 더 귀 기울이는 것으로 대체되었다. 사람들의 의지를 이해하면 그것을 바탕으로 공공도서관이 좀 더 향상된 시설이 될 수 있으리라는 생각에서 비롯된 것이었다. 안내서는 이와 같은 접근 방식을 고수하면서 사회적 목적에 관한 기술을 피하고 외부의 기준에 의한 지역사회 도서관 평가를 거부한다.

　『공공도서관을 위한 계획 과정』의 저술자들은 지역사회의 "문화적, 교육적, 정보적, 오락적 수요" 충족이라는 한층 전통적인 공공도서관의 임무를 언급한 뒤 "도서관의 최종적인 목적은 그 지역사회의 정보에 대한 수요를 충족시키는 것이다"라고 말한다. 정보는 "모든 지식, 아이디어, 사실과 더불어 의사소통, 기록, 출판 등 어떠한 형태로든 공식·비공식적으로 배포된 마음속의 상상 작업을 포함하는 것으로 정의"된다. 교육에서 정보로의 놀랄 만한 임무의 변화는,

자주적인 개인의 행동을 조종하려는 시도에 대해 적대적이던 시기에, 교육자이자 지도자의 역할이라는 부담스러운 위치를 피하려는 도서관 사서들의 갈망을 보여 준다. 그들이 원했던 보다 안전한 역할은 정보 액세스(access)를 보장하면서, 무엇을 생각하고 어떻게 이해하는지를 강요하려는 의도 없이 필요한 정보를 제공하는 것이었다.

사람들의 지혜를 따르고 개인의 자유를 존중하는 도서관은 더 이상 지역사회에 대한 교육을 공공연히 주장하지 않았으며 특정한 사회적 결론을 정하지 않았다. 낭만주의 사상의 영향 하에서 공공도서관 운영자들은 더 이상 세계를 이해하는 스스로의 능력을 확신하지 못했으며, 교육자이자 지역사회 지도자로서의 사회적 권한을 행사할 자격이 없다고 믿었다. 이것은 민주주의 사회를 위한 교육이라는 종전의 임무에서 개인의 정보 액세스 제공이라는 한층 공리주의적인 임무로의 이행을 낳았다.

자료 선정을 둘러싸고 벌어지는 질(質)과 수요에 관한 전통적인 논쟁에서 수요 쪽으로 치우친 경향을 보이는 『공공도서관을 위한 계획 과정』은 1970년대 말, 볼티모어 카운티 공공도서관이 도서관 발전에 대하여 수요에 근거한 접근법을 대중화하도록 이끈 찰스 로빈슨(Charles Robinson)의 예를 든다. 『미국 공공도서관과 그 목적의 문제』에서 패트릭 윌리엄스는 안내서의 역할 제시에서 나타나는 '필요로 하는'이라는 표현의 반복적 사용에 주목한다. 윌리엄스는 "이 계획서는 대중의 요구에 너무나도 호의적이다"라고 말한다. 자료의 선정에 있어 질에 관한 전통적인 우려는 대중적인 요구를 충족시키기 위한 수요의 뒤에 가려졌다.

보스턴 공공도서관 이사회 보고서에서는 지역사회의 복지에 대한 관심이 더러 드러나기는 하지만 저자들이 인용한 1979년 『공공도서관 임무 제시와 공공도서관의 서비스 책임*The Public Library Mission Statement and Its Imperatives for Service*』의 과장된 추측과 『공공도서관을 위한 계획 과정』에서 나타나는 개인 서비스에 대한 집착 사이에 매몰된 듯 보인다. 『공공도서관 임무 제시와 공공도서관의 서비스 책임』은 국제적이라고 할 만한 문제들에 관해 논의한 후 황당할 정도로 광범위한 지역사회의 정의를 설명한다. "모든 지역도서관들이 연결되어야 하는, 협소한 지리적 서비스의 제공 지역뿐 아니라 한층 넓은 범위를 포함한다"는 것이다. 『공공도서관을 위한 계획 과정』의 저자들은 이처럼 경계가 없는 지역사회라는 개념 대신 자신들만의 정의를 내리는데, 그들에게 있어 지역사회는 개인이 살아가는 사회적 환경보다는 개인들의 집합이었다.

> 지역사회는 정보를 필요로 하지 않는다. 개인이 정보를 필요로 하는 것이다. 정보에 대한 수요는 사람마다 다양하고 같은 사람이라도 때에 따라 달라진다. 그러나 나이, 교육 수준, 직업 등과 같은 지역사회 내 개인들의 특성들을 살펴봄으로써 도서관은 전반적으로 수요가 있을 정보의 종류를 어느 정도까지는 예측할 수 있다. 위치, 교육, 문화 시설의 유용성, 주요 산업과 사업 같은 지역사회 자체의 특성 또한 주민들이 원하는 정보의 종류에 영향을 미친다.

여기에서는 가족, 이웃, 교회, 시민단체 혹은 지역사회 전체가 가지고 있을지도 모를 문제를 규명하거나 그것에 반응하는 것을 장려하지는 않는다.

• 표현적 개인주의가 자유주의적 공공도서관에 미친 영향에 대한 요점

반체제문화의 표현적 개인주의가 공화주의적 전통인 사회도덕에 거둔 승리는 공화당원들의 공공 교육 프로젝트를 약화시켰다. 미국문화에서 민주주의를 지탱하는 데 필요한 사회적 견해가 축소되자 지식을 정의하고 시민을 교육시키는 공립학교와 공공도서관의 권위는 엄청난 도전에 직면한다. 1960년대 이후로 미국사회의 지식에 대한 상대주의적 접근과 사회의 권위에 대한 강력한 적개심은 모든 형태의 공공 교육에 치명적인 손상을 입혔다.

공리주의적 개인주의와 자유주의적 공공도서관

지역사회와 지역사회의 지도자들에게 공공도서관을 통해 교육을 제공하라는 도덕적인 주장을 펼쳤던 보스턴 이사회의 보고서와는 달리 『공공도서관을 위한 계획 과정』은 도덕적인 면에서 접근하지 않는다. 만약 공공도서관이 교육과 같은 긍정적인 사회적 목표에 기여하지 않았더라면 도덕적 측면의 주장은 그 근거를 찾을 수 없었을 것이다. 자유주의적 공공도서관은 공리적인 것으로 인식된다. 시장에서 그것은 비도덕적인 기능이다. 그러나 도서관이 유용하다는 것이 입증된다면 도서관은 지지를 받을 것이다. 유용성은 개인의 정보 수요에 대한 공급을 보장하는 효과적인 계획 목표이다.

여기서 자유주의에 관한 E. J. 디온의 말을 되새겨볼 필요가 있다. 신좌익이 온정주의적인 자유국가를 굴복시켰다고 설명한 후 그는 "우파는 전열을 재정비했다"고 말한다. 시장 공리주의적 개인주의의 양상을 띠고 있는 정치 우익세력은 자유주의적 공공도서관의 발전적인 방법론을 제공했다. 시장의 가치관과 전략들은 민주주의 사회를 위한 교육이라는 전통적인 임무의 상실로 생겨난 공백을 메웠다.

도서관 측이 볼티모어 카운티 공공도서관의 혁신을 재현하기 위해 노력하는 사이 고객 서비스 향상, 마케팅, 전략적 계획과 같은 민간 전략들은 1970년대의 전통적인 공공도서관 개발 전략들을 급속도로 대체해 갔다. 민간의 도서관 개발 전략은 『공공도서관을 위한 계획 과정』의 발간과 함께 강력한 국가적 영향력을 얻었다. 정보에 대한 새로운 정의는 도서관 운영자들로 하여금 자신들의 서비스를 복잡한 인간의 상호작용이라기보다는 상품의 배포로 생각하게 하는데 일조했다. 이 계획 안내서의 후속 저서들에서 나타난 도서관의 역할 선정과 서비스 방식의 채택은 공공도서관을 위한 계획 과정이 민간 영역에서 틈새시장의 발전을 본보기로 삼는다는 것을 차츰 분명하게 해 주었다.

사회 시설로서 공공도서관의 일반적 특성도 이 안내서의 저자들이 서비스의 전문화를 지지하지 못하도록 하지는 못했다. 필요 자원을 모으고 시장의 틈새를 제한함으로써 도서관은 최상의 서비스를 제공하고 대중의 강력한 지지를 얻을 수 있을 것이다. 공리주의적 개인주의의 도덕성에 무관한 태도와 마찬가지로 이 안내서들은 시장의 무관심한 상대주의로써 가능한 역할과 서비스에 접근한다.

공리주의적 개인주의가 가지는 상대주의는 표현적 개인주의의 상대주의를 보완하는 역할을 하지만 표현적 개인주의의 상대주의와는 전혀 다르다. 공리주의적 개인주의가 가지는 상대주의의 목적은 표현의 자유가 아니라 원하는 것은 무엇이든 팔 수 있는 경제적 자유이다. 공리주의적 개인주의에 있어서 중요한 문제는 서비스의 본령을 제공하는지의 여부나 서비스와 도서관의 관계에 관한 것은 분명 아니다. 문제는 서비스가 경제적인 측면에서 유지될 수 있도록 충분한 수의 개인적 관심을 끄느냐이다. 민간에서와 마찬가지로 이익을 창출할 수 있는 한 무엇을 팔건 문제가 되지 않는 것이다. 오늘날 공공도서관은 민간의 개발 방법을 적극 수용하고 있다. 많은 사서들이 도서관을 이용하는 이들을 '이용객'이나 '사용자'보다는 '고객'이라고 칭하고 있으며 '마케팅'이라는 용어도 '지역사회 관계'나 '시민관계'에서 자주 쓰이는 표현이 되었다.

공공과 민간 부문 사이에 근본적인 차이점이 있음에도 불구하고 공공도서관은 다른 공공시설과 마찬가지로 이 같은 차이점이 존재하지 않는다는 시각을 빌려 발전하고 있다. 바로 이러한 관점에서, 자유주의적 공공도서관은 정부의 보조금을 받지만 민간 방식처럼 전문화되고 수요에 기초한 자료 분배 서비스를 시행하는 것이다.

결론

현재의 공공도서관은 전통적인 공공도서관과 자유주의적 공공도서관이 혼합된 것이다. 전통적인 공공도서관으로부터 오늘날의 보다 자유주의적 성향을 띤 모습에 이르기까지, 도서관은 문화적인 리더십을 주장하던 위치에서 대중의 일반적인 의지를 따르는 위치로, 교육적 임무에서 정보 액세스를 제공하는 임무를 행하는 위치로 옮겨왔다. 도서관의 사회적 영향력에 대한 강조는 개인 사용자의 만족 여부에 대한 관심으로 대체되었다. 도서관 운영자들은 도덕적인 면에서 도서관을 방어하는 입장에서 공공적인 이용과 대중성에 기초한 도서관을 수호하는 입장이 되었다. 물론 이러한 변화는 아직 끝나지 않았다.

자유주의적 공공도서관으로 추가적인 변이를 할 것인지 그 여부를 결정하는 데 있어서 도서관 지도자들은 아무런 제약을 받지 않는 개인주의에 기초한 도서관은 매우 위태롭다는 사실을 깨달을 필요가 있다. 낭만주의의 표현적 개인주의는 교육과 사회 발전에 있어서 강력한 토대를 제공하는 데 실패했는데, 그것은 표현적 개인주의가 합리적인 지식과 개인의 행동에 영향력을 행사하는 사회의 권위를 신봉하지 않았기 때문이다. 공리주의적 개인주의가 낳은 시장의 비도덕성 또한 사회 시설의 토대로서는 기능할 수 없다. 공리주의적 개인주의는 전통적으로 사회복지에 무관심하기 때문이다. 추후 전통적인 도서관의 자유주의적 모델로의 대체 여부에 따라 자유주의적 공공도서관의 기반이 반사회적이며 도덕이 결여되었다는 점은 차츰 분명해질 것이다. 장기적인 관점에서 개인을 위한 정보 액세스 제공이라는 도서관의 격하된 임무는 정치적 과정 속에서 유지될 수 없으며 사회의 도덕적·경제적 지지를 얻을 수 없을 것이다.

다음 장에서는 사회 발전을 뒷받침해 온 교육기관으로서의 공공도서관의 긴 역사 위에 세워진 자유주의적 공공도서관의 대안을 제시할 것이다. 그러나 이 대안은 단순한 과거로의 회귀가 아니다. 전통적인 공공도서관이 성공과 실패를 거듭해 왔다는 것은 분명하다. 여기서 제시할 대안은 전통적인 공공도서관에 기초하지만 커뮤니티 운동의 새로운 아이디어를 빌려 이러한 전통을 한 발 더 나아가게 만든다. 이어지는 내용에서는 커뮤니티 운동의 아이디어에 관해 상세히 설명한 뒤, 시민사서직에 대한 정의와 함께 공공도서관에 대한 새로운 접근의 영향을 설명하고 미래의 공공도서관에 있어 시민사서직의 중요성을 검토할 것이다.

도서관, 세상을 바꾸는 힘

제3장 커뮤니티 운동의 의미와 중요성

제3장 커뮤니티 운동의 의미와 중요성

커뮤니티 운동의 전망은 앞선 미국의 문화남북전쟁에 관한 논의에서 소개한 바 있다. 이번 장에서는 커뮤니티 운동의 관념에 대한 좀 더 자세한 설명과 함께 그것이 미국사회에서 가지는 중요성을 검토할 것이다. 이 책의 이어지는 부분에서는 공공도서관을 향상시키기 위해 이 아이디어들을 어떻게 활용할 것인가를 논의할 것이다.

커뮤니티 운동은 1980년대의 자유주의 합의에 대한 반향이었다. 자유주의 합의는 사회도덕이라는 성서적이고 공화주의적인 전통에서 탈피한 극단적인 사회적·경제적 개인주의를 확산시켰다. 표현적·공리주의적 개인주의의 확산으로 인해 발생한 사회 요인의 악화는 언론에 상세히 보도되었으며, 이로 인해 위험에 빠진 미국의 사회체제를 강화하기 위한 새로운 방법을 모색해야 한다는 강력한 요구가 생겨났다. 이 같은 요구는 광범위한 지적인 노력으로 충족되었으며, 이에 공헌한 많은 이들은 '공동체주의'라는 용어로써 그들의 관념을 설명하고 있다.

공동체주의적 관념은 계몽주의의 공화주의적 전통과 분명한 관련이 있다. 인간 본성이 선과 악의 결합이라고 믿은 미국 건국의 아버지들은 인간 본성에 대해 긍정적인 동시에 회의적이었다. 그들은 개인이 선과 악 사이에서 개인적인 또는 사회적인 선택을 할 수 있도록 사회가 개인을 도울 필요가 있다고 믿었다. 특정한 선택을 금지하기 위해 법이 만들어지기는 했지만 개인이 올바른 선택을 내릴 수 있도록 돕는 초기 수단은 교육을 통해서였다. 지역사회에 충분히 참여하는, 교양 있고 생산적인 시민은 민주주의의 기본적인 필요조건으로 인식되었다. 미국 건국의 아버지들은 개인이 투표를 비롯한 여타의 시민 참여 형식을 통해서 강력한 사회가 유지될 수 있도록 하는 책임을 다할 때 비로소 개인의 자유를 지지했다.

커뮤니티 운동의 인간 본성, 교육, 개인과 사회의 관계에 대한 견해는 계몽주의 철학의 견해와 비슷하지만 건국의 아버지들의 공화주의적 입장보다는 더욱 발전된 형태였다. 커뮤니티 운동의 저자들은 현대적인 관점과 당대의 관념, 그리고 다양한 지적 부문을 전통적인 견해를 둘러싼 논의에 끌어들였다. 그 결과로 탄생된 사고는 미국의 문화유산에 대한 더욱 깊고 전반적인 이해와 함께 미국사회의 초석을 다진 이들의 꿈을 실현하는 새로운 전략을 제공했다.

공동체주의의 온건 중도파적인 성향은 1960년대 사회개혁에 대한 커뮤니티 운동의 평가에서 분명히 나타난다. 아미타이 에치오니는 공동체주의가 1960년대에 일어난 많은 사회개혁을 지지했다고 기술하고 있다. 그러나 그 다음 문구에서 그는 새로운 사회체제는 종종 이전의 붕괴된 사회체제를 대신하지 못했다며 우려를 나타낸다. "1960년대 초 이래로 무수한 우리의 도덕적 전통과 사회적 가치관, 제도는 때로 정당한 이유로 인해 도전을 받았다. 그에 대한 최종적인 결과로 우리는 점증하는 도덕적 혼란과 사회적 무정부상태에서 살고 있다." 현실적인 목표는 아니었지만 새로운 질서로의 교체 없이 낡은 질서를 파괴하는 것이 바로 반체제문화의 의도였다. 이러한 면에서 반체제문화는 낭만주의의 전통과 완벽한 조화를 이룬다. 이사야 벌린이 낭만주의에 대해 언급했던 것처럼 "규칙 그 자체를 망가뜨려야" 하는 것이다. 이러한 사회질서에 대한 불신이 새로운 사회질서의 건립을 방해했던 것이다.

아미타이 에치오니는 커뮤니티 운동을 위험에 처한 미국의 사회환경을 구하기 위한 '환경운동'이라고 묘사한 바 있다. 에치오니와 로버트 벨라 같은 사회학자들은 가족, 이웃, 교회, 시민단체, 지역사회와 같은 사회구조를 강화하려는 운동에 앞장서 왔다. 그들은 사회체계에 심각한 문제들이 발생하는 데는 사회도덕의 강제에서 벗어난 극단적인 개인주의에 일부 책임이 있다고 믿는다. 미국사회 도덕질서의 회복을 추구하는 그들은 사회적·정치적 대화를 위한 새로운 틀을 구축함으로써 문화전쟁과 정치적 정체를 극복할 것을 주장한다. 공동체주의에 있어서 권위주의적인 도덕의 강제와 도덕과 관련한 사회규범의 완벽한 부재 사이를 오가는 문화전쟁의 선택이나, 정부에 의한 사회문제 해결과 민간을 통한 해결 사이의 정치적 선택은 모두 헛된 선택(false choice)일 뿐이다.

공동체주의자들은 개인의 권리와 사회적 책임 간에 균형을 맞출 것을 촉구한다. 그들은 시민 자유주의 좌파의 도덕적 침묵이나 우파의 사회 보수주의의 도덕적 독점과는 확연히 다른, 강력하고 포괄적인 사회도덕을 요구해 왔다. 공동체주의자들은 시민 자유주의 좌파처럼 도덕적 합의의 도출 과정을 포기하거나 사회 보수주의의 우파적 자세로 도덕 가치관의 강압적 시행을 옹호하기보다는 합의점을 이끌어 내기 위한 교육과 대화를 중시하였다. 공동체주의적 접근법은 사회문제를 해결하려면 개인의 책임에 더불어 그것을 이해하는 지역사회의 지지가 필요하다고 믿었기 때문에 전통적인 좌파가 그러했던 것만큼이나 정부의 해결책에 의존적이지는 않았다. 공동체주의적 접근은 정부가 사회문제를 해결하는 데 중요한 역할을 맡는다는 면에 있어서 정치적 우파와는 다르다. 제1장에서 언급했듯이 공동체주의적 입장은 사회도덕의 공화주의적이고 성서적인 전통과 개인주의의 표현적·공리주의적 전통 사이의 균형을 추구함으로써 개인의 자유와 사회질서 사이에서 균형을 유지하려 노력하기 때문이다.

공동체주의의 관점을 보다 자세히 설명하기 위해 이번 장에서는 커뮤니티운동을 다룬 저작들이 어떻게 국민들로 하여금 위험에 빠진 국가의 사회환경을 보고 이해하는 데 도움을 줄 수 있는지에 대한 논의한 뒤, 민주주의 사회에서 사회권위의 역할과 권리와 책임 사이의 균형의 중요성을 설명할 것이다. 마지막으로 지역사회를 강화하기 위한 커뮤니티 운동의 전략을 살펴보고 커뮤니티 운동이 사회에 기여한 바를 이야기할 것이다.

위험에 처한 우리의 사회환경 바라보기

새로운 패러다임의 도전

커뮤니티 운동은 지식과, 개인과 사회의 관계에 관한 새로운 패러다임을 보여 준다. '패러다임 시프트(Paradigm Shift)' 개념은 과도하게 사용되어 이제는 평범한 것이 되었지만 커뮤니티 운동의 관념을 이해하는 데 필요한 관점의 변화를 논의할 때는 없어서는 안 될 적절한 개념이다. 조엘 바커(Joel Barker)는 『패러다임: 미래를 발견하는 일Paradigms: the Business of Discovering the Future』에서 패러다임에 대해 이렇게 설명한다. "패러다임은 2가지 일을 하는 (문서화된 것이든 아니든 간에) 일련의 규칙과 규제들이다. (1) 패러다임은 경계를 세우거나 규정한다. (2) 패러다임은 그 경계 내에서 성공하기 위해서는 어떻게 행동해야 하는지를 알려 준다." 패러다임을 설명하는 또 다른 방법은 E. D. 허시의 저서 『우리에게 필요한 학교와 그것을 가지지 못한 이유The Schools We Need and Why We Don't Have Them』에서 공공 교육에 대한 낭만주의의 영향에 대한 평으로서 매우 효과적으로 쓰인 '생각세계(thoughtworld)'라는 개념이다.

자유주의자들과 언론인들 사이에 벌어진 커뮤니티 운동 관념에 관한 논의에서 보편적인 의견은 다음과 같이 요약된다. "철학을 갖는 것은 객관성을 떨어뜨리게 되기 때문에 철학적인 입장은 고려하고 싶지 않다." 여기서는 누군가가 현실을 보는 필터를 의식하지 않은 것은 곧 필터를 갖고 있지 않다는 것과 같다는 가정이 나온다. 물론 이러한 가정은 세상의 누구나 세상을 보기 위해 철학적 패러다임을 사용한다는 사실을 간과한 것이다. 존재(existence)는 매개적인 문화체계의 도움 없이 그것에 접근하는 사람에게는 너무나도 복잡한 것이다. 그렇다면 선택은 철학의 유무가 아닌 어떠한 철학을 갖느냐의 문제이다. 사람들은 세상을 설명하고 알맞은 행동을 위한 근거를 제공하는 능력에 따라 하나의 철학을 택하며, 자신이 사용하는 철학적인 패러다임을 적게 의식할수록 더 객관적이지 못한 경향이 있다.

새로운 패러다임을 시험하는 것은 난제이다. 근본적으로 새로운 방식으로 세상을 바라보는 것은 한 사람의 직업적·개인적 삶에 주요한 변화를 일으킬 수 있기 때문이다. 1960년대 말에서 1970년대 초에 대학 시절을 보낸 이들은 반체제문화와 신좌익에 의해 시작된 패러다임의 변화가 일으킨 혁명적인 변화들을 기억한다. 사회적 풍경이 근본적으로 바뀌어 버렸고 사람들은 결혼에서부터 종교, 직업 선택에 이르기까지 모든 면에서 그 영향을 받았다. 기본적인 패러다임을 바꾸려면 엄청난 위험을 감수해야 하기 때문에 새로운 패러다임이 세상을 바라볼 수 있는 더욱 뛰어난 렌즈를 제공하지 못한다면 변화를 거부해야만 했다. 그러나 새로운 패러다임이 성능이 뛰어난 렌즈라면 그것을 통해 보이는 더욱 선명한 세계로부터 얻을 수 있는 힘은 어마어마하게 마련이다.

여기서 커뮤니티 운동이라 기술된 패러다임의 변화는 반체제문화보다 화려하지는 않았지만 그 잠재력에 있어서는 그만큼 강력했다. 이러한 견해는 4명의 2000년 대통령선거 출마자들에게 깊은 영향을 끼쳤고 어쩌면 1990년대의 지배

도서관, 세상을 바꾸는 힘

적인 정치적 견해로 여겨질지도 모른다. 그러나 커뮤니티 운동의 견해가 영향력이 있기 때문에 도서관 사서들과 이사들이 마땅히 받아들여야 한다는 것은 어불성설이다. 커뮤니티 운동의 견해는 현실 세계의 문제에서 시험할 수 있는 새로운 아이디어의 원천이라는 시각으로 접근할 필요가 있다. 그리고 이러한 아이디어는 이해를 할 때만이 시험할 수도 있는 것이다.

새로운 렌즈를 통해 바라보기

패러다임은 세계관을 형성하고 그것에 초점을 맞추도록 도움을 주지만 그것이 가능한 까닭은 덜 중요하다고 생각하는 세상의 특정 부분에 대한 관심을 분산시키기 때문이다. 이러한 까닭으로 패러다임의 선택은 매우 중요하다고 할 수 있다. 일단 특정 렌즈를 택해 세상을 바라보기 시작하면 그 렌즈가 드러내지 않는 것들은 더 이상 볼 수 없을지도 모르기 때문이다. 한 예로 극단적인 개인주의는 삶의 사회적 측면을 보는 것을 어렵게 만든다. 『탄생을 기다리는 신세계: 재발견된 문명A New World Waiting to Be Born: Civility Rediscovered』에서 M. 스캇 펙(M. Scott Peck)은 삶의 사회적 측면을 인지하지 못하는 능력을 미국문화를 괴롭히는 '마음의 구멍'이라고 말하고 있다. 펙은 개인의 삶에 대한 몰두는 미국인들로 하여금 그 삶을 지탱하는 사회구조의 필요성을 인식하지 못하게 해 왔다고 말한다.

1985년 『마음의 습성: 미국에서의 개인주의와 책임』에서 로버트 벨라와 공동 저자들은 커뮤니티 운동의 세계관을 형성하는 데 지대한 영향을 주었다. 벨라는 150년 전 『미국의 민주주의Democracy in America』를 저술한 프랑스 사회철학자 알렉시스 드 토크빌(Alexis de Tocqueville)의 시각을 빌어 현재의 문화생활을 분석함으로써 미국의 과도한 개인주의적 문화를 둘러싼 역사적 관점을 제공한다.

토크빌은 민주 시민들의 개인의 출세와 안전에 관한 관심과, 종교와 지역정치 참여에 대한 관심 사이의 충돌을 그리고 있다. 그는 초기 상업자본주의에 참여하는 새로운 개인주의 정신과 지역사회의 공화주의적이고 성서적인 전통에 대한 관심을 밝히고 있다.

급진적 개인주의의 공허를 설명하면서 벨라와 공동 저자들은 이러한 명백한 사실을 인식하지 못하는 문화적 무능력에도 불구하고 미국인들은 이 사회에서 살아가고 있다는 점을 상기시킨다.

우리는 대다수의 중산층과 대학교를 장악하고 있는 식자층, 교육 받은 미국인의 자아에 관한 생각의 대부분은 부적합한 사회과학, 무의미한 철학, 공허한 신학에 기반을 두고 있다고 믿는다. 급진적인 개인주의의 언어를 수용할 때는 보지 못하는 진실들이 있다. 우리는 우리 자신이 다른 사람들과의 사회체계에서 독립할 수 없으며 그들과 연관되어 있다는 사실을 알고 있다. 우리의 힘만으로는 결코 우리 자아의 진상을 규명하지 못한다. 우리는 일과, 사랑, 그리고 배움에서 누군가와 얼굴을 맞대고 부딪치며 살아가는 자신을 발견한다. 우리의 모든 활동은 제도적인 체제에 의해 명령된, 의미에 관한 문화적 패턴에 의해 해석된 관계, 조직, 단체, 지역사회 내에서 일어난다. 자존감, 가치, 개인의 도덕적 자율 등과 같은 개인주의의 긍정적인 면들은 우리가 인식하지 못하는 때조차도 우리를 지탱하고 있는 사회, 문화, 제도적인 측면에 의해 좌우된다.

도서관, 세상을 바꾸는 힘

『마음의 습성: 미국에서의 개인주의와 책임』의 강점 중 하나는 저자들이 자신들의 관심사를 피력하기 위해 많은 사례 연구를 이용한다는 것이다. 수많은 개인의 사회적 상황을 고찰해 보는 것은 자율적인 개인의 패러다임의 한계점을 드러내는 데 도움이 될 수 있다.

1830년대 알렉시스 드 토크빌의 미국 방문에 비해 보다 최근 역사로부터의 견해도 찾아볼 수 있을 것이다. 낭만주의적 관념들이 미국문화에서 힘을 쓰지 못했던 1950년대의 문화계를 되새겨봄으로써 많은 것들을 알 수 있는 것이다. 『잃어버린 도시: 1950년대 시카고에서의 잊혀진 지역사회의 장점 발견The Lost City: Discovering the Forgotten Virtues of Community in the Chicago of the 1950s』에서 앨런 에런홀트(Alan Ehrenhalt)는 현재의 문화적 패러다임의 진상을 밝히기 위해 잃어버린 세계를 고찰한다.

> 대부분의 미국인들은 너무나도 분명하고 자명해 보여서 말할 필요조차 없는 일부 간단한 명제를 믿는다.
> 선택은 삶에 있어서 좋은 것이고 더 많은 선택권을 가질수록 우리는 더욱 행복하다. 권위는 본질적으로 의심스러운 것이다. 그 누구도 다른 사람들에게 무엇을 생각할지 어떻게 행동할지를 말할 권리는 없다. 죄는 개인적인 것이 아닌 사회적인 것이다. 인간 개인은 그들이 살고 있는 사회의 창조물이다.
> 미국의 지금은 30, 40대인 베이비붐 세대의 선언과도 같은 이러한 견해들은 강력했으며 또한 진실하게 보였다. 그러나 과거 25년간 지나치게 남용된 나머지 많은 문제를 발생시켰다.
> 선택에 대한 숭배는 우리에게 우리가 택하는 그 어느 것도 영원히 지속될 정도로 좋은 것 같지는 않고—직장에서, 결혼에서, TV 앞에서—새로운 선택을 위한 끝없는

추구를 거부하지 못하는, 끊임없는 불만족의 세계를 가져다주었다. 권위에 대한 의심은 감히 학생들의 기강을 잡으려는 교사들이 모욕적인 응대를 감수해야 하는 학교에서 가장 뚜렷이 나타나는, 문명과 행동 기준의 부패를 의미했다. 죄에 대한 거부는, 살아오면서 불량한 존재로 취급 받아 왔기 때문에 스스로의 행동에 아무 책임이 없다고 주장하는 수많은 범죄자들을 양산했다. 죄 지은 자가 죄가 없다고 선언하는 것은 옳고 그름이 없다는 결론을 내리는 단계의 바로 직전 단계인 것이다.

우리는 세상에 공짜는 없다고 말하기를 점차 선호하게 되었지만 경제적인 면뿐만 아니라 도덕적 측면에서도 그 표현이 통용된다는 사실은 잊고 있다. 안정적인 관계, 시민 교실, 안전한 거리 등 우리가 지역사회라고 부르는 것을 이루는 요소는 값비싼 것들이다. 그 가격은 개인이 택하는 선택에서의 제한, 개인을 강제할 수 있는 규칙과 권위, 세상에는 나쁜 사람들이 있고 가장 선한 사람에게조차도 죄는 존재한다는 사실을 받아들일 수 있는 마음가짐이다. 그 가격이 낮지는 않지만 그것이 가능하게 하는 삶은 결코 적은 일이라고는 할 수 없다.

『잃어버린 도시: 1950년대 시카고에서의 잊혀진 지역사회의 장점 발견』에서 발췌된 이 부분은 커뮤니티 운동의 견해에 관한 가장 간결한 진술이다. 앨런 에런홀트는 이 문구에서 사회질서와 개인의 자유와의 관계, 교육과 도덕 분야에서 사회권위의 필요성, 개인과 사회 모두를 위한 효과적이고 책임 있는 결정을 포함하는 광범위한 커뮤니티 운동의 관심사를 두루 다루고 있다. 문화남북전쟁 이전의 삶이 어떠했는가를 상기해 볼 필요가 있다. 이 잃어버린 세계는 기억되어야 하지만 그 세계를 다시 재건하려는 목적에서는 아니다. 가능하지도 않을뿐더러 바람직하지도 않은 일이기 때문이다. 그러나 그 세계를 기억해야 하는 이유는 현재의 세계관에서는 좀처럼 찾아볼 수 없는 미래 건설에 필수적인 요소가 포함되어 있기 때문이다.

커뮤니티 운동에 대한 새로운 문화적 렌즈는 개인 삶의 사회적 측면을 보고 이 연약한 사회의 생태를 지키기 위해 노력한다. 사회적 동물로서 인간은 지구의 자연 생태계에 의존하듯 사회관계의 복잡한 그물에 의지한다. 하지만 만약 우리가 가족이나 이웃, 학교, 지역사회와 같은 사회적 시스템을 보지 못하고 그 중요성을 인식하지 못한다면 이 위험에 빠진 사회적 시스템을 지켜 내지 못할 것이다.

『유년기의 미래Childhood's Future』에서 리처드 루브(Richard Louv)는 사회관계의 그물을 이렇게 설명한다.

> 우리는 최근 들어 사회 안전망이라는 표현을 자주 듣는다. 일부 정치가는 이 안전망이 손상되지 않은 튼튼한 것이며 이곳으로 떨어지는 사람은 누구나 그 망에 걸리게 될 것이라고 우리에게 확신을 주었다. 그러나 현재의 추이를 살펴보았을 때 이 안전망은 확실히 불완전하다. 저자는 전체적인 환경 패턴을 다음과 같이 생각하게 되었는데, 그것은 안전망 위로 더 큰 네트워크, 다시 말해서 안전망을 지탱하는 역할을 하는 복잡한 그물의 시각화이다. 이 그물은 안전망보다 한층 중요함에도 불구하고 우리는 그것을 수선하거나 심지어는 관심을 보이는 데조차도 좀처럼 주의를 기울이지 않았다. 그것은 놀라울 정도로 복잡하게 얽힌, 자유로운 그물이지만 연방법의 제정을 통해 쉽게 만들어지거나 그 양을 정하거나 수선할 수 없다. 이 그물을 이루는 가장 중요한 요소는 부모와 학교 시스템, 직장, 직장이 부모를 대하는 방법, 이웃, 그리고 도시의 형성이다.

이어서 루브는 "그 그물이 풀리기 시작하면 가장 몸집이 작은 이들이 먼저 떨어질 것"이라고 설명한다.

우리는 자신을 둘러싼 사회 세계를 뚜렷이 볼 수 있을 때 그 세계에 대한 이해와 함께 시민 개인의 건강과 안녕에 필수적인 사회구조들을 강화하기 시작하는 것이다.

사회적 권위 : 권리와 책임 사이의 균형 잡기

사회환경을 보고 복잡한 사회관계의 그물이 그들을 지탱하고 있음을 인지한다면 개인의 권리 추구가 사회체계를 지탱하는 개인의 책임과 균형을 이루어야 한다는 것은 분명해진다. 현재의 문화에서 권리와 책임의 균형 범위와 불균형을 해소하기 위한 전략들은 사회학자 아미타이 에치오니의 두 저서 『지역사회의 정신: 미국사회의 재발명The Spirit of Community: The Reinvention of American Society』과 『새 황금률: 민주사회에서의 지역사회와 도덕』의 주제이기도 하다. 이 책에서 에치오니는 지적, 정치적, 사회적, 공공정책에 숨어 있는, 커뮤니티 운동이 제기한 패러다임을 생각해 볼 수 있도록 돕고 있다. 이어지는 내용에서는 현재의 권리와 책임의 불균형에 대한 에치오니의 견해를 살펴보고 그것이 내포한 교육과 사회도덕에 대해 설명하도록 하겠다.

권리와 책임의 불균형

아미타이 에치오니는 미국의 젊은이들은 자신이 범죄로 기소된다면 배심원 심판을 받을 권리가 있다고 믿는 반면 많은 이들이 배심원으로 임할 시민의무를 가지고 있다고 느끼지 못한다는 연구를 제시함으로써 권리와 책임의 불균형을 설명한다. 에치오니는 권리와 책임 간 불균형의 윤리적인 수준을 다음과 같이 설명한다. "받고 주지 않는 것은 궁극적으로 어떠한 사회도 용인할 수 없는 비도덕적이며 자기중심적인 경향이다", "권리는 책임을 전제로 한다"며 에치오니는 미국인들에게 급진적인 개인주의의 패러다임을 통해서는 볼 수 없는 중요하고 자명한 현실을 상기시킨다.

권리와 책임의 상호 의존관계를 설명함으로써 에치오니는 좌파의 시민 자유주의자들과 우파의 사회 보수주의자들 사이에 일어난 오늘날 문화전쟁의 심각한 결점을 증명한다. 사회에 대한 무제한적인 권리 주장은 무정부주의를 탄생시키고 사회에 대한 무제한적인 책임의 주장은 권위주의를 생겨나게 한다. 이 2가지 모두 전적으로 민주적이라고는 할 수 없다. 공동체주의적 접근은 권리와 책임 사이의 균형, 사회질서와 개인의 자유 사이의 균형을 필요로 한다. 균형 맞추기는, 사회를 전적으로 사회질서나 개인의 자유에 맡기는 것은 건강한 사회를 만들지 못한다는 것을 전제로 한다.

급진적 개인주의자들은 자신들의 시각이 전체주의 정부를 지지하는 권위주의자들의 그것과는 정반대라고 믿었다. 그러나 무정부주의와 권위주의 정치는 기이하게도 매우 가깝게 연결되어 있다. 루소의 사상에 기반을 둔 반(反)사회주의적 낭만주의가 '일반의지'라는 개념을 통해 20세기의 파시즘의 발생에 기여한 것처럼, 사회 무질서의 극단적인 단계인 무정부주의는 어쩌면 권위주의로 가는 가장 빠른 길일는지도 모른다. 에치오니는 기본적인 신체의 안전이 보장되지 않았을 때 사람들이 "더욱 강력한 치한 대책, 궁극적으로는 강력한 지도자들을 요구하는 것"이 일반적이라는 점을 상기시킨다. 책임이 따르는 권리를 부여하는 체계가 없는 사회는 낭만주의의 이룰 수 없는 환상이다. 그러나 이러한 꿈의 추구는 미국 건국의 아버지들이 추진했던, 놀라울 정도로 실용적이나 엄청난 노력이 요구되는 민주주의의 과정을 훼손시킬 수 있는 것이다.

에치오니는 "선한 사회는 개인의 선택권보다 사회적 선을 우선하지 않으며 그 반대의 경우도 마찬가지이다. 사회는 동등하게 2개의 사회 덕목을 수행하는 사회체계를 선호한다." 권리와 책임 사이의 균형에 대한 필요성을 설명하면서 아미타이 에치오니는 미국 민주주의의 천재성과 문화전쟁을 불러일으킨 좌익, 우익의 민주주의에 대한 도전이 지닌 파괴성을 개념화하여 제시한다.

교육과 도덕에 있어서의 사회권위에 대한 공동체주의적 접근

공동체주의자들은 지식의 타당성과 유용성, 그리고 개인의 삶에 영향을 주는 교육자들의 도덕적 권리를 지지함으로써 교육과 도덕적 가치관을 가르치는 사회권위를 지지했다. 지식의 타당성과 개인에게 영향력을 행사하는 사회적 권위 모두 모더니즘과 반체제문화로 나타난 낭만주의의 거센 도전을 받았다. 이사야 벌린은 낭만주의자들은 "연구할 수 있고, 기록될 수 있고, 배울 수 있고, 다른 이에게 전할 수 있고, 과학적 맥락에서 다뤄지는 일정한 형식을 가진 현실"이라는 생각에 절대적으로 반한다고 설명한다. E. D. 허시는 다음과 같이 말한다. "낭만주의는 인간의 본성이 근본적으로 선하기 때문에 사회적 편견과 관습이 가진 인공적인 강압으로 오염되지 않은 자연적인 과정을 거치도록 장려되어야 한다고 주장한다." 여기서는 지식의 타당성을 향한 도전에 대한 반향과 개인 교육에 대한 사회의 권한에 관해 논의하고, 도덕 교육의 사회적 중요성에 대한 분석을 다룰 것이다.

• 지식과 의사 결정의 필요성

진실 추구에서 확실성을 받아들이는 것을 지나칠 정도로 주저하는 낭만주의의 특성은 상대주의 혹은 앨런 블룸이 『미국 정신의 종말』에서 비난한 '개방성'의 형태에 반영된다. 더 나은 사고방식과 삶의 방식의 추구가 아니라면 교육은 어불성설이 된다. 민주주의적 절차는 개인과 사회 전체가 올바른 결정을 내리도록 도움을 주기 위해 교육에 의지한다. 급진적인 개인주의와 같은 어려운 도전에 직면할 때 사람들은 이미 입증된 진실을 알리거나 적용할 수 있을지 확신을 갖지 못한다. 이사야 벌린은 다음과 같이 설명한다. "과학과 상식이 사실이 아니라고 하는 것 (…) 완전한 형태의 낭만주의, 심지어는 낭만주의에서 파생된 실존주의와 파시즘의 범위까지 영향을 미치는 이러한 전제는 논리의 오류가 있어 보인다." 지식과 의사 결정에서의 확신을 감소시키는 전통은 미국문화에 큰 영향을 끼쳤다.

앨런 블룸의 설명처럼 지적·도덕적인 상대주의의 개방성에서 기이한 점은 사실상 그것이 모든 가능성을 염두에 둔 관용에 마음을 연다는 미명하에 특정한 입장을 수용하는 데는 마음을 닫는다는 것이다. 이러한 자세는 결정을 내리지 않기로 결정하는 것과 같다. 일상의 압박 아래서 이러한 류의 지적·도덕적 공허는 물론 유지될 수 없다. 블룸은 문화에서 "가장 강력한 것"이 이러한 빈자리를 채울 것이라고 설명한다.

• 우파와 사회의 개인을 교육시켜야 할 필요성

사회는 사회가 제공하는 이익과 교환하는 대가로, 개인에게 사회적으로 책임 있는 행동을 기대할 자격을 분명 갖고 있다. 사회는 그 사회의 젊은 세대를 교육할 의무가 있다. 공동체주의적 접근은 시민들이 민주사회의 구성원으로서 의무를 받아들이게 하는 데 교육에 크게 의존한다. 자유로운 개인의 교육은 합법적이며 절대적으로 필요한 사회 기능으로 여겨진다. 사회에 의해 형성된, 사회의 핵심적인 도덕 가치관을 포함하는 지식의 공유는 강력하게 이루어져야 하지만 개인에게는 이러한 가치관을 거부할 수 있는 기회가 주어져야 하는 것이다. 공동체주의적 접근은 우익 사회 보수주의자가 가지는 교화에 대한 긍정적인 시각이나 젊은이들을 사회화시키기 위한 가장 조심스러운 노력에도 반대하는 시민 자유주의 좌익의 특징에 반하는 것이다.

많은 미국인들은 교육을 제공하려는 사회의 노력이 중요하다는 것을 더 이상 알지 못한다. 이러한 현상은 특히 심성 개발이나 시민의식과 관련된 도덕 교육의 경우에서 더욱 두드러진다. 반체제문화의 결과로 일어난 사회 요소의 악화 중에는 공공 교육에 대한 대중적 지지의 급속한 하락이 있었다. 1994년 『공립학교에 찬성하는 한 명의 공중이라도 존재하는가Is There a Public for Public Schools?』에서 데이비드 매튜스(David Mathews)는 10년에 걸친 케터링재단(Kettering Foundation) 연구는 "지역사회 전체에 이익을 가져다주는 학교라는 개념에 대한 역사적인 전념의 부식"을 내포하고 있다고 설명한다. 그는 효과적인 학교 개혁은 대중과 학교의 재결합을 필요로 한다는 것을 알고 있다. 케터링 재단을 비롯한 많은 사회과학 연구가들이 무수한 사회경제적 추세에서 이 문제의 원인을 찾고 있지만, 사회가 개인을 교육할 권위를 가지고 있지 않다는 기이한 믿음이 이러한 단절의 중심에 있다는 것은 분명하다.

사회의 개인 교육에 대한 권위는 앞서 언급되었듯 미국 건국의 아버지들이 갖고 있던 민주주의의 개념과 1952년 보스턴 공공도서관 이사회가 만든 공공도서관의 개념에 있어서 핵심적인 요소이다. 위대한 교육 철학가인 존 듀이(John Dewey)는 1916년 저서 『민주주의와 교육―교육 철학 입문Democracy and Education: Introduction to the Philosophy of Education』에서 사회의 교육 기능의 필요성을 주장한다.

사회는 생물학적인 생명만큼이나 많은 전달 과정을 통해서 존재한다. 이러한 전달은 행동하고 사고하고 느끼는 습관이 구세대에서 신세대로 옮겨 가는 의사소통 수단에 의해 일어난다. 이와 같은 이상과 희망·기대·기준·의견의 교류가 없다면, 단체 생활에서 이탈하는 사회 구성원들에서 단체 생활로 유입되는 구성원들에 이르기까지 사회생활이란 생존할 수 없다.

모더니즘과 반체제문화를 통해 나타난 낭만주의의 영향을 받은 급진적 개인주의자들에게 사회의 죽음은 개인의 해방처럼 보일는지도 모른다. 그러나 사실상 커뮤니티 운동의 저자들은, 개인은 건강한 사회적 환경 없이는 번영할 수 없다는 것에 주목하고 있다.

사회의 개인 교육에 대한 권리를 반대하는 것은 반체제문화와 신좌익의 중심적인 이념이었다. 1960년대 말에서 1970년대 초, 이반 일리치(Ivan Illich)의 『탈학교 사회Deschooling Society』, 교육에 관한 존 홀트(John Holt)의 수많은 저서, A. S. 닐(A. S. Neill)의 고전 『서머힐: 아동 교육의 한 급진적 접근 Summerhill: A Radical Approach to Child Rearing』과 같은 연구의 대중성은 반체제문화와 신좌익이 루소가 지닌, 개인을 사회화하기 위한 도구로서의 교육에 대한 반대 입장을 지지하고 있음을 분명히 한다. 일리치는 노골적으로 공립학교의 폐지를 주장한다. 저서 『유년기에서 탈출하라: 어린이들의 필요와 권리 Escape from Childhood: The Needs and Rights for Children』에서 존 홀트는 의무적인 교육에 반대할 뿐 아니라 아이들의 나이에 기초한 권리에 대한 모든 제약에도 반대했다.

이제 나는 '어린이'가 전적으로 부차적이고 의존적인, 성인들에게 값비싼 귀찮은 존재, 노예, 커다란 애완동물이 섞인 것으로 보이는 존재라는 사실은 대부분의 젊은 사람들에게 좋기보다는 오히려 해가 되었다고 생각한다. 대신에 나는 성인 시민들의 권리, 특권, 의무, 책임을 원하는 사람이라면 그 나이에 상관없이 그것들을 이용 가능하게 만들어야 한다고 제안하는 바이다.

홀트의 극단적인 입장은 『서머힐: 아동 교육의 한 급진적 접근』에 나타난 A. S. 닐의 생각에 대한 반향이다. 닐은 "자유를 주는 것은 아이들에게 그들 자신의 삶을 살 수 있도록 허락하는 것이다. 사실 간단한 듯 보인다. 우리가 가진 교육과 훈계, 강제라는 끔찍한 버릇이 우리로 하여금 진정한 자유의 단순함을 깨닫지 못하게 하는 것일 뿐이다"라고 주장한다.

이러한 반(反)교육적인 입장은 극단적이었지만 큰 영향력을 지니고 있었다. 케이 S. 하이모위츠는 오늘날의 교육자들 중 소수만이 사회화라는 교육의 전통적인 개념을 갖고 있다고 말한다.

설문 단체인 퍼블릭 아젠다(Public Agenda)의 연구에 따르면 교육학 교수의 7%가 교사는 "아는 것을 가지고 학생들을 교화시키는 지식의 전달자가 되어야 한다고 생각"한다. 92%는 교사들이 단지 학생들이 스스로 배울 수 있도록 해야 한다고 믿는다. 그들은 '장려하는 사람', '교육의 운영자', 혹은 '코치'이다. 『아이들의 기계*The Children's Machine*』의 저자 세이모어 패퍼트(Seymour Papert)는 교사를 '학습 동료'로 여기고 있다. 일부 학교에서는 학생들이 '교사 평가표'로 교사에게 점수를 매기고 있다.

사회가 적극적으로 복잡한 형태의 지식과 핵심 가치관을 전달하지 말아야 인간 본성과 문화가 번성할 것이라는 생각은 오산이다. 존 듀이는 이에 대해 다음과 같이 설명한다.

> 사회 조직 각 구성원의 탄생과 죽음이라는 근본적으로 피할 수 없는 사실은 교육의 필요성을 확인시켜 준다. 한 조직의 미래의 유일한 대표자인 새로 태어난 구성원들의 미성숙은 지식과 조직의 관습을 보유한 성인 구성원들의 성숙함과는 큰 차이를 보인다. 이 미성숙한 구성원들은 단지 머릿수를 맞추는 구성원으로서 조직에 속할 뿐만 아니라 성숙한 구성원들의 관심사, 목적, 정보, 기술과 활동에 참여하게 된다. 그렇지 않으면 그 조직은 그 조직만의 특정적인 삶을 끝내게 될 것이다. 미개 부족에서조차도 미성숙한 부족원들만 남겨졌을 때 그들이 이룰 수 있는 것은 성인과 비교했을 경우 한참 뒤처지게 마련이다. 문명의 성장과 함께 미성숙한 구성원들의 초기 능력과 연장자들의 기준과 관습 사이의 틈은 더욱 벌어지게 되었다. 단순한 육체적 성장과 최소한의 필수적인 물질에 대한 단순 지배만으로는 한 조직의 삶을 재생산하는 데 있어 충분하지 못하다. 부단한 노력과 깊은 고통의 감내가 필요하다. 사회 조직의 목적과 관습을 알지 못할뿐더러 무관심하도록 태어난 존재들은 그것을 인식하고 적극적으로 관심을 갖도록 만들어져야 한다. 교육, 교육만이 그 공백을 채울 수 있다.

• **지역사회의 '도덕적 목소리' 높이기**

에치오니와 같은 커뮤니티 운동의 사상가들은 인성 개발과 시민교육의 중요성을 환기시킴으로써 도덕 교육이라는 주제에 강력한 영향을 끼쳤다. 도덕 교육에 대한 공동체주의적 입장은 겉으로는 우익의 사회 보수주의자들을 지지하는 듯 보이지만 사회 보수주의자의 입장과는 현격히 다르며 오히려 다른 이들에게 더욱 매력적일 수 있는 부분이다. 에치오니는 사회적 삶이 지속되고 다음 세대로 전달되기 위해서는 지역사회가 '도덕적 목소리'를 높여야 한다고 설명한다. 표현적 개인주의자들은 사회의 어떠한 종류의 도덕 선언이라도 모두 권위주의적인 것으로 간주하지만 민주주의에 있어서 그것은 사회의 도덕적 가치를 강화하는 가장 바람직한 방법이다. 에치오니는 도덕의 목소리를 사용하는 지역사회에 반하는 그 어떤 대안도 민주적이지 못하다고 이야기한다.

> 이러한 목소리를 적당하게, 무엇보다 소중한 가치를 어기지 않는 방식으로 높여야 한다. 실제 도덕의 목소리 없이는 우리가 시민사회나 정상적인 사회가 되지 못한다는 사실을 숨기지 말아야 한다. 도덕적 목소리를 실행하는 것에 반하는 대안이 무엇인가를 스스로에게 물어보라. 대안은 단 2가지밖에 없다. 폭력으로 시민질서를 유지하려고 노력하는 경찰국가이거나, 아무것이라도 할 수 있는 도덕적 진공 상태이다.

미국은 도덕적인 목소리에 힘을 주기 시작했다. 이것은 좌파가 미국의 도덕적 목소리를 약화시키고 그리하여 사회 무질서가 더욱 심화되고 있는 상황에서 우파의 요청에 따라 교도소를 추가로 짓는 것보다는 한층 나은 방법일 것이다.

교육 설계에 대해 지역사회의 '도덕적 목소리'를 높이는 데 있어 제기되는 근본적인 우려는 다원사회 내에서 어떠한 가치를 교육시킬 것인가를 결정하는 법이다. 서로의 차이에 집착하는 개인주의자들은 이것을 불가능한 과제라고 믿는다. 그러나 커뮤니티 운동 사상가들은 사람들이 일반적으로 알아차리는 것보다 한층 많은 가치관과 관련한 합의가 존재한다는 것을 관찰했다. 에치오니는 수많은 가치관이 광범위한 소수민족과 사회경제적 단체에 의해 공유되고 있다는 사실을 상기시킨다. "그 누구도 살인은 물론이고 아동학대, 강간, 절도, 경멸, 차별 등과 같은 것을 도덕적이라고 여기지는 않는다." 이러한 보편적인 가치들은 사회질서의 토대를 형성해야 하며 자라나는 세대들에게 분명히 전해져야 한다. 반면 논쟁의 여지가 있는 다소 덜 보편적인 가치는 다양한 관점으로 획득될 수 있다.

사회는 보편적인 가치들을 적극적으로 강화해야 한다. 사회 보수주의자들의 제안처럼 모든 이들로 하여금 1950년대의 남침례회연맹(1814년 미국에서 뉴잉글랜드를 중심으로 새로이 결성된 침례교회 연합: 역주)의 전형적인 가치관을 받아들이도록 강요하는 것은 합리적인 방법이 아니다. 많은 표현적 개인주의자들이 제안한 것처럼 사회의 도덕적 목소리의 남아 있는 영향력을 없애려는 것 또한 합리적이지 않다. 사회는 사회의 힘을 유지하는 데 있어 보편적인 도덕 가치에 바탕을 둔 교육을 이용해야 한다.

• 결론

민주주의적 교육과 사회도덕은 사람들로 하여금 개인의 자유와 사회질서, 상대주의와 절대주의, 혹은 자연적 충동에 따르는 방임주의적 양육과 군대식의 교화 중 어느 하나를 선택하도록 강요하지는 않는다. 각각의 경우에서 나타나는 정반대의 성질을 가진 양상들은 민주사회를 건설하는 데 실용적인 방법을 제시하지 못하는 부적절한 극단적 상태를 보여 준다.

개인은 사회의 지지를 필요로 한다. 현실의 삶은 상대주의의 완전한 불확실성이나 절대주의의 완전한 확실성으로만 점철되어 있지 않다. 현실의 삶은 어떤 것을 알고, 그 제한된 지식을 개인적·사회적 결정에 적용할 수 있도록 최선을 다할 때 제대로 누릴 수 있다. 민주주의 사회에서 교육과 사회도덕은 권위주의적 강제에서 살아남을 수 없는 듯이 긍정적인 영향을 끼치려는 사회의 적극적인 노력 없이도 지속될 수 없다.

커뮤니티 운동 사상가들은 사회의 권위와 지식을 개인에게 전달해야 하는 의무뿐만 아니라 세계를 인식할 수 있는 인간의 능력을 주장하며 민주주의식 교육이라는 위대한 전통으로의 회귀를 제안한다. 이러한 전통은 미국 역사에서 오랜 기간 동안 교육에 대한 지배적인 시각이었지만 지금은 심각한 도전에 직면해 있다. 우리 사회의 미래는 교육의 사회적 전달을 통해 올바른 의사 결정을 지지하는 통합된 노력에 달려 있으며 이것은 반드시 개인의 자율을 존중하는 환경 속에서 이루어져야 한다. 공동체주의의 입장은 개인의 자유와 사회질서의 필요성을 모두 존중하는 교육적 균형을 찾는 것이다. 철학자 존 듀이의 민주주의 사회에서의 교육에 대한 설명을 인용하자면 "그러한 사회는 개인에게 사회적 관계와 통제에 대한 개인적 관심을 불러일으키고, 무질서를 야기하지 않으면서 사회적 변화에 적응할 수 있는 마음가짐을 제공하는 교육을 시행해야 한다."

커뮤니티의 건설 : 사회도덕과 교양, 시민 인프라스트럭처, 대화 그리고 공통점, 협력

여기서는 커뮤니티 건설을 주제로 한 커뮤니티 운동의 저작에서 반복적으로 나타나는 주제를 개괄할 것이다. 앞서 설명했듯이 커뮤니티 운동은 개인의 권리와 책임 사이에 균형이 필요하며, 당시의 미국은 너무 많은 권리와 너무 적은 책임을 강조하고 있다고 믿었다. 급진적 개인주의자들과는 달리 커뮤니티 운동 사상가들은 사회가 개인의 권리뿐 아니라 사회적 의무와 관련하여 개인을 교육시킬 권위와 의무가 있다고 믿었다. 커뮤니티 운동을 다룬 저작들은 이 같은 사회철학의 기본적인 주제를 전달하는 것과 함께, 커뮤니티 건설을 위한 구체적인 방법을 다루고 있다.

커뮤니티 운동을 다룬 저작들의 접근법은 광범위하고 다양하기 때문에 여기서의 소개는 단편적인 예시 제공에 그칠 것이다. 여기서는 이 저작들의 중요한 주제를 나열하고 이 같은 주제를 뒷받침하는 예시 인용 문구를 소개할 것이다. 이 같은 저작들의 진정한 힘과 유용성은 인용된 책을 비롯한 각종 서적, 관련된 주제의 기사를 직접 접함으로써만 이해할 수 있을 것이다.

사회도덕과 교양

커뮤니티 운동의 기본적인 과제는 사회도덕에 대한 문화의 관심과 존중의 재수립이었다. 관련된 여타 주제로는 철학적 문제, 교육의 주제, 개인과 관련된 문제, 인종간의 관계를 향상시키는 수단으로써 사회도덕의 논의 등이 있었다.

제임스 윌슨(James Q. Wilson)의 1993년 저서 『도덕관념*The Moral Sense*』은 사회도덕에 관한 논의에 상당한 기여를 했다. 윌슨은 아리스토텔레스, 토마스 아퀴나스, 심지어는 애덤 스미스(Adam Smith)까지 인류는 개인의 관심사뿐만 아니라 사회 내 구성원 지위와 관련한 도덕적 관심사에 따라 동기화된다는 사실을 자연스럽게 깨달았다고 설명한다. 그러나 현대 철학은 그러한 관점에 대한 지지로부터 뒷걸음질쳐 왔던 것이다.

일부 예외적인 경우를 제외하고, 현대 철학은 그러한 전통과의 근본적인 단절을 보여 준다. 지난 세기 동안 인간 행동을 다룬 위대한 철학 이론들은 인간이 선천적으로 도덕관념과 조금이나마 유사한 것을 지니고 태어났을 가능성에 거의 무게를 두지 않았다.

그러나 윌슨은 여전히 영향력을 가진 전근대의 전통과 더불어 인간 본성 그 자체는 급진적 개인주의의 비도덕적인 견해에 반하여 발휘된다고 설명한다.

현대 철학, 세속적 인문주의, 마르크스주의, 혹은 무의식에 관한 프로이트의 정신분석학을 가지고는 도덕관념이라고 불릴 가치가 있는 것에 대해 이야기할 것이 거의 없다. 그러나 나는 거의 모든 시대의 사람들 대다수가 이러한 지적인 풍조에 영향을 받았다는 데 의구심이 든다. 그러한 것들에 전념한 지식인들은 영향을 받았을지도 모른다. 삶은 도덕적으로 의미가 없다고 생각하는 이들은 자기표현 예술에서나 '의미'를 찾을 수 있는 전위파나 자유분방한 반체제문화, 무정부주의적 정치 세력을 형성하면서 그에 따라 살아갈지도 모른다. 그러나 대부분의 사람들의 삶—가족을 꾸려 나가고, 관계를 형성하며, 아이들을 양육하는—은 인간 존재라는 영속하는 사실을 중심으로 이루어진다. 어디를 가도 우리는 보통의 사람들이 행복하건 불행하건 여건이 허락하는 대로 자신들의 일을 하며 마르크스나 프로이트, 로티(서구철학사를 정면으로 비판하면서 신실용주의를 제창한 석학: 역주)가 자신들이 판단을 두고 어떻게 생각할까에 관해 한 치의 망설임도 없이 도덕적 판단을 내리고 그에 따라 행동하는 모습을 볼 수 있다.

인간의 '도덕관념'을 설명하기 위한 윌슨의 노력은 이론적일 뿐만 아니라 매우 실용적이다. 그는 도덕적 선택에 관해 확신 있게 말하지 못하는 현대의 무능력은 불필요한 것이며 개인주의와 사회의 의사 결정 모두를 손상시키고 있다고 설명한다.

> 그러나 이 책의 과제는 우리로 하여금 현대의 회의주의가 인류의 얼굴에 들이댄 거
> 울이 우리가 보고 싶어 하는 것을 비추고 있는가를 질문하게 하는 것이다. 우리는
> 전적으로 단련될 수 있고, 조금은 냉소적이면서도 겉으로는 관용적이고, 전체적으
> 로 투명한 인간 본성을 갖고 싶은 것인가? 어떠한 도덕적 판단도 불가능한 듯 행동
> 하여 소멸된 도덕적 기대를 닮은 세계를 창조할 수 있는 가능성에 준비가 되어 있는
> 가? 우리는 우리가 생각하는 자신의 존재에 대해 신중해야 한다. 왜냐하면 우리가
> 실제로 그렇게 될지도 모르기 때문이다.

제임스 윌슨은 인간성의 도덕관념을 "우리가 덕목과 도덕에 대해 이야기할 때 자신감을 회복하도록 돕는 것"이라 말한다. 그는 "도덕적 선택에 대해 솔직하고 설득력 있게 말할 수 있는 가능성과 논리의 재건"을 추구한다.

의미 있는 사회도덕 개념의 재건과 함께 미국 전역의 교육자들을 위시하여 커뮤니티 운동의 저자들은 학교에서의 인성 개발과 시민교육을 통한 사회도덕 전달에 깊은 관심을 가지게 되었다. 인성 개발과 시민교육의 새로운 적용은 1990년대 '공동체주의 네트워크(Communitarian Network)'뿐 아니라 미국 교육부의 주요 쟁점이었다. 최근 몇 년간 메릴랜드 주를 비롯한 많은 주에서 공립학교 학생들의 사회적 책임감을 고양하기 위한 적극적인 프로그램을 시행했다. 때로 이 같은 프로그램은 다양한 취업 기회를 통해 학생들에게 지역사회에 봉사할 것을 요구하기도 한다.

교양에 대한 새로운 관심사는 또한 사회도덕을 강화하는 방법에 대한 전반적인 관심을 수반했다. 스티븐 카터(Stephen L. Carter)의 저서 『문명: 매너, 도

덕, 민주주의의 에티켓Civility: Manners, Morals, and the Etiquette of Democracy』은 다시 유행하고 있는 이 해묵은 주제를 이해하기 쉬우면서도 심도 있게 다룬다.

> 나는 교양은 공존을 위해 우리에게 요구되는 수많은 희생의 종합판이라고 주장할 것이다. 만약 홀로 여행을 하는 것이라면 우리는 이러한 희생들이 불필요한 것이라고 가정할 수 있다. 인간의 이기주의적인 본성의 영향을 받기 쉬운 것은 대개 비도덕적인 것들이므로 사전 고려 없이 행해서는 안 된다. 우리는 다른 이들을 위해 희생해야 한다. 그렇게 함으로써 사회생활을 쉽게 할 수 있기 때문이기도 하지만 그보다는 그것이 우리의 동료 시민에 대한 존중의 표시이며 그들과 법과 신 앞에서 동등한 위치가 될 수 있기 때문이다. 교양의 규범들은 따라서 도덕의 규범이기도 하다. 우리의 동료 시민을 존중으로 대하는 것은 도덕적으로 올바르며 그렇지 않은 것은 부도덕한 것이다. 문명의 위기는 도덕이라는 더 큰 위기의 일부분이다.

아프리카계 미국인인 스티븐 카터는 미국 내 인종간의 관계를 개선하는 데 있어 보편적인 사회도덕과 교양의 중요성을 강조했다. 미국 내 조직간의 분열이 극단적인 개인주의의 부활만큼이나 문젯거리라는 것을 아는 공동체주의 사상가들은 이 점을 무척 우려한다. 의사소통의 기반이 없는 조직과 질서, 결합 능력에 대한 희망이 없는 사회에서는 사회도덕의 기본적인 틀에 대한 동의가 이루어지기 힘들다. 완벽하게 서로 분리된 미국의 민족적 다양성을 이야기하는 다문화주의의 분열된 양식들은 배척되었다. 이러한 공동체주의자들의 우려는 아서 슐레징어(Arthur Schlesinger Jr.)의 저서 『미국의 분열: 다문화 사회의 반영The Disuniting of America: Reflections on a Multicultural Society』에서 잘 나타난다.

만약 우리가 지금 역사가 우리에게 준 놀라운 유산을 거부한다면 우리는 문제로 점철되어 있는 소수의 이문화 집단 거주지와 소수민족이 모여 사는 빈민가 등에 미국 사회를 분열시킬 것을 권유하는 셈이다. 우리 사회의 결합력은 너무나도 약해 보이기 때문에 문화적, 언어적으로 차별적인 정책을 장려하거나 찬양함으로써 그 결합을 팽팽하게 한다는 것은 필자에게는 이해가 되지 않는 내용이다.

미국의 정체성은 결코 고착되거나 최종적인 모습이 아닌, 항상 만들어지는 과정에 있을 것이다. 인구의 변화는 항상 국가적 사조에 변화를 가져왔고 앞으로도 그럴 것이다. 그러나 그것이 국가의 통합을 해쳐서는 안 된다. 다원사회인 미국이 직면한 문제는 사회를 통합하는 결합관계―공통된 이상, 정치제도, 언어, 문화, 운명―를 파괴하지 않으면서 소중한 문화와 전통을 계승하는 방법에 대한 모색이다.

공동체주의자들은 조직의 자치가 무엇보다 소중한 "지역사회 중의 지역사회"의 요건과 균형을 이룰 것을 제의한다. 그들은 미국을 설명하는 데 있어 '멜팅 팟(melting pot, 도가니라는 뜻으로 인종이 뒤섞인 나라를 의미하는 미국의 별칭: 역주)'이라는 개념은 부적절하다는 데 동의한다. 멜팅 팟이라는 개념은 수많은 주요한 문화적 차이를 없애려는 경향이 나타나기 때문이다. 공동체주의자들은 '모자이크' 이미지 사용을 선호한다. 아미타이 에치오니는 모자이크는 다양한 구성 요소가 필요할 뿐 아니라 그것들을 결합시킬 "틀과 접착제"도 필요로 한다고 설명한다. 그는 이러한 접근을 "통일 속의 다원주의"라고 부른다.

시민 인프라스트럭처

사회도덕을 지탱하는 지적인 인프라스트럭처를 제공하는 것과 더불어 커뮤니티 운동은 지역사회의 사회생활과 시민 생활을 지지하는 데 필요한 사회적 인프라스트럭처를 강화하는 문제와도 깊이 관련되어 있다. 증가하는 개인의 소외, 시민 생활에서의 고립, 그리고 적대적인 당파로의 사회 분열 같은 문제들은 서로 밀접하게 관련된 다양한 해결책을 필요로 한다. 공동체주의적 저작들의 중요한 주제 중에는 시민사회 인프라스트럭처 강화의 필요성, 지역사회의 정체성을 확고히 하고 대화를 증가시킬 시민공간의 필요성, 커뮤니티 계획과 구획에 새로이 접근할 필요성도 포함된다.

벤자민 바버(Benjamin Barber)는 『강한 시민사회 강한 민주주의A Place for Us: How to Make Society Civil and Democracy Strong』에서 시민사회를 다음과 같이 정의한다.

> 자유로운 국가에서 조성된 이상적인 시민적 구조에서 '당신과 나'의 상호성을 조화시키는 공간이 시민사회이다. 이 개념 자체는 정부나 사적 시장이 주권을 행사하지 않는, 자유로운 사회적 생활이 이루어지는 독립적인 영역을 이야기한다. 이 영역에 속하는 가족, 친족 집단, 교회, 그리고 공동체 안에서 우리는 서로 연관되는 공동의 활동을 통해 우리 스스로를 창조하게 된다. 즉, 이러한 '제3섹터'(나머지 둘은 국가와 시장이다)는 경제적 생산자 및 소비자로서의 우리의 특수한 개별성과, 주권국가 구성원으로서의 추상적인 집단성을 매개한다. 철학자 마이클 월처(Michel Walzer)의 말을 빌리면 시민사회는 "비강제적인 인간적 결사체의 공간이고 일련의 관계망—가족, 신념, 이해관계, 이데올로기 등을 위해 만들어진—이 그 공간을 채우고 있다."

커뮤니티 운동의 저술가들은 현대 사회에서 정부와 민간 시장이 점차 삶의 다양한 분야를 지배하면서 시민사회의 역할이 경시되었다고 우려한다. 그들은 민간 분야가 사회도덕을 낳는다는 것을 잘 알고 있기 때문에 이러한 현상을 불안해하며, 만약 민간 분야가 약해지면 사회도덕 또한 약화될 것이라고 생각한다. 이것이 바로 커뮤니티 운동이 사회문제를 해결하는 데 있어서 교회나 여타 시민사회 시설과의 연합에 관심을 갖는 이유이다. 벤자민 바버는 우리의 현대 사회가 지역사회의 정체성과 대화를 조성하는 걸맞은 시민공간을 제공하지 못한다는 커뮤니티 운동의 우려를 그대로 드러낸다.

> 시민사회가 없다면 시민들은 집이 없는 것이다. 더 이상 믿을 수 없는 거대한 관료 정부와, 도덕적 가치나 시민 가치를 찾아볼 수 없는 민간 시장 사이에서 멈춰 서 있는 것이다. '공공적'인 것들은 사라지고 한때 광장이 있던 곳에는 쇼핑몰과 놀이공원만이 즐비하다. 사적인 '당신'과 '나'들이 서로 모이기를 희망하는, '우리'를 반기는 장소는 단 한 군데도 존재하지 않는다.

이 표현이 문제를 과장했을지는 모르나 미국사회가 더 이상 시민공간에 대한 요구를 알아차리거나 시민공간을 제공하지 못한다는 것만은 분명하다. 시민공간의 제공은 시민사회를 지탱하는 데 있어 필수 불가결한 것이다. 인터넷에 공공 이슈나 지역사회 생활에 관한 사이버 토론 그룹의 형태로 가상적인 시민공간을 만드는 것이 최근의 추세이다.

커뮤니티 계획과 구획에 대한 새로운 접근의 필요성 또한 커뮤니티 운동에 관한 집필의 중요한 주제 중 하나이다. 제임스 하워드 컨스틀러(James Howard Kunstler)는 도시 팽창의 반사회주의적 여파와의 투쟁을 다룬 영향력 있는 두

권의 저작 『아무 곳도 아닌 곳의 지리The Geography of Nowhere』와 『아무 곳도 아닌 곳의 집: 21세기를 위한 일상 세계의 재건설Home from Nowhere: Remaking Our Everyday World for the 21st Century』을 집필했다. 그의 견해는 뉴어버니즘(New Urbanism, 도시를 무조건 교외로 확장시키는 데 반대하여 용도 지역간의 어느 정도의 혼재, 고밀 개발 등의 도시 재개발을 지지하는 운동 : 역주) 회의로 알려진 건축 개혁 운동에 기여했다.

뉴어버니즘의 목적은 미국사회에 있어서 공공 영역의 우선 원칙을 원상태로 돌려 놓는 데 있다. 뉴어버니스트들이 생각하는 이 물리적 양식은 친숙함과 동시에 혁명적이다. 마을, 소도시, 대도시의 확장에 있어서 그 인접 지역의 다목적 이용은 제2차 세계대전 이전까지 오랜 역사에 걸쳐 실제로 미국을 건설해 온 방법이기 때문에 친숙하다. 미국인들이 가장 소중히 여기는 조국에 대한 개념을 정확하게 따르는 물리적 양식인 것이다. 그럼에도 불구하고 뉴어버니즘은은 혁명적이다. 우리의 국가 생활에서 실질적인 배경이자 많은 불행의 근원이기도 한 도시의 외곽 지역의 스프롤과는 전적으로 모순되기 때문이다. 뉴어버니즘은 대다수의 정립된 건설 규칙과 방법, 특히나 구획법에 반대한다.

이러한 움직임은 국가적인 차원에서 보았을 때 가장 희망적인 발전 중 하나라고 본다. 저자는 만약 일상세계의 물리적 구조를 수리할 수 있다면 시민 생활에서 훼손되고 폐기된 많은 시설들도 뒤이어 원형을 복원할지도 모른다는 뉴어버니즘의 믿음을 따른다. 만일 아무것도 남지 않았다면 우리는 애정을 줄 가치가 있는 생활 터전과 일터를 다시 얻기 위해 일어서야 한다.

대화와 공통점

사회질서 개발에 대한 공동체주의적 접근은 보편적인 도덕성과 목적의식을 개발하는 비강압적인 수단에 전적으로 의존하며 교육과 더불어 공론(public dialogue)을 강조했다. 대화는 교양과 경청, 그리고 전반적으로 수용될 수 있는 실용적인 해결책을 찾으려는 진실된 노력을 필요로 한다. 효과적인 공론을 위한 방법은 커뮤니티 운동의 저작에서 쉽게 찾을 수 있다. 그중 영향력 있는 책으로는 드보라 태넌(Deborah Tannen)의 『논쟁 문화: 미국의 언어 전쟁 멈추기 The Argument Culture: Stopping America's War of Words』를 우선적으로 꼽을 수 있다.

> 이 책은 우리를 공론으로 이르도록 만드는 팽배해 가는 투쟁의 분위기에 관한 것이며, 싸움인 것마냥 우리가 쟁취하여야 하는 무언가에 관한 것이다. 이는 전반적인 서양 문화, 특히나 긴 역사와 깊고 심오하며 광범위한 뿌리 체계를 가진 미국의 경향이다. 이것은 수많은 방법으로 이 나라에 긍정적인 기여를 해 왔으나 최근 몇 년간 지나치게 비대해진 나머지 문제 해결 방법에까지 침투하고 있다. 가차 없는 논쟁 환경—논쟁 문화—에서 사는 것은 우리의 마음을 좀먹는다.
>
> 논쟁 문화는 우리로 하여금 세계와 그에 속한 사람들에게 적대적인 태도로 접근하도록 부추긴다. 이는 반대란 어떤 것을 이루기 위한 최선의 방법이라는 억측에 의거한다. 다시 말해 생각을 논의하기 위한 최선의 방법은 논쟁이며, 뉴스를 다루는 최선의 방법은 극단적으로 양극화된 견해를 드러내고 그것을 '양쪽' 측면에서 표명하는 대변인을 찾는 것이고, 논쟁을 가라앉히는 가장 최선의 방법은 서로 소송을 하는 것이며, 진정한 생각을 비치는 최선의 방법은 혹평을 하는 것이라는 식이다.

태넌은 "공론은 싸움처럼 논쟁을 하는 것이 아니라, 관점에 대한 찬성론을 만드는 것을 요구한다"고 설명한다. 이 통찰력 넘치는 책은 공통적인 이해와 실용적인 해결책을 가져오는 건강한 대화를 발전시키는 전략에 대해 이야기하고 있다.

효과적인 대화가 건강한 지식을 바탕으로 하듯 커뮤니티 건설의 수단으로 대화를 추구하는 데 관심을 가진 언론인들은 '시민' 저널리즘이나 '공공' 저널리즘이라 알려진 새로운 접근법을 개발했다. 공공 저널리즘은 사회문제를 해결하려는 언론인들의 노력의 초점을 효과적인 대화와 의사 결정을 통해 사회를 보조하는 것에 맞추고 있다. 공공 저널리즘의 영향력 있는 지지자인 제이 로젠(Jay Rosen)은 이 새로운 접근법에 대해 다음과 같이 설명한다.

> 공공 저널리즘은 언론인들로 하여금 (1) 사람들을 시민으로서, 공적인 사건에 있어 잠재적인 피해자나 구경꾼이기보다는 참여자로서 부르도록, (2) 단순히 아는 것에 그치기보다는 정치적 지역사회가 그 문제에 조치를 취하도록, (3) 문제가 악화되는 것을 그저 관망하기보다는 공론의 분위기를 개선하도록, (4) 공공 생활이 제대로 진행되는 데 일조하도록 환기하는 일상의 기술에 대한 접근법이다. 만약 언론인들이 이를 실행할 길을 찾게 된다면 늦기 전에 언론에 대한 대중의 믿음을 회복하고, 멀어져 가고 있는 시청자들과 재결합하고, 많은 이들을 이 직업에 종사하도록 한 이상주의에 불을 붙이고, 더욱 근본적으로는 민주주의의 증진에 공헌할 수 있을지도 모른다. 이것이 바로 우리가 언론인들에게 특권을 주고 그들을 보호하는 이유이다.

협력

효과적인 공론을 통한 공통점을 찾는 것에서 자연스레 발전된 것이 지역사회 문제 해결을 위한 협력이다. 협력의 과정은 개인과 조직 모두를 지탱하는 지역사회의 그물을 강화하는 것으로 여겨진다. 여기에는 광범위한 사회문제는 전문화된 조직의 분열된 노력만으로는 해결될 수 없다는 이론이 내재되어 있다. 힐러리 클린턴이 어린이 양육의 주제를 다룬 한 책에서 언급한 "한 명의 아이를 키우기 위해서는 한 마을 전체가 필요하다"는 말에도 포괄적이고 통합된 접근의 필요성이 나타난다. 협력이라는 개념은 사회 서비스의 여러 분야에서 효과적으로 이용되어 왔으며 그중에서도 법의 집행에서 가장 효과적으로 사용되었다. 담당하는 이웃의 생활과 경찰력을 통합하는 '지역사회 경찰활동(Community Policing)'은 1990년대 미 전역에 걸쳐 지역사회에 엄청난 영향을 끼쳤다.

커뮤니티 운동 사상가들은 교회와 같은 시민사회 시설을 새로운 협력 노력에 참여시키는 데 특별한 관심을 가지고 있었다. 이 같은 시민사회 시설이 최근 몇 년간 충분히 사용되지 않고 있었을 뿐 아니라 사회도덕의 발전과 유지에서 가지는 특별한 지위 때문이다.

리스베스 스코(Lisbeth B. Schorr)는 저서 『공통 목적: 미국의 재건을 위한 가족 및 이웃의 강화Common Purpose: Strengthen Families and Neighborhoods to Rebuild America』에서 수많은 효과적인 협력을 기록하고 있다. 미국의 빈곤을 다루는 데 있어서 스코는 다음과 같은 조언을 한다.

> 상향식과 하향식의 접근 중 하나를 택하는 것은 잊으라. 상당히 격하된 시내의 이웃 환경은 외부의 도움 없이 스스로를 변화시킬 수 없다. 그러나 그렇다고 해서 외부의 해결책을 강요할 수도 없다. 이웃을 효과적으로 변모시키기 위해서는 그 지역사회에 기반을 둔 단체들이 외부로부터 기금, 전문 지식, 영향력을 모으고 외부인은

그 이웃에서만이 얻을 수 있는 정보, 전문 지식, 지혜를 모아 낼 수 있어야 한다.

스코는 결과 혹은 '성과'를 측정함으로써 사회 프로그램의 책임 여부를 결정하는 추세에 대해 이렇게 설명한다.

성과에 대한 정보는 지역사회로 하여금 공동의 목적에 대한 지원을 더욱 신중하게 만든다. "긴 안목으로 보면 결국 조준을 할 때만이 명중을 시킬 수 있다"고 헨리 데이비드 소로는 이야기했다. 공통된 목표에 대한 합의와 성과는 어린이들과 가족에 대한 지역사회 규모의 책임 문화 촉진에 기여하고 변화를 위한 힘에 박차를 가한다. 투자가 성과로 확실히 이어진다면 조기 개입과 예방—예컨대 경찰서장이 청소년 범죄 예방을 위해 조기 교육을 주장하며 여가 선용의 기회를 넓히는 것과 같은—에 힘을 기울이자는 슬로건은 더욱 신뢰를 얻게 된다.

사회문제를 해결하기 위한 협력의 방법은 주요 사회문제를 해결하려면 지역사회 전체가 참여해야 할 필요가 있다는 것에 토대를 둔다. 1990년대의 이러한 전략은 정부와 민간 부문, 시민 부문 조직들 간의 협력에서 실행된 수많은 실험의 성공적인 결과를 낳았다. 사회문제 해결을 위한 광역적 협력은 커뮤니티 운동이 미국사회에 끼친 가장 효과 빠른 기여일는지도 모른다. 커뮤니티 운동에 대한 폭넓은 이해가 있을 때 협력은 가장 효과적으로 나타난다.

도서관, 세상을 바꾸는 힘

커뮤니티 운동 사상이 미국사회에 끼친 기여

1965년쯤부터 미국사회는 엄청난 문화적 혼란과 분열의 시기를 겪어 왔으며, 이 시기는 1990년대 중반쯤 끝난 것으로 보인다. 1980년대의 극단적인 개인주의는 쇠퇴하기 시작했고 사회적 책임에 대한 새로운 관심이 생겨나기 시작했다. 커뮤니티 운동은 엄청난 사회 변화의 원인으로도, 그에 대한 반향으로도 볼 수 있다. 미국사회는 혼란과 문화 충돌의 세월 후 다시 균형을 잡아 가기 시작했으며, 새로운 목적 통합이 정치적 정체와 문화전쟁을 극복하기 시작했다. 미국사회가 개인의 자치와 사회질서 간의 균형을 잡아 갈수록 더욱 강건해지고 일관된 모습을 띠고 있다. 이 같은 문화적 변화가 진행 중이며, 낙관주의적 정신이 미국사회를 변형시키고 있다는 증거는 점차 확실해지고 있다.

커뮤니티 운동이 미국사회를 변화시키고 있다는 사회적·정치적 증거

프란시스 후쿠아먀와 E. J. 디온은 이 중요하고 유익한 사회적 변화가 시작되었다는 사회적·정치적 증거를 제시한다. 프란시스 후쿠야마는 저서 『대붕괴 신질서』에서 사회 행동 규범이 재정립되고 있다는 중요한 사회학적 증거를 다음과 같이 보이고 있다.

> 대붕괴(the Great Disruption)가 진행되어 왔으며 재규범화의 과정이 이미 시작되었다는 증거는 점차 분명해지고 있다. 범죄, 이혼, 위법, 불신의 증가율은 점차 낮아지다가 1990년에는 감소 추세로 돌아섰다. 1990년대 초, 미국에서 최고조에 달했던 범죄율은 15% 이상 감소했다. 1980년대 초반 이후로 이혼율은 감소하기 시작했으며 미혼모의 출산 비율도 더 이상 증가하지 않았다. (…) 기관과 개인에 대한 신용

도 또한 1990년대 초에서 말까지 빠르게 회복되었다.

E. J. 디온은 다시 회복된 개인 자율과 사회질서 간의 균형에 대한 관심을 『진보주의자들이 차기 정치 시대를 장악할 이유Why Progressives Will Dominate the Next Political Era』에서 설명한다. 디온은 미국의 자유주의적 정치 방침이 1994년 공화당의 '미국과의 계약(Contract with America, 당시 미 하원의장 뉴트 깅그리치가 내세운 신보수주의 선거 전략 : 역주)'으로 절정에 달했다가 1995년 클린턴 대통령이 교착 상태에 빠져 있던 연방 예산안 줄다리기에서 승리하면서 그 영향력이 축소되기 시작했다.

진보주의에 대한 반란은 공화당의 지배적인 정치 프로젝트가 되고 있다.

그러나 이 공격이 진보주의를 패배시키기는커녕, 오히려 진보주의의 선구 역할을 하고 있다는 것이 이 책의 중심 주장이다. 진보주의자들은 20년간 자신들의 프로젝트를 보호하는 데 있어서 소극적이었으며 문화 정치에 관심이 쏠려 있었다. 깅그리치 혁명(the Gingrich Revolution)으로 인해 그들은 진보주의의 과업을 보존하고 정강을 새로이 하는 것 외에는 선택의 여지가 없어졌다. 1995년 가을, 공화당 의회의 지지가 하락했을 때, 많은 유권자들이 깅그리치가 제공하고자 한 것보다 더 많은 것을 정부에게 요구한다는 사실이 분명해진 셈이다. 만일 깅그리치가 곧 닥쳐올 엄청난 기술적 변화를 예상했다면 미국 정치의 중심축이 변화를 완화시키는 완충 장치 및 고난을 경감시킬 수 있는 사회보호 장치를 해체하는 쪽으로 가지는 않았을 것이다. 미국 보수주의를 19세기 자유방임주의 방향으로 이동시킴으로써 깅그리치와 그 측근들은 정치적 반대자들로 하여금 방임주의에 대한 21세기의 대안을 세우는 과제와 씨름하도록 만들었다.

자유주의 정치의 극단적 개인주의는 1995년 공화당의 예산안 패배 이후 한층 잠잠해졌다. 공화당 내에서는 자유주의가 계속해서 영향력을 발휘하고 있었지만 공화당의 대통령 후보자인 조지 부시와 존 맥캐인은 1995년의 뉴트 깅그리치의 호전적인 반정부 수사법보다는 정부 측에 보다 우호적인 자세로 2000년 대선후보 당내 경선 운동을 벌였다. 존 맥캐인은 선거자금 개혁과 같은 이슈에 중도적 입장을 지닌 독자적인 유권자들에게 지지를 호소한 반면, 조지 부시는 자신이 다양한 그룹에 속한 이들을 통합시킬 능력이 있다는 것을 강조했다. 최근 몇 년간 정부에 대한 대중의 높아진 신뢰도에 부합할 수 있도록 반정부 수사법은 상당히 누그러졌다. 경제 성장 및 광역적 이슈들과 관련된 정부 정책의 긍정적인 결과를 목도한 지금의 국민들은 사회가 진보할 수 있다고 믿고 있는 것이다.

1992년 이후로 클린턴 정부는 공동체주의 철학에 기초한 민주당지도부협의회(Democratic Leadership Council)의 입법 아젠다를 추진함으로써 진보주의 전통의 강력한 정의를 재정립하고 발전시켜 왔다. E. J. 디온은 클린턴 아젠다의 진보적인 성향을 확인시켜 준다.

> 신민주(the New Democrat) 강령에 내재된 정신적 사조는 민주당지도부협의회의 입안자들에 의해 수립된 것처럼 보수적이 아닌 진보적 성향을 띠었다. 민주당지도부협의회는 루스벨트와 우드로 윌슨 대통령의 전통과의 관련성을 분명히 드러내려는 의도로 협의회 내 싱크탱크를 진보정책연구소(Progressive Policy Institute)라 명명했다.

민주당이 선택한 민주당지도부협의회의 공동체주의적 진보주의 노선으로의 방향 전환은 성공적이었다. 영국의 토니 블레어 총리 역시 노동당을 소생시키기 위해 이 노선을 채택했다.

사회적·정치적 변화에 있어서 미국은 확실히 사회질서와 통합의 새로운 시대, 다시 말해 진보주의 시대로 들어서고 있다. 이러한 문화적 변동은 미국을 자유주의적 개인주의에서 개인의 자유와 사회질서 간에 균형을 맞출 필요성을 주장하는 공동체주의적 이해의 방향으로 움직이고 있다.

현실주의에 입각한 낙관주의와 긍정적 결과들

커뮤니티 운동의 견해는 충만에 이르는 새로운 길을 찾을 수 있다는 낙관론과 흥분을 제시한다. 그러나 이 낙관론이나 흥분은 정확히 무엇을 해야 하는지를 아는 것에서 비롯하거나 사회의 억압에서 벗어난 자유에서 나오는 것이 아니다. 커뮤니티 운동의 낙관주의는 한층 완화된 것이다. 보다 정확히 말하자면 여러 한계의 혼합이자 잠재적으로 인간 상태에 선천적으로 존재하는 것이기 때문이다.

제디디어 퍼디(Jedediah Purdy)는 저서 『평범한 것들을 위하여: 오늘날 미국의 아이러니와 신뢰, 헌신For Common Things: Irony, Trust, and Commitment in America Today』에서 이러한 종류의 낙관주의를 이렇게 설명한다.

> 스스로를 헌신하는 것에서, 책임을 지는 것에서, 우리는 인식이라는 특별한 자질을 양성한다. 이는 복잡한 상호 의존관계 속에 존재하는 사물을 보고 우리가 가장 가치 있게 여기는 것이 그 그물에 어떻게 얽혀 있는가를 이해하는 자질이다. 이렇게 의존관계를 깨달음으로써 얻어지는 것은 우리를 지지하고 우리를 즐겁게 하는 것들을 유지하는 데 많은 것들이 관계되어 있다는 것에 대한 감사와 경외심이다. 이

러할 때 경외심과 함께 이해가 생겨날 수 있으며, 동시에 파괴 능력과 태만함이 가지는 잠재력에 대한 냉정한 인식도 할 수 있다.

퍼디가 설명하는 견해는 간단한 해결책을 약속하지 않는다. 대신 그는 현실 세계의 복잡한 문제를 푸는 데 도움이 될 기회를 제시한다.

> 오늘날 우리는 거의 생각하지는 않지만 여전히 가능한 일종의 사고와 행동이 필요하다. 그것은 우리가 세상에서 가장 사랑하는 것을 보존하는 법과 그 사랑이 필요로 하는 것에 대한 망각에 대항하는 법을 겨냥한 것이다. 그것은 무한성에 반하는 한계, 거저 얻어지는 절망에 반하는 노력하여 얻는 희망, 부주의에 반하는 책임감의 사용이다.

커뮤니티 운동은 민주주의를 위한, 힘들지만 진정한 노력을 요구한다. 커뮤니티 운동은 삶을 향상시키기 위해 이루어질 수 있는 일에 대한 한계와 가능성을 모두 받아들일 수 있도록 격려한다.

커뮤니티 운동 견해의 현실주의적 낙관주의는 표현적 개인주의의 비현실적인 전망들과 큰 대조를 이룬다. 무한한 자유라는 낭만주의의 약속에서 도출된 행복감 뒤에는 현실화되지 않았을 때 따르는 절망이 존재한다. 이사야 벌린은 이러한 과정을 다음과 같이 설명한다. "낭만주의자들은 신비적인 낙관주의의 극단과 지독한 염세주의 사이를 갈팡질팡하는 경향이 있었다." 우리 시대의 신좌익은 '체계'에 대한 지지가 사라지면 개인의 자유가 보장된 완벽한 지역사회가 생겨날 것이라고 약속했다. 그러나 낭만주의적 무정부주의의 이 같은 희망이 현실화되지 못하자 더욱 어둡고 한층 염세적인 시각이 난립했다. 이러한 염세주의는 우파 자유주의의 가혹한 기질과 융합되어 수많은 문화 형태로 존속하게 되었다. 대표적인 염세주의 행태는 젊은이들의 걱정과 절망을 노래한 우울한 장르인 얼터너티브 뮤직에서 찾아볼 수 있다. 이 염세주의의 또 다른 형태는 냉소주의와 제디디어 퍼디가 비난하는 아이러니한 사고방식이다. 그는 비현실적인 희망과 환멸의 관계를 이렇게 설명한다.

> 우리는 근본적인 방식으로 우리가 처한 어려운 상황이 바뀌기를 열망하는, 그러나 그 희망이 뿌리 깊은 환멸이 되어 버린 실망스러운 정치적 영향하에 살고 있다. 우리는 우리의 상황을 이해하려고 노력하기 위해 우리가 사용하는 말과 사고를 잘 믿지 못한다. 우리는 비현실적인 희망을 뒤에 남겨두었고, 그것은 현실을 등한시하고 불신하는 절망이 되었다. 지금 우리가 희망하는 것은 관심과 배려로서 그 환경에 접근하는 문화와, 공통된 것에 대한 보다 큰 책임의 일환으로 복지 실행에 깊은 관심을 보여 주는 정치이다.

퍼디는 희망적인 철학이란 현실에 눈을 돌리고 가능한 것을 실천하는 것이라고 설명한다. 커뮤니티 운동에서 낙관주의는, 현실은 성공의 가능성을 제공하고, 우리가 성공하기 위해 협동할 수 있다고 여기는 것이다. 완벽에 대한 기대나 완벽하지 못할 때 발생하는 절망이 현실 삶을 특징지을 수는 없다. 최근 몇 십 년간 많은 이들이 그랬던 것처럼 사회가 문제 해결 능력을 전혀 가지고 있지 않다는 생각은 틀렸다. 완벽은 인간 능력 밖에 있다. 그러나 향상은 가능하다. 이러한 견해는 우리로 하여금 복잡한 삶을 응시하고 수많은 사회 선(善)의 수요를 가늠해 보도록 만든다. 커뮤니티 운동의 낙관주의는 공통의 목표를 위해 사람들을 통합하는 힘든 작업을 포함하며, 개인이나 조직 표현의 매개체로써 정치에 진출하려는 유혹을 물리칠 것을 요구한다. 미국의 민주주의 전통처럼 커뮤니티 운동은 의사 결정과 문제 해결에 익숙하다.

커뮤니티 운동의 낙관주의는 사람들이 사회를 진보시키기 위해 협력을 할 수 있다는 생각에 그 바탕을 두고 있으며 이는 성공적인 사회문제 해결을 위한 협력으로 강화되어 왔다. 1990년대 보스턴과 뉴욕 등지에서의 급격한 범죄율 감소가 지역사회 규모의 연대 형성을 비롯한 지역사회 경찰활동의 성과라는 것은 널리 알려진 사실이다. 1995년 6월부터 1996년 7월 사이 보스턴의 돌체스터 구역에서는 폭력 범죄율이 29% 줄었고 생계형 범죄율은 21% 감소했다. 지역사회의 협력으로 다양한 사회문제들이 성공적으로 해결되었지만 도시 범죄 근절의 어려움과 범죄율의 급격한 감소를 감안한다면 지역사회 경찰활동은 그중에서도 가장 깊은 인상을 남겼다 할 수 있을 것이다.

새로운 문화적 성숙

C. G. 융(C. G. Jung)은 『황금꽃의 비밀―생명에 관한 중국서The Secret of the Golden Flower: A Chinese Book of Life』에 대한 서평에서 "중국인들은 생명체의 선천적인 패러독스와 양극성을 알아차리는 것에 실패한 경우가 없다. 서로 반하는 것들은 언제나 균형을 이루고 있으며 그것은 고도로 발달된 문명의 증표이다. 한쪽으로 치우친다는 것은 힘을 부여하기는 하지만 곧 미개의 증표이다"라고 말했다. 커뮤니티 운동의 견해는 개인과 사회의 균형, 권리와 책임의 균형을 추구하며, 개인의 자유나 사회질서 둘 중 어느 한쪽으로 치우친 여타의 관점보다 인간의 삶에 한층 정교한 모델을 제공하였다. 이러한 관점은 미국 문화가 성취할 필요가 있는 문화적 성숙함의 전형이다.

웬델 베리(Wendell Berry)는 1990년도 에세이 「작가와 지역Writer and

Region」에서 미국의 과도한 개인주의를 문화적 미성숙의 문제로 다룬다.

미국의 문화가 여전히 『허클베리 핀의 모험』의 결말 부분처럼 신앙심과 폭력의 치명적인 '문명화' 아니면 성인기와 지역사회에 대한 의무가 존재하지 않는 '땅'으로의 탈출이 유일한 선택이라고 믿으면서 정체되어 있다는 데는 논쟁의 여지가 있다. 우리는 자유롭기를 원한다. 우리는 권리를 가지고 있다. 우리는 힘을 가지고 싶어 한다. 그러나 아직 책임과 관련된 것들을 원하지는 않는다. 우리는 허클베리 핀으로 대변되는 위대하고 경이로운 소년기의 자유를 꿈꿔 왔다. 우리는 자연과 천재성과 힘으로 점철된 청년기를 꿈꿔 왔다. 수도사, 예술가, 사냥꾼, 카우보이, 장군, 대통령은 개인의 땅에서 헌신적으로 혼자서 살아간다. 그러나 소년기와 청년 시절은 남성뿐만 아니라 여성에게 있어서도 '해방'의 표준이 된다. 우리는 사회생활과 그것의 중심에 위치한 비극을 상상하려고조차 하지 않는다.

베리는 '사랑받는 지역사회(beloved community)'와 그 같은 지역사회에 대한 묘사가 미국문학에서 얼마나 희귀하게 나타나는지를 이야기한다.

아마도 우리는 우리가 희망하는 만큼 훌륭하며 사랑받는 지역사회에 대해 사람들이 기꺼이 속하고자 하는 공통 기반을 위한 공통의 경험과 공동의 노력이라고 정의 내릴 수 있을 것이다. 미국문학에서 그러한 지역사회의 삶은 거의 언급된 적이 없다. 미국 작가들은 『주홍글씨』에서처럼 사랑할 수 없는 지역사회에 의해 오해 받는, 정당한 대우를 받지 못하는 개인에게 보다 관심을 기울였다. 소로에서 헤밍웨이, 그리고 그 후진들에 이르기까지 작가들의 동정이나 관심은 최하층민이나 망명자 같은 개인을 향했다. 포크너의 작품에서의 주제는 지역사회였다. 그러나 그것은 토지에 대한 탐욕, 난폭한 고관, 노예제도 등 원죄로 인해 붕괴하도록 운명 지워진 사회였다.

내가 아는 한 사랑받는 지역사회―일관된 공통 문화를 지니며 그 구성원들과 지역사회에 유익한, 안정적으로 설립된 백인 미국인의 지역사회―에 대한 유일한 문학작품은 새러 오언 주윗(Sarah Orne Jewett)의 「뾰족 전나무의 나라*The Country of the Pointed Firs*」뿐이다.

커뮤니티 운동의 견해는 사랑받는 지역사회의 건설에 대한 영감을 제공하고 그것을 가능하게 만드는 방법들을 제시했다. 커뮤니티 운동은 힘들지만 결코 불가능하지는 않은 민주주의의 과업에 미국의 문화를 순응시키고 있다.

결론

커뮤니티 운동의 견해는 문화전쟁과 정치적 정체를 종식시키는 데 크게 기여했다. 이 새로운 개념은 미국이 도덕적·사회적 인프라스트럭처를 재구축하는 지난한 과정에 착수하도록 일조했으며, 다원주의적 도덕과 사회적 분열에서부터 하나로 통일된 통합 국가 건설이라는 잊혀진 전통을 되살려 냈다. 모두가 지지할 수 있는 기본적인 도덕적·사회적 틀을 마련하는 동시에 개인과 조직의 자유 보장이 그 목적이다. 이 쉽지만은 않은 과정은 미국 건국의 초석이 되었으며, 지금까지 그 우월성을 증명해 온 것이다.

사회적 인프라스트럭처의 재건설을 위한 커뮤니티 운동의 견해는 다음과 같이 요약될 수 있다.

- 인간 본성에는 선과 악이 공존한다.
- 사회는 개인이 개인적·사회적 결정을 내리는 데 있어 올바른 선택을 하도록 교육함으로써 선을 지지하고 악을 배척해야 한다.
- 많은 영역에서 사회도덕 문제에 대한 일반적 동의를 이끌어 낼 수 있다.
- 개인과 조직의 자율은 사회질서와 균형을 이룰 필요가 있다. 권리도 책임과 균형을 맞춰야 한다.
- 민주주의는 사회문제 해결에 있어서 협력, 시민대화 참여, 투표를 포함하는 모든 시민의 능동적인 시민 생활 참여를 요한다.

민주주의에 걸맞은 도덕적 인프라스트럭처에 관한 세부 사항은 때로 새롭고 흥미로운 부분이 있기는 하지만 기본적인 틀은 미국 건국의 아버지들의 이념과 일치한다. 도덕적 인프라스트럭처에 있어서 커뮤니티 운동은 민주주의의 전통적인 도덕 틀의 장점을 설명하고 여기서 어떻게 미국이 이탈했는가를 보여 주며, 현대사회에서 이 틀이 효과적으로 이용될 수 방법을 보여 준다는 점에서 중요성을 가진다.

사회적 인프라스트럭처를 재건하는 커뮤니티 운동의 이념은 사회 강화를 위해 도덕적 인프라스트럭처를 이용한 실용적인 전략들을 제공하고 있다. 이러한 전략들은 강력하고 효과적인 것으로 입증되었지만 민주주의 그 자체와 마찬가지로 복잡한 문제를 해결할 때는 항상 필수적인 어려운 과제였다. 사회적 인프라스트럭처를 재건하는 커뮤니티 운동의 사상은 다음과 같이 요약된다.

- 더불어 사회도덕의 근간을 세우는 가족과 시민사회의 여타 제도를 강화한다.
- 지역사회 내에서 '도덕의 목소리'를 높이기 위한 일반적인 노력과 학교 내에

서의 구체적인 노력을 통해 인성 개발과 시민교육을 강화한다.

- 다양한 형태의 교육과 시민 저널리즘을 통해 지역사회의 정체성과 이슈에 대한 이해를 높인다.

- 시민들이 직접적인 모임이나 온라인상에서 지역사회의 이슈를 논의할 수 있도록 더 많은 기회를 제공함으로써 공론을 장려한다.

- 시민 교류와 사회 복리를 증진시키기는 방법으로 계획과 건축을 통해 실제적인 커뮤니티를 건설한다.

- 공통분모를 발견하는 데 전도적인 분위기를 형성할 수 있도록 시민 대화의 구조적 기본 원칙을 세운다.

- 광범위한 사회문제를 해결하는 데 있어서 정부와 민간 영역, 시민 영역을 아우르는 공동의 노력을 장려한다. 이러한 전략의 한 예로 지역사회 경찰활동을 통한 법 집행과 지역사회 생활의 통합을 들 수 있다.

지역사회 경찰활동과 성공적인 커뮤니티 운동 아이디어의 활용으로 인한 범죄율 감소 덕택에 사회 프로젝트에 대한 낙관주의가 새로이 생겨날 수 있었다. 이제 문화적 흐름은 극단적인 개인주의에서 위기에 처한 우리 사회구조를 강화하는 데 이바지하는 새로운 국가적 헌신으로 이동하고 있다.

제4장 시민사서직

GABR NAVDÆVS PARIS E CARD
MAZARINI BIBLIOTH A A XLIX

제4장 시민사서직

    이 장에서는 첫 번째로 사회적 권한을 행사하는 전문적 직업들에 커뮤니티 운동이 기여한 바를 논의하겠다. 그다음으로는 커뮤니티 운동의 관점이 공공도서관 사서 업무에 부여하는 잠재적인 혜택들과, 시민사서직의 정의와 함께 이러한 새로운 관점으로 가능하게 된 몇 가지 개혁을 살펴볼 것이다.

커뮤니티 운동의 견해가 미국의 전문직에 끼친 공헌

    자유주의적 합의는 사회도덕에 얽매이지 않은 표현적·공리주의적 개인주의를 옹호한다. 이러한 관점에서 파생된 결과로 일부 전문직 업무의 지위가 하락하게 되었다. 이러한 전문직은 일정한 사회 목적의 달성에 일조하는 것에 사회의 이익이 되기를 꾀하고 있다. 그러나 지나친 개인주의는 사회적 목적의 정당성과 이 같은 목적을 수행하도록 부과된 이들의 사회적 권위를 부인한다.

    법의 집행을 담당한 이들은 국민의 적으로서 혐오의 대상이었고, 교사의 지위는 조력자 혹은 함께 학습하는 학습자라는 개념으로 퇴락했다. 시민권에 대한 줄어든 대중의 관심은 민주주의의 수호자라는 기자들의 역할을 퇴색시켰다. 각각의 전문직에서 종사하는 이들은 사회적 목적이 존재하지 않는 자유주의 세계의 관점에서 자신들이 가진 직업의 전통적인 업무를 재검토하도록 요구받았다. 그 결과, 커뮤니티 운동의 관념을 적용하여 전통적인 사회 목적이 올바름을 재확인하게 되었다. 이러한 새로운 패러다임은 특히 지역사회 경찰활동과 같은 과정에서 협동 방식의 성공 덕택으로 강한 영향력을 갖게 되었다.

언론계 종사자들이 직면한 문제는 사서들이 대면한 것들과 흥미로운 유사점들을 가지고 있다. 대중매체 상품의 판매라는 편협한 경제적 목적이 민주주의에 이바지하는 자유로운 언론이라는 전통적인 역할을 대체했다. 사회적 목적으로부터 자유로워진 경제적 목적은, 정확성을 기하는 것과 취재 범위의 균형을 맞추는 것, 대중적 이슈에 관한 민주적 토론에 공헌한다는 언론계의 목적과는 거의 관계가 없다. 이에 대한 많은 언론인들의 공통된 반응은 새롭고 실험적인 방법으로 전통적 사회 목적을 지지하는 새로운 형태의 언론을 개발하는 것이었다. E. J. 디온은 시민 저널리즘의 목적을 중요시한다.

> 한편 무엇이 진실인가에 대한 관심을 부활시키자는 요구가 일고 있다. 그것은 사실과 의견, 정보와 단순한 주장, 섣부른 예언과 사리에 맞는 분석 사이에서 명확한 차이점을 끌어내기 위해서이다. 동시에 대중매체가 국민을 공론으로 이끌어야 하며, 공론은 대중이 접근할 수 있으며 무척 중요하다는 사실을 증명하는 의무를 심각히 고려해야 한다는 다급한 요구 역시도 발생했다. 즉, 정확성과 조화라는 오래된 직업윤리의 강화와 민주주의를 위한 언론인들의 의무에 대한 새로운 확약이 필요한 것이다.

뉴튼 미노(Newton Minow)와 크레이그 라메이(Craig LaMay)와 같은 TV 언론계의 평론가들은 대중의 관심은 언론인들이 일반적으로 받아들이려는 것보다 한층 높은 수준의 책임을 요구하고 있다고 언급했다. 미노와 라메이는 실질적인 책임을 회피하고 수정헌법 제1조 뒤에 숨어 자신들의 직업 특권을 고수하려는 TV 언론인들의 경향을 비난했다. 그들은 공저 『황무지에 버려진 존재: 어린이와 텔레비전, 수정헌법 제1조*Abandoned in the Wasteland: Children, Television, and the First Amendment*』에서 이 문제를 이렇게 설명한다.

> 반세기 동안, 미국의 상업적 텔레비전 시스템에 대해서 의문을 제기하는 이는 누구나 검열관으로 치부되었다. 어린이들을 위해 텔레비전 방송을 어떻게 개선해야 하는지를 심각하게 논의하기보다 궁지에 몰린 방송인들의 권리와 정부의 검열에 관해 이야기하고 있는 것이다. 우리는 대중의 관심을 추상적인 경제적 관념으로 돌림으로써 도덕적 책임에 대한 논의를 등한시하고 있으며, 논쟁을 심화시키기 위해서보다는 그것을 멈추기 위해 수정헌법을 사용하고 있다. 우리는 우리 자신에게 거북한 대답을 요구하는 어려운 질문을 회피하기 위해 수정헌법 제1조를 사용하는 것에 익숙해져 있다.

시민 저널리즘은 언론계의 전통적인 도덕적 목적에 다시 전념함으로써 긍정적인 사회적 결과를 만들어 내기 위해 노력한다. 이 같은 저널리즘의 개혁은 법집행 분야의 지역사회 경찰활동 제도처럼 광범위하게 퍼져 나가지는 않았지만 1990년대에 걸쳐 상당한 힘을 얻었다. 언론인들 사이에서는 전문직의 자존심과 언론인들이 긍정적으로 사회에 기여해야 한다는 대중의 요구에 대한 지지 모두가 차츰 명백해졌다.

여러 직종에서는 커뮤니티 운동의 개념을 최근 몇 십 년간 잃어버렸던 사회적 목적과 전문직의 권위를 재건하는 데 차용했다. 또한 커뮤니티 운동의 개념들은 현대 사회에서 전통적인 직업적 목적 달성을 위한 방법을 개발하는 데에도 이용되었다. 시민사서직은 공공도서관의 제도적 콘텍스트 속에서 이 같은 중요한 목적을 이루기 위해 커뮤니티 운동의 개념을 이용하고 있다.

시민사서직

다음의 시민사서직에 대한 정의는 공공도서관을 발전시킴에 있어서 커뮤니티 운동의 개념을 이용하는 데 대한 도서관 사서와 이사회 사이의 대화를 시작하기 위해 제안되었다. 시민사서직은 민주주의 사회를 위한 공공도서관의 교육 임무를 새롭게 하는 발전적인 전략을 통해 커뮤니티 강화를 추구한다. 시민 저널리즘과 마찬가지로 시민사서직은 현대 사회의 요구에 부합하는 새로운 방법을 사용하여 전통적인 직업적 가치관을 재주장하는 것이다.

시민사서직은 여기 제시된 바와 같이 전통적인 공공도서관의 민주주의 사회를 위한 교육의 임무를 자임한다. 그러나 전통적인 공공도서관이 이러한 임무를 수행하기에 적극적이고 구체적인 방법들을 제시하지 못했다는 '공공도서관 연구'의 비판에도 동의한다. 그리고 민주주의 사회를 위한 교육이라는 임무를 달성하기 위해 커뮤니티 운동의 개념들을 이용한다.

시민사서직과 자유주의적 공공도서관은 현저히 대조된다. 자유주의적 공공도서관은 개개인들에게 정보의 기회를 제공한다는 목표를 달성하기 위한 적극적이고 구체적인 방법을 다룬다. 자료와 서비스를 공급하는 단체를 개발하기 위한 마케팅 전략은 민간 부문에서는 매우 성공적이었다. 그러나 자유주의적 공공도서관이 지닌 문제는 공공도서관이 본질적으로 여러 자료와 서비스의 공급자가 아니라 지역사회 발전과 문제를 해결하는 기관이라는 점을 간과했다는 것이다. 자료와 서비스의 제공은 그 자체로 끝나는 것이 아닌, 교육적이고 지역사회 발전을 추동하는 결과를 낳는 수단이었던 것이다.

더글러스 레이버가 말했듯이, '공공도서관 연구'의 저자들은 공공도서관이 시장의 수요와는 거리가 멀다는 것을 장점으로 여겼다.

도서관은 하나의 생산품이 살아남기 위해 충분한 수의 고객을 찾거나 창조해야 한다는 경제적 합리성에서 벗어나 있다. 사실상, 도서관은 수요에 대한 시장의 합리성보다는 필요성에 대한 정치적 합리성의 관점에서 목적을 추구하는 것이다. 여기서의 성공 여부는 사용량보다는 생산품의 품질과 그것을 찾는 필요의 관점에서 평가된다.

자료나 서비스의 질에 대한 평가가 더 이상 중요하지 않고 자료나 서비스에 대한 필요의 중요성을 평가하는 것이 관심 밖으로 물러나게 되면, 공공도서관 사서 업무는 전문적 지위로서의 가치를 박탈당한 채 기술적이고 기계적인 기능으로 축소되고 만다. 시장의 수요에 응하는 것은 서점에서 종종 일어나듯 비교적 고등교육을 받지 못한 이들에 의해 행해지는 것이며 그렇게 되어야 마땅하다. 사회는 시장의 수요를 따르는 것과 같은 단순한 목적을 달성하기 위해서 공공도서관 사서를 필요로 하는 것이 아니다. 사회는 교육과 관련 없는 목적을 달성하기 위해 공공도서관을 설립할 필요를 느끼지 않는다. 보스턴 공공도서관의 이사들이 공공도서관의 교육적 임무를 제시하지 않았다면 세금을 지원해 달라는 요구가 당연시되지는 않았을 것이다.

비록 '공공도서관 연구'의 집필자들이 공공도서관은 시장 원리에 따른 시설이 아니며 앞으로도 그렇게 되어서는 안 된다고 생각하지만, 그럼에도 불구하고 그들은 공공도서관에 특정 목표를 겨냥한 시장을 제안하고 있다. 더글러스 레이버는 '공공도서관 연구'의 저자들이, 교양 있고 적극적인 엘리트 시민들이 공공도서관의 주요 고객이며 일반적인 지역사회 서비스를 제공하려는 시도는 도서관의 제한된 자원을 효율적인 사용법이 아니라고 믿었기 때문에 이 같은 제안이 나왔다고 설명한다. 이처럼 잘못된 제안은 도서관의 근간을 이루는 시민 생활과 교육에 있어 모두의 참여라는 목표를 부정하는 것이다.

시민사서직은 민주주의 사회를 위한 교육을 제공한다는 가치 있는 목적을 추구함으로써 자유주의적 공공도서관과 현격한 차이점을 가진다. 또한 도서관의 임무를 효과적이고 확고한 실행 방침으로 전환하는 데 빈번히 실패했던 전통적인 공공도서관과도 큰 차이점을 가진다. 시민사서직은 민주사회를 위한 교육이라는 전통적인 임무를 달성하기 위한 하나의 틀로써 커뮤니티 운동의 적극적이고 확고한 방침들을 제시한다.

시민사서직을 수행하기 위해서는 몇몇 주요 과제가 수행되어야 한다. 이러한 과제에는 실행 방침을 개발하는 것뿐만 아니라 공공도서관 사서 업무의 철학적인 틀을 재건하는 것이 포함되어 있다. 시민사서직의 개혁안에는 다음의 내용이 포함된다.

- 사회권위를 행사함에 있어 공공도서관 사서와 집행이사들의 자신감을 회복시킨다.
- 민주사회를 위한 교육이라는 공공도서관의 역사적 임무를 새롭게 한다.
- 공공도서관을 지역사회의 중심으로 발전시킨다.
- 공공도서관 서비스를 통해 지역사회를 구축할 방침을 세운다.
- 개인의 요구와 더불어 사회적 요구를 충족시키기 위해 서비스와 소장 도서들을 이용한다.
- 공공도서관 사서들과 이사들의 정치적 노력을 강화한다.

각각의 이러한 과제들은 이어지는 내용에서 개별적으로 다루도록 하겠다.

사회권위 행사에 대한 공공도서관 사서와 집행이사들의 자신감 회복

사회는 다양하고 중요한 방식으로 개개인의 삶을 지원한다. 사회가 이 같은 도움의 답례로 사회적 목적을 위해 개인의 지원을 요구하는 것은 정당한 것이다. 공공사업 기관들은 이러한 사회적 목적을 수행하기 위한 법률적, 도덕적 권리를 가지고 있다. 민주주의에서 가장 중요한 사회적 목적 중 한 가지는 공공교육이다. 공공도서관의 사서와 이사들은 공공 교육을 제공하는 공공시설의 민주적 목적을 달성하기 위하여 공공도서관을 이용할 법적, 도덕적 권리를 지닌다.

공교롭게도 표현적 개인주의는 사회가 추구하는 목적과 사회권위의 합법성에 대해 효과적으로 이의를 제기해 왔다. 교육의 사회적 목적은 사회권위에 대한 일반적 거부뿐만 아니라 사회질서의 기초로서 우리가 공유하고 있는 지식과 사회적 가치들에 대한 구체적인 거부에 의해 큰 타격을 입었다.

커뮤니티 운동은 공공 교육에서 이성적 지식과 우리가 공유한 가치를 이용하는 것을 매우 중요하게 생각하며, 사회적 목적과 사회권위가 지니는 일반적인 합법성을 옹호한다. 커뮤니티 운동이 제공하는 사회권위와 교육을 이해하는 것은 공공도서관 운영자들이 사회권위를 수행할 수 있는 자신감을 회복하는 데 필수적인 요소이다.

민주사회를 위한 교육이라는 공공도서관의 역사적 임무 재정립

커뮤니티 운동의 철학은 지식이 유용할 뿐만 아니라 민주적 의사 결정에 있어서도 필수적이라는 것을 증명해 보임으로써 공공도서관 운영자들을 강력하게 지지한다. 또한 현대 공공도서관의 철학적 토대가 되는 공화주의적 교육 전통을 옹호한다. 공화주의적 전통에서 교육은 효과적인 의사 결정을 위한 토대이자 자치 정부에 필수적인 요소로 비춰졌다. 이 전통 속에서 교육은 사상을 주입하기보다 설득과 지도를 추구한다. 민주적인 교육은 이성적 지식과 사회가 공유하는 가치관을 전달하면서도 그것에 이의를 제기할 수 있는 개인의 자유를 존중한다.

공공도서관 운영자들은 민주주의 체제에서 공공 교육을 제공하는 것이 합법적이고 유용하다는 견해를 받아들이면서, 표현적 개인주의가 공화주의의 전통에 대해 제기한 이의를 부정한다. 그다음 단계는 공리주의적 개인주의의 영향으로 발전한 대안적 공공도서관의 임무를 거부하는 것이다. 누구나 정보에 접근할 수 있도록 하는 것은 강력한 사회적 목적이라 할 수 없다. 특히 정보의 과잉을 경험하고 있는 사회에서는 더욱 그러하다. 민주주의 사회를 위한 교육의 제공이라는 역사적인 임무를 새롭게 하는 것은 차후 공공도서관의 발전에 있어 근간이 되는 것이다.

지역사회의 중심으로서의 공공도서관 발전

커뮤니티 운동을 주제로 한 저작들은 시민 공간 필요성의 중요함을 증명하는 데 있어 상당히 도움이 된다. 공론과 비공식적 상호작용을 육성시킬 수 있는 장소에 대한 요구는 점차 커지고 있다. 최근 몇 십 년 동안 미국문화의 지나친 개인주의에 의해 무시되었으나 지역사회 생활의 퇴보로 인해, 협동의 구심점으로서 지속적으로 지역사회에 봉사하는 극소수의 공공기관들의 중요성은 더욱 증가했다. 공공도서관은 그러한 공공기관 중 하나이다. 지역사회의 중심으로서 공공도서관의 가치를 높이기 위해 할 수 있는 일은 무척 많다.

공공도서관을 지역사회의 중심으로 개발하는 것은 최근 공공도서관에서 성행하고 있는 공리주의적 개인주의를 조장하는 방침과는 사뭇 다르다. 예를 들어 도서관 사용자들을 고객으로 대하는 것이 현재의 추세이다. 이것은 이용자들로 하여금 도서관을 사용할 권리를 가지고 있다는 사고를 낳을 수는 있으나 공공기관의 발전과 사용에 대한 책임감을 촉구하기에는 역부족이다. 이것은 또한 도서관 사용자들이 견문이 넓은 시민들이 되는 것을 막고 있으며, 공공 교육을 위한 공공시설인 도서관에 자금을 후원하는 책임을 회피하도록 만든다. 도서관의 이용자들은 고객이라는 개념으로는 설명할 수 없다. 그들은 모두가 공유할 수 있는 민주주의적 공공시설의 공동 소유자인 것이다.

마찬가지로 공공도서관을 전문화된 틈새시장들의 집합체로서 개발하려는 계획 역시 부적절하다. 다방면의 일을 할 수 있다는 것은 지역사회 중심으로서의 공공도서관을 가치 있게 하는 특징이다. 극히 전문화되고 세분화된 미국사회의 특징으로 인해 지역사회는 최근 몇 십 년에 걸쳐 퇴보해 왔다. 그러할 때 공공도서관이 모든 이들을 위한 장소로서 호소력을 잃게 되면, 문제의 원인이 될 뿐 해결책이 될 수는 없다. 무차별적 마케팅 수법에 따른 다른 부정적인 결과들은 다음 장에서 논의될 것이다.

공공도서관 서비스를 통한 커뮤니티 구축 방침 정립

공공도서관은 지역사회의 주체성과 공동체 토론을 할 수 있는 장소, 지역사회의 협동과 평가의 장소가 됨으로써 커뮤니티를 구축하는 데 도움이 될 수 있다. 한 공동체의 주체성은 각종 자료와 서비스, 역사와 자연적 환경, 경제, 정부, 여러 단체와 사회조직, 문화와 예술 그리고 그 지역사회를 정의할 수 있는 여타의 특징과 관련된 프로그램들을 통해 육성될 수 있다. 비공식적인 사회 상호작용을 위한 장소이면서 공론의 장소로서의 공공시설을 장려하는 운동 속에 도서관을 포함시킨다면 시민 토론은 더욱 활성화될 것이다. 여러 공적인 이슈

도서관, 세상을 바꾸는 힘

에 관한 강연과 토론을 지원한다면, 단순히 지역사회의 여러 단체가 만날 수 있는 장소를 제공하는 것만으로도 공공도서관은 시민 토론을 육성시킬 수 있을 것이다. 사회적 상호작용은 이 같은 필요를 충족시키기 위한 적절한 크기의 회합 장소를 제공하는 것만으로도 증진될 수 있다. 공공도서관은 지역사회의 문제를 해결하기 위해 각종 서비스 단체들을 조직하는 데 있어 중심적인 역할을 할 수 있다. 공공도서관은 지역사회에 회합 장소, 정보 자원, 효과적으로 대응할 수 있는 리더십을 제공할 수 있다. 공공도서관은 또한 그 지역사회의 장단점을 판단할 수 있는 평가의 장소로서도 이용될 수 있다. 공공도서관은 지역사회 전체에 걸쳐, 여러 조직에서 나온 계획 서류 및 인구 통계학적 연구 자료를 공유하도록 도울 수 있다. 지역사회의 문제에 대한 지식을 한데 모으는 것은 지역사회의 주체성을 찾는 데 기여할뿐더러, 시민 토론을 위한 실질적 근간을 제공하며 협동을 통한 문제 해결을 위해 우선적으로 해야 할 일들을 정리하는 데에도 도움이 된다. 공공도서관은 또한 문제 해결 노력에서 기인된 결과를 좀 더 효율적으로 평가하는 방법을 개발하기 위해 다른 단체와 협력함으로써 지역사회 평가에 도움이 될 수 있다.

개인의 요구 및 사회적 요구의 충족을 위한 서비스와 소장 도서 이용

자유주의적 공공도서관의 이데올로기는 도서관을 사회적 자원 네트워크의 한 부분으로서 개인과 사회의 요구를 충족시키기 위한 지역사회 공공시설이라기보다 다른 단체와는 고립된 개개인을 위한 준(準)소매 역할을 하는 장소로 보는 경향이 있다. 도서관 서비스를 제공하기 위해 여러 단체와 함께 일하는 것에 반대하는 현재의 경향은 효과적인 서비스를 위한 도서관의 선택권을 독단적으로 제한하고 있다. 개인의 삶에서 사회적 콘텍스트를 무시한다면 사회적 요구와 개인적 요구 모두를 부합시키려는 도서관 서비스의 영향력을 제한하게 된다. 사회적 콘텍스트 속에서 도서관 서비스를 개발하는 것은 여러 단체와 협력하는 것을 필수적으로 포함하게 마련이며, 이것은 결국 정치적인 과정이 된다. 도서관을 위한 정치적 지지를 얻는 데 성공하려면 개인과 더불어 단체에도 효과적인 서비스를 제공하는 것에 기반을 두어야 한다.

공공도서관 사서와 집행이사들의 정치적 노력 강화

공공도서관 사서와 이사들은 지역, 지자체, 국가적 공동체의 공공시설을 위한 대변자가 되어야 한다. 이것이 공공도서관이 얻을 수 있는 사회적 이득이라는 측면에서 유력한 지위를 차지하는 방편이다. 그러나 도서관을 이끌어 나가는 이들은 대중이 공공시설의 중립성과 객관성에 대한 신념을 잃을까 두려워한 나머지 공적인 자리를 차지하는 것을 주저하고 있다. 특정한 입장을 옹호하는 것과 중립성을 유지하는 것 사이에서 야기된 긴장 상태는 도서관 지도층 내에서 큰 혼란을 불러 일으켰으며, 비효율적이고 역기능적인 정치적 결과를 낳았다. 커뮤니티 운동의 아이디어들은 옹호와 중립성 사이의 관계를 명백하게 하는 데 도움이 될 수 있다.

오늘날 도서관 경영은 반사회적이고 분열된 표현적 개인주의와 공리주의적 개인주의의 사회적 무관심 사이에서 동요하고 있다. 표현적 개인주의에 따른 경영은 종종 공공기관의 중립성의 원칙을 위반하고 있으며, 공리주의적 개인주의에 따른 경영은 사회복지에 대한 지지를 게을리하고 있다. 이제는 공공도서관의 필수적인 가치를 강력하게 옹호하면서 지역사회 단체들을 향한 중립성을 찾을 수 있는 단일화된 경영 전략이 개발되어야 할 때이다.

결론

커뮤니티 운동은 위험에 빠진 미국사회의 사회적 구조를 강화시킬 수 있는 긍정적이면서 현실적인 틀을 제공한다. 사회목적의 유효성과 이 같은 목적을 수행하는 사회권위를 재건하는 가운데 커뮤니티 운동의 여러 계획은 사회권위를 수행하는 광범위한 전문적 직업들에 새로운 의미를 부여하였다. 공공도서관의 사서와 이사회는 민주주의의 필수적 요건으로서 공공 교육을 옹호하는 커뮤니티 운동의 강력한 방어막으로부터, 그리고 사회권위에 대한 보편적인 지지로부터 혜택을 받을 수 있다. 여기서 옹호하는 공공사서의 지위에 대한 접근법은 커뮤니티 운동이 내세운 계획들을 지역사회와 도서관 모두의 개혁 수단으로 개조하자는 하나의 시도이다.

시민사서직은 민주주의 사회를 위한 공공도서관의 교육적·사회적 임무를 재개하는 발전적인 전략을 통해 커뮤니티 강화를 추구한다. 지역사회 경찰활동이나 시민 저널리즘과 같이 현대 사회의 요구를 충족시키는 새로운 전략을 사용함으로써 시민사서직은 전문직으로서 전통적인 가치를 재확인하고 있다. 일부 중요한 업무는 시민사서직에 의해 완수되어야 하며 몇 가지 예는 다음과 같다.

- 사회권위 행사에 있어 공공도서관 사서와 이사회의 신용을 회복시킨다.
- 민주사회를 위해 공공도서관의 교육에 대한 전통적인 임무를 새롭게 한다.
- 공공도서관을 지역사회의 중심으로 개발시킨다.
- 공공도서관 서비스를 통해 커뮤니티를 구축할 방침을 세운다.
- 개개인의 요구와 더불어 사회적인 요구를 충족시키기 위해 여러 서비스와 소

장 도서를 이용한다.

• 공공도서관 사서와 이사진의 정치적 노력을 강화시킨다.

시민사서직은 현대 사회적 상황에서 공공도서관의 전통적 임무를 재확인하고 새로운 전략을 제공하는 것이다.

제디디어 퍼디는 『평범한 것들을 위하여: 오늘날 미국의 아이러니와 신뢰, 헌신』의 서두에서 체슬라브 밀로즈(Czeslaw Milosz)의 말을 인용했다. "언급되지 않은 것은 존재하지 않는 경향이 있다." 만약 공공도서관 사서와 이사회가 더 이상 이전의 전통에 대해서 이야기하지 않는다면 공공도서관의 탁월성 및 공공도서관과 대중과의 관계는 차츰 약화될 것이다. 도서관 지도자들은 공공도서관의 훌륭한 전통을 어떤 언어로 되살릴지를 다시금 배울 필요가 있다. 또한 이 언어를 공공 교육과 민주주의의 목적과 때로 상반되는 현대사회에 전달할 필요가 있다. 커뮤니티 운동의 아이디어들은 역사를 통해 국가에 지속적인 공헌을 하고 있는 공공도서관 사서직에 반드시 필요한 도덕적·지적 틀을 새롭게 하는 데 도움이 될 것이다.

제5장 도서관과 사서의 사회적 권위 회복

GABR. NAVDEVS PARIS. E.MI. CARD. MAZARINI BIBLIOTHECARIVS
N.T. AN. XLVI.

제5장 도서관 사서의 사회적 권위 회복

  1980년대 자유주의 합의는 정치적으로 좌익인 표현적 개인주의와 정치적으로 우익인 공리주의적 개인주의에서 생겨난 것이다. 1990년대 정치에 지속적으로 영향을 주었던 이 같은 합의는 우리의 국가적 생활의 근간을 전적으로 개인의 자유 보호에 두도록 만들었다. 올리버 가쇼가 "단체 생활의 민주적 진행방식"이라 부른 미국인의 삶의 지주가 되어 왔던 방식은 개인의 권리를 지지하는 범위 안에서만 인식되고 있으며, 교육을 비롯해 각각의 개인을 사회화하려는 시도는 개인의 자유에 대한 침해로 비춰진다. 커뮤니티 운동은 개인적 삶에서 사회적 콘텍스트의 중요성을 다시금 일깨우고, 그 어떤 사회도 그 사회가 기초를 두고 있는 지식과 가치를 구성원에게 교육하려는 신중하고 효과적인 노력 없이는 영속될 수 없다는 것을 상기시켜 준다.

  1980년대 자유주의 합의는 공공도서관에 깊은 영향을 주었다. 자유주의적 공공도서관은 표현적 개인주의의 관점을 유지하면서, 이성적 지식의 유효성과 개개인에게 영향을 끼치는 사회권위에 도전했다. 이 같은 도전의 결과로 공공도서관은 민주적 사회를 위해 교육을 제공하는 역할을 버리고 개개인이 정보에 접근할 수 있도록 보장하는 역할로 스스로를 낮추었다. 이러한 새로운 역할은 시장의 공리주의적 개인주의의 실질 내용과 발전적 전략에 힘입은 것이었다. 이 장에서는 공공도서관의 사서와 이사회의 사회권위에 대한 표현적 개인주의의 도전에 커뮤니티 운동이 어떻게 대응하는지를 살펴볼 것이다. 먼저 사회권위를 수행하는 데 현재 겪고 있는 문제점을 다룬 뒤, 사회권위의 적절한 수행이 필요한 이유를 이야기할 것이다.

사회권위를 수행할 때 나타나는 문제점들

시민사서직의 임무 중 가장 기본적인 것은 사회권위를 행사하는 데 있어 공공사서와 이사회의 신용을 회복하는 것이다. 1980년대 자유주의적 관점이 사회목적에 위해를 끼치면서까지 개인의 고유한 권리를 지지하게 되면서 사회권위는 그 힘을 상당히 잃게 되었다. 표현적 개인주의는 사회권위의 이용에 가혹한 비판을 보냈다. 반체제문화의 절정기 때는 모든 종류의 사회권위가 비난의 대상이 되었다. 가장 고약한 대우를 받은 법 집행을 맡은 관리들은 돼지처럼 욕심 사나운 패거리로 일컬어졌다.

공공사서와 이사회는 법적으로 사회권위를 수행하도록 임명된 이들이었으나 그 권한을 실행할 수 있는 충분한 도덕적 힘을 부여받지 못했다. 이 같은 기이한 상황에 대해 사서와 이사회는 실질적인 교육 없이 교육을 하고, 실제적 통솔력이 없는 지도를 할 방법을 만들어 내기 위해 노력했다. 이러한 노력은 어떤 면에서는 기이한 효과가 있었지만, 그 모순적인 성격은 자체로 문제를 안고 있었다. 사회권위를 자임하지 않는 당국자들 사이에서 존재하는 분쟁은 권한 수행을 크게 약화시켰다.

공공사서와 이사회는 지역사회를 위해 시민들이 지식을 공유할 수 있도록 지정된 이들이다. 이 같은 교육의 권한과 더불어, 도서관의 행정관리자들과 이사회는 도서관의 인사와 재정, 편의 시설을 맡는 권한을 부여받고 있다. 일부 행정관리자와 이사회는 지역사회와 주, 국가의 리더로서 도서관을 대표해야 하는 권한을 부여받기도 했다. 이처럼 각각의 다양한 권위에는 중요한 책임이 따른다. 만약 공공사서와 이사회가 사회권위를 수행하는 것이 합법적이지 않다고 생각한다면, 자신들에게 할당된 일과 심각한 충돌을 빚을 수밖에 없다.

교육의 권위

자료와 서비스의 선택자로서 공공사서는 때로 상대주의적인 태도를 보이게 되는데, 이것은 그들로 하여금 세계에 대한 가장 평범한 판단조차도 할 수 없는 것처럼 보이게 만든다. 예컨대 많은 사서가 어떤 종류의 자료나 서비스가 유해하다고 자신 있는 평가를 내리지지 못한다.

1999년, 잡지 「아메리칸 라이브러리즈*American Libraries*」의 한 기사에서 미국도서관협회 지적 자유위원회(Intellectual Freedom Committee)의 위원인 캐리 가드너(Carrie Gardner)는 미성년자에게 해가 될 수 있는 자료들이 있다는 것에 동의할 수 있느냐는 물음에 다음과 같이 대답했다.

> 질문은 우리 모두가 미성년자에게 유해한 자료가 있다는 데 동의하느냐는 것이었다. 나는 이 표현이 사람들을 거북하게 하는 인터넷에서 떠돌고 있는 많은 의견과 이미지, 그리고 정보를 모두 포함하는 것이리라 생각한다. 그리고 많은 사람들이 "이것은 미성년자들에게 유해하고, 이것은 우리 아이들에게 좋지 않은 영향을 끼칠 것"이라고 생각했을 것이다. 사실 어떤 것이 유해한지에 대한 실질적 연구가 이루어지지 않았음에도 말이다.

이 답변은 지적 자유를 강하게 옹호한 것처럼 들리지만, 이것은 또한 도서관 서비스의 교육적 영향에 대한 놀랄 만큼의 관심 부족과, 자료와 서비스를 고르기 위해 요구되는 사회권위의 수행에 있어 극도의 주저함을 잘 나타내고 있다.

행정상의 권한

이런 류의 주저는 도서관의 재정, 인사와 시설에 대한 행정상의 권한 분야에도 그대로 나타나고 있다. 한 예로서 도서관 사용을 위해 몇 가지 규정을 강제하거나 도서관 직원 관리에 나타나는 태도를 들 수 있다. 도서관 사용에 대한 규정들은 우수한 서비스를 보증하는 사회권위의 필수적인 표현이기보다 개인에게 불합리한 압박을 가하는 걸림돌로 여겨진다. 사서에게도 인기 있는 고객 서비스 부서는 도서관 이용자들에게 안 된다는 말을 쓰지 않도록 함으로써 후원자 규정의 영향을 약화시키는 데 한몫했다. 도서관 사용 규정의 존재는 필요악으로 여겨지거나 더 고약하게는 개인 권리의 우월성을 입증하기 위해 없어져야 하는 것으로 생각되었다. 이러한 규정들은 정당하고 효과적인 서비스를 지원하기 위한 긍정적인 사회적 보호장치로 설명되고 있지 않다. 만약 도서관 사용 규정을 공공기관 사회권위의 필수적 보호장치라는 관점으로 생각한다면 그것은 개인의 자유에 반하는 어이없는 규율이라기보다 서비스를 제공하는 공공시설로서의 공공도서관이 공적으로 대중을 교육시키는 기회를 제공하는 것으로 여겨질 수 있을 것이다.

사회권위에 따르는 책임을 회피하는 것과 비슷한 상황이 반(反)계층적 인사부 경영에서는 극단적인 형태로 나타난다. 평등한 조직적 구조는 그것이 어떤 여타의 가치를 지니고 있건 간에 전통적인 통제에 필요한 사회권위의 수행에 의심의 눈길을 보내는 행정가들의 마음에 들 만하다. 많은 도서관 행정관리들은 '보스(boss)' 역할이 필수적이거나 도덕적으로 정당하다고 생각하지 않기 때문에 '보스'가 되기를 원하지 않는다. 권위의 수행이 사회적 삶에 필수적인 것이라면 책임을 포기하는 데 직원들의 참여를 조장하는 구조를 개발하는 것은 경솔한 일이다. 그 같은 역기능적인 새로운 조직구조의 개발보다 더욱 보편적인 것은 전통적인 구조 내에서 감독의 역할을 단순히 포기해 버리는 것이다. 도서관의 행정관리들은 이 느슨한 감독 업무를 고상하다 여길지 모르겠지만 그것은 그들이 고용된 이유 자체를 없애는 것이나 다름없다.

도서관 지도부

사회권의의 수용과 수행은 지역사회, 주, 국가적 리더십의 수위에서 공공도서관에 있어 가장 중요한 것이다. 여기서 주저하는 모습을 보이는 것은 공공시설의 사회적·정치적 건전함에 극도의 해를 끼치는 것이다. 공공도서관에 우호적인 시각을 증진시키기 위한 최근 몇 년간의 노력의 결과, 사서들은 이데올로기에 따라 다른 이에게 어떤 일을 하도록 언급하기를 주저하게 되었다. 패트리셔 글래스 슈먼(Patricia Glass Schuman)은 1999년 「아메리칸 라이브러리즈」에 실린 기고문에서 이렇게 말했다. "도서관을 위해서 목소리를 높이는 것이 부적절하며 심지어는 위험하다고 여기는 이들이 있다. 도서관을 지지한다는 것을 특정한 시각의 입장을 취하는 것이나 특정 이익을 표현하는 것과 관련시키기 때문이다." 공공시설의 가장 기초적인 가치를 지지하는 위치를 차지하는 데 보이는 이 같은 못마땅한 태도는 공공도서관 사서와 이사들의 리더십 개발에 막대한 손해를 입힌다. 누구도 어떠한 자리를 차지하려 하거나 그러한 자리를 강하게 옹호하지 않는다면 지도 역할을 할 수가 없는 것이다. 물론 우리의 일반적인 문화가 리더십에 대해 적대적인 상황에서 리더가 되는 것을 주저하는 것은 이해할 만한 일이다. 『공공도서관을 위한 계획 과정』을 비롯한 여타의 저서에서 볼 수 있듯이 안전한 접근법은 지역사회의 의지를 묵묵히 따르는 것이다. 그러나 이러한 안전성은 공공시설의 미래를 희생하면서 얻어지는 것이다. 공공도서관은 도서관의 지도자들이 미래를 위해 쟁취하는 것 없이는 성공할 수 없을 것이다.

어떠한 이유에서라도 리더로서의 자격을 포기하는 것은 공공시설의 위축을 불러올 수밖에 없다. 이 같은 약점은 공공 교육에서 공공도서관 사서나 이사회가 효과적인 리더가 될 수 있도록 도움을 주는 많은 충고와 조언이 따른다면 없어질 것이다. 미국도서관협회와 벤튼재단(Benton Foundation)의 안내서 『균형 속의 미래, 디지털 시대에서 도서관과 지역사회를 위한 방법론*The Future's in the Balance: A Toolkit for Libraries and Communities in the Digital Age*』에서 제안된 정책 제안 자료들이나 워크샵은 이 상황을 보여 주는 뚜렷한 실례라 할 수 있다. 만약 공공도서관 측이 민주주의 사회를 위한 교육의 임무에 헌신하는 공공시설로서의 책임을 망각한다면 어떠한 좋은 충고나 경고도 도움이 되지 않을 것이다.

공공도서관은 교육적 역할과 행정적 수행 능력, 그리고 도서관이 속한 보다 큰 지역사회에서의 선도적 역할 속에서 사회권위를 수행하도록 전통과 법에 의해 요구받고 있다. 그러나 최근 몇 십 년 동안 사서와 이사회를 비롯한 여타의 수많은 미국인들은 민주주의에서 적절한 사회권위의 역할에 대한 이해와 존중을 하지 못하고 있다. 지금은 이해와 존중을 되찾아야 할 때이다. 커뮤니티 운동에 대한 많은 논문과 사고는 사회의 공공 사업기관으로서의 업무에 관해 한층 건강하고 긍정적인 시각을 재건하도록 도움을 줄 것이다. 사회권위에 대한 이해가 없다면, 사서들과 이사회는 직업들이 요구하는 집중력과 자신감을 가지고 업무를 수행할 수 없게 될 것이다.

사회권위 수행에 있어서의 도서관 지도부의 자신감 회복

공공도서관의 사서와 이사회의 권위는 2가지 근원에서 유래되었다. 자연적 권위는 사회가 요구하는 몇 가지 지식 유형을 도서관 운영자들이 획득함으로써 얻어지는 것이다. 여타 시민들에게 이 같은 지식에서 얻어지는 이득을 확장시킬 수 있도록 사회는 공공도서관에 지식을 다른 이들과 나눌 수 있는 법적인 권한을 부여해 준 것이다. 표현적 개인주의는 앞서 언급했듯 각각의 개인만을 교육시킨다. 커뮤니티 운동은 지식의 가치를 지키고 공공 교육에서 사회권위를 효과적으로 수행하는 것이 민주주의의 성공을 위해 중요하다는 것을 증명하면서 이러한 상황에 대처하고 있다.

민주적 의사 결정에서 지식의 중요성 옹호

자유주의적 공공도서관의 지적·도덕적 상대론은 부분적으로 이성적 지식에 보이는 계몽주의의 자신감에 공격을 가했던 낭만주의의 초기 공격을 이어받고 있다. 개개인의 자유를 증진시키기 위해 표현적 개인주의는 개인의 감정과 본능의 주관성을 옹호하며 사회에 의해 공유될 수 있는 이성적 지식과 도덕적 가치를 거부한다. 현실을 주조하는 개인적 의지의 힘은 성공의 척도이다. 사드 후작이 묘사한 행동처럼 사회적 기준에 따르면 지극히 비이성적이고 비도덕적이라 여겨지는 행동이라도 사회적 합일성에 대항한 개인적 의지의 성공이라는 관점에서는 우호적으로 받아들여진다. 그러나 이성에 의해 좌우되며 도덕적 가치를 공유하는 사회적 현실의 거부는 인류가 처해 있는 상태 자체를 왜곡하는 것이다. 왜냐하면 이것은 인간 삶의 사회적 성격을 부인하는 것이기 때문이다. 이사야 벌린이 언급했듯 서로 의사소통을 하는 인류는 공공사회에서 살아가기 위해서 공통의 가치 또는 공통의 사실들을 인식하도록 요구된다는 점에서 낭만주의의 시각은 오류를 보인다.

커뮤니티 운동의 주요한 공헌은 미국적 민주주의에 의해 제공된 사회적 삶에 어떻게 개개인이 관련될 수 있는가를 강력하게 그려 낸 것에 있다. 제임스 윌슨이나 아미타이 에치오니 같은 저자들은 표현적 개인주의의 지적·도덕적 상대주의가 인류가 처해 있는 상태를 왜곡하고 사회적인 파괴를 낳는다는 입장을 옹호한다. 커뮤니티 운동에 지지를 보내는 저자들은 이성적 지식과 사회 전체에 공유되는 도덕적 가치들이 민주적인 의사 결정과 전 사회적 결합에 있어 중요한 역할을 한다고 입을 모은다.

민주사회에서 지식과 도덕성에 대한 이러한 관점은 과세를 통해 공공도서관을 지원해야 한다는 초기 철학적 정당성과 호응하고 있다. 보스턴 공공도서관 이사회는 많은 이들이 사회질서의 가장 근본적인 문제를 이해하도록 권유 받을 수 있어야 한다고 했다. 우리가 한 인류로서 존재하는 한 이러한 질문들은 영원히 존재할 것이며, 잘못된 방법이든 현명한 방법이든 결정을 내려야 하기 때문이다.

지식의 사회적 유용성에 대한 지지는 1백 년 뒤 '공공도서관 연구'에 의해 재확인되었다. 커뮤니티 운동은 이처럼 지속된 전통의 힘을 상기시켜 줌으로써 공공도서관에 도움을 주고 있다.

이성적 지식과 사회 전반적으로 공유되는 가치가 효율적인 경우 공공도서관은 쓸모 있는 곳이 된다. 커뮤니티 운동은 공공도서관이 사회를 진보시키기 위한 지식의 능력과 가치에 대한 신용을 다시금 얻을 수 있도록 돕는다. 개인의 삶과 사회적 삶 모두를 향상시키기 위해 이용될 수 있는 최선의 지식을 찾고 효과적으로 이용할 수 있도록 돕는 업무는 전통적으로 공공도서관의 일이었다. 공공도서관의 업무는 이것이 성취될 수 있으며 반드시 성취되어야 한다는 믿음 없이는 결코 이루어질 수 없다.

개개인에게 영향을 줄 수 있는 사회의 권리 수호

커뮤니티 운동은 개인의 권리와 사회에 대한 개인의 책임 사이에 조화가 있어야 한다는 아이디어에 동의하고 있다. 각 개인은 사회의 지원에 혜택을 받고 있으며 도덕적인 사회의 유지에 도움이 되어야 한다. 개인으로 하여금 책임을 받아들도록 교육하고 필요하다면 책임을 수용하도록 강제하기 위해서는 다양한 종류의 공공시설과 공적인 권한이 필요하다. 커뮤니티 운동은 이 같은 장려와 강제가 개인의 자치권을 인정하는 민주적인 견지에서 이루어져야 한다는 생각을 지니고 있다.

겉으로 보기에 사회권위에 대한 커뮤니티 운동의 입장은 흠잡을 수 없는 듯 보인다. 그러나 문화전쟁이 보여 주었듯이, 우익의 사회 보수주의자들과 좌익의 표현적 개인주의 옹호론자들은 모두 사회권위에 대한 이러한 접근에 동의하지 않는다. 사회 보수주의자들은 그들이 보기에는 본래 악한 인간성을 통제하는 수단으로서 사회권위를 수행하는 데 크나큰 열정을 보였다. 당연히 이러한 열정은 1990년대 교도 시설을 대량으로 확충하는 결과를 낳았다. 한편 표현적 개인주의의 옹호자들은 어떠한 사회적 권한의 사용이라도 압제적인 권위주의자의 그것이라고 생각하는 낭만주의의 견해를 받아들였다. 일반적인 문화에서 이러한 견해는 1950년대 광범위하게 퍼져 있던 권위적 존재에 대한 지나친 존중을, 현대 문화에서는 권위적 존재에 대한 비등하게 부적절한 증오와 불신으로 대체하는 데 기여했다. 개인의 자율성을 존중하지 않는 압제적인 사회권위와, 사회권위를 향한 절대적 거부 사이에서의 선택은 결국 문화남북전쟁을 조장했다.

커뮤니티 운동은 개인의 자유와 사회질서 사이에서 조화를 추구하는 중간적 입장의 견해를 추구한다. 민주주의 국가에서 사회권위는 개인적 자치권과 사회적 상황에서 사회복지를 조화시킬 주체를 필요로 한다. 민주주의는 그 자체로 그러한 조화를 이루도록 만들어졌던 것이다. 권위의 포기와 권위주의 사이에서 더 이상 선택을 강요받아서는 안 된다. 커뮤니티 운동을 다룬 저서들은 민주주의적 상황에서 사회적 권한을 수행하는 데 필요한 잃어버린 기술을 보여준다. 공공도서관이 민주주의 사회를 위한 교육이라는 본연의 임무를 효과적으로 추구할 수 있도록, 공공도서관 운영자들은 개인에게 영향을 미치는 사회권위에 자신감을 가져야 한다. 커뮤니티 운동의 아이디어들은 이렇게 중요한 목표를 달성하는 데 도움이 될 수 있다.

민주적인 사회권위 수행

문화전쟁은 리더십에 대한 양자택일을 요구했다. 권위주의적인 리더십 혹은 리더십의 포기였다. 이 모두가 민주주의 사회에는 적절하지 않은 것이다. 독재주의는 미국에서 단 한 번도 권력을 잡지 못했으며, 반체제문화의 리더십 포기는 대실패라는 것이 이미 증명되었다. 민주주의는 사회의 요구에 부합하는 개인들의 권리를 조정한다. 민주주의에서 지도자들은 이러한 조화를 수행하는 데 책임이 있다. 당연한 이야기이지만 실상은 몹시 까다로운 일이다. 어려운 결정을 하는 것보다는 모든 것을 통제하려 하거나 개인의 의지를 순순히 따르는 편이 훨씬 쉽다. 그러나 민주주의에서 이 어려운 업무는 행동을 요구한다.

아미타이 에치오니는 훌륭한 사회는 개인 권리와 책임 모두 높은 수준을 가져야 한다고 생각한다. 그리고 이것이 리더십이 유기적으로 증진될 수 있는지 그 여부를 가늠하는 중요한 역할을 한다. 오늘날의 지도자들은 의사 결정을 하는 데 있어서 보다 광범위한 사회적 참여를 장려하도록 힘써야 한다. 그러므로 도서관 사서와 구성원들은 의사 결정을 하고 실행할 수 있도록 자신들의 지식과 전문 기술을 사용하는 데 더욱 긍정적이어야 한다. 공공도서관의 모든 이들은 의사 결정에 기여할 수 있는 권리와 책임이 있다. 도서관 운영자들은 의사 결정 과정에서 사회적 참여를 요구할 권리와 책임을 갖고 있을 뿐만 아니라 결정을 내릴 권리와 책임 역시도 갖고 있다.

시스템 분석은 민주적 지도자들로 하여금 업무의 복잡한 과정에 대해 사고할 또 다른 방법론을 제공한다. 새로운 조직체계를 계획하기 이전에 현존하는 시스템부터 완벽하게 이해되어야 마땅하다. 현존하는 시스템을 조사한다는 것은 그 시스템의 내부적 업무와 함께 그 시스템이 존재하는 환경의 조사까지도 포함된다. 시스템 분석에서 모든 시스템은 보다 큰 시스템을 위해 복무하게 된다. 예를 들어 공공도서관은 지역사회를 위해 복무하는 것이다. 보다 큰 시스템의 내부 작용과 필요성이 일단 이해되면, 새롭고 개선된 조직 계획이 시작될 수 있다. 새로운 계획의 수행은 보다 큰 조직에 대한 개선된 서비스를 이끌어 내는 것을 목표로 한다. 조직 계획의 기율에 있어서는 전혀 다른 2가지 사고 유형이 요구된다. 보다 큰 환경을 조사할 때는 개방형 시스템적인 사고방식이 필요하다. 복잡한 것을 생각할 때는 보다 큰 환경에 대한 개방적인 태도를 취해야 하는 것이다. 개방형 시스템적 시각은 전체적으로 통찰하는 우뇌를 사용하는 작업과 탁월한 민감성을 요구한다. 그러나 이 시각은 실제 실행이 어려운데, 그것은 운영자들이 꺼려할 수 있는 변화를 고려하게 만들기 때문이다. 예컨대 공공도서관의 계획을 짜는 과정에서 여러 직원의 의견을 주의 깊게 듣는 것은 개방적인 태도와 용기가 필요한 일이다.

새로운 시스템 계획에는 폐쇄적인 시스템의 사고방식인 분석적이며 좌뇌를 사용하는 작업이 요구된다. 이것은 운영자들이 개방적인 상태에서 조사했던 내용 중에서 선택을 해야 하는 단계이다. 또한 반드시 변화가 필요한 방침과 절차, 직원 고용, 기술, 편의 시설 등을 위한 새로운 구조적 계획이 뒤따라야 한다. 이 단계는 운영자들이 의견 청취를 멈추고 어려운 결정을 내리는 단계라 할 수 있다.

공공도서관 계획의 예는 새로운 시스템을 개발하는 과정에서 실패하는 2가지 근본적인 요인을 보여 줄 수 있다. 첫째, 그 과정의 개방적 측면은 보다 큰 조직의 요구에 따른 적절한 결정을 내리지 못하게 할 수 있다. 만약 공공도서관 운영자들이 지역사회의 요구를 잘못 이해한다면 실질적으로 조직을 재계획하는 것은 불가능할 것이다. 이 같은 실패는 운영자들이 주위의 의견을 제대로 듣지 않았을 때 발생할 우려가 크다. 둘째, 지역사회의 요구를 적절하게 이해했다 할지라도 그 과정의 폐쇄적인 측면은 이 같은 요구를 충족시키기 위한 효과적인 계획 개발을 무위로 만들 수도 있는 것이다.

권위주의적 리더십은 개방형 시스템의 사고방식을 무시함으로써 실패를 낳는다. 반면 표현적 개인주의의 리더십 부재는 폐쇄형 시스템의 사고방식을 무시함으로써 실패로 귀결된다. 운영자들은 참여에 있어 개방적이면서도 의사 결정을 할 때는 얻어진 관점을 효과적으로 선택해 이용하는 것이 필요하다. 민주적 리더십은 근본적으로 개인적·사회적 요구와 정체성을 통합하고 조화를 이루는 기술이다. 이 같은 복잡한 조화의 기술은 권위주의자들과 표현적 개인주의자들 모두에게서 거부된 것이다. 『통합형 리더십: 변화하는 세계에서 헤쳐나가기』의 저자 립맨블루먼은 이렇게 설명한다.

무엇보다도 중요한 리더십의 업무는 자신과 다른 이들 사이에서 개인적 단계에서 작용하는 것과 사회적 단계에서 작용하는 것과의 2가지 변증법을 연계 짓도록 돕는 것이다. 만약 다양성(개인의 정체성에 초점을 맞춘)과 다양함과 상호 의존(공동체에 강조를 둔) 사이의 사회적 변증법을 자신과 다른 이들 사이에서의 개인적 변증법과 연계시킬 수 있다면 우리는 결국 개인의 발전적인 변증법이 헌신해 온 우리의 복잡한 삶을 이해하게 될 것이다.

결론

공공도서관 사서들과 이사회가 민주주의적 사회권위의 수행자로서 성공하는 것은 가능한 일이다. 도서관 운영자들은 사회가 민주주의 국가로 작용하기 위해 필요한 지식을 가지고 있기 때문에 자연적 권위를 갖게 된다. 그들은 또한 이러한 지식을 지역사회와 함께 더불어 공유할 법적인 권한도 가지고 있다. 도서관과 같은 민주적 공공기관에서의 리더십은 권위주의적일 수 없으며 개인의 권리를 존중해야 한다. 또한 표현적 개인주의의 리더십의 부재를 받아들여서도 안 된다. 민주주의적 리더십은 개인의 요구와 사회적 요구를 조화시키는 난해한 기술이다. 커뮤니티 운동의 계획은 리더십이 조화롭고 민주적으로 접근하는 방법을 다시 획득할 수 있도록 도움이 되는 방법을 제시하고 있다. 만약 지식의 유용성과 개인을 교육시키는 사회권위를 받아들인다면, 공공도서관은 공공시설의 사회권위 내에서 스스로에 대한 자부심과 더불어 사회적 신의 역시 되찾게 될 것이다.

제6장 교육적 임무의 재개

제6장 교육적 임무의 재개

개인에게 영향을 미칠 수 있는 공공도서관의 사회권위의 재건과 더불어 커뮤니티 운동은 공공도서관의 임무로서 민주사회를 위한 교육을 재건설하려는 노력을 지원하고 있다. 공화주의적 전통을 강력하게 재확인하면서 커뮤니티 운동은 민주주의 사회에서 공공 교육의 필요성을 다시금 상기시킨다. 공화주의의 전통에 따르면 인간의 본성은 선과 악의 혼합이며 여기서의 의사 결정은 몹시 중요하다. 민주주의가 성공하려면 자치 시민들이 공유하는 사회적 가치의 콘텍스트 속에서 올바른 결정을 내리는 것이 필수적이다. 교육은 민주주의적 의사 결정에 반드시 필요한 절차이다. 의사 결정을 도울 수 있는 교육을 제공하는 것은 현대 공공도서관이 존재하는 근본적인 이유라 할 수 있다.

공화주의의 전통을 제외한다면 미국문화의 주요 요소는 공공 교육과 공공도서관 서비스에 대한 강력한 틀을 제공하지 않고 있다. 성서적 전통은 청교도주의의 극단적 형태 속에서 제정일치식 주입 교육을 희망하는 듯 보인다. 낭만주의의 표현적 개인주의는 지식의 유효성과 교육이나 여타 수단을 통해 개인에게 영향을 끼칠 수 있는 사회권위를 모두 거부한다. 공리주의적 개인주의의 전통은 교육을 시민의 의무를 위한 준비가 아닌, 개인의 경제적 영달을 위한 수단이라 생각한다.

민주주의 사회를 위한 공공도서관의 전통적인 교육의 임무는 공화주의의 사상에서 파생된 것이다. 개인에게 정보 액세스를 보장하는 자유주의 공공도서관의 임무는 표현적·공리주의적 개인주의의 전통에서 비롯되었다. 공공도서관이 자유주의의 임무에 따라 전적으로 재구축되기 전, 사서와 이사회는 공공도서관의 새로운 임무에 대한 심각한 제한을 재고할 필요가 있다.

자유주의적 공공도서관은 표현적 개인주의의 반사회적이고 반교육적인 가치와 공리주의적 개인주의로부터 얻어진 부적절한 목표와 수단으로 인해 제한될 수 있다. 표현적 개인주의는 이성적 지식과 사회권위의 정당성을 부인함으로써 민주주의 사회를 활성화하기 위한 교육의 임무를 부정한다. 전통적 임무에서 단절되면 개인에게 정보 액세스를 제공하는 공리주의적 임무는 부전승을 거두게 마련이다. 공리주의적 임무는 시장으로서의 문화적 가치와 발전 전략을 수반한다.

공공도서관의 교육적 임무는 표현적 개인주의의 도전에 반응하는 사서와 이 사회의 사회권위에 대해 다룬 제5장에서 이미 다루었다. 여기서는 자유주의 공공도서관을 지지하는 여타 이데올로기의 전통에 대한 도전과 공리주의적 개인주의의 전통을 다룰 것이다. 사적인 분야의 공리주의적 개인주의는 교육을 비롯한 사회목적의 실패로 인해 발생된 공백을 채웠다. 여기서는 커뮤니티 운동의 문헌에서 공공 교육의 중요성에 대한 설명을 이어나가기보다 민주사회를 위한 교육이라는 공공도서관의 전통적인 교육 임무의 대체물로서 개인에게 정보 액세스를 보장하려는 자유주의 공공도서관 임무의 실행 가능성에 대해 탐구해 볼 것이다. 비교육적이며 수요에 중점을 둔 공리주의적 개인주의에 입각한 공공도서관 견해에 관한 '공공도서관 연구'의 비평도 다룰 것이다. 공공도서관의 발전을 위한, 이론으로는 존재하나 실제로는 많은 제한을 지닌 이 같은 접근법은 닐 포스트먼(Neil Postman)의 저서 『교육의 종말The End of Education: Redefining the Value of School』과 데이비드 솅크(David Shenk)의 저서 『데이터 스모그: 정보 과잉에서 생존하기Data Smog: Surviving the Information Glut』를 다루면서 함께 이야기하도록 하겠다.

공리주의적 개인주의를 공공도서관 임무의 기본으로 간주하는 '공공도서관 연구'

'공공도서관 연구'는 대개의 사서들이 제3장에서 다룬 1940년대 목표의 통합 리스트에 반영된 사회 교육의 진지한 계획을 지지함에도 불구하고, 일부는 오늘날 자유주의적 공공도서관과 유사한 공공도서관 발전 접근법을 선호한다는 것을 밝혀냈다. 로버트 리의 비교육적이고 수요 중심적인 공공도서관에 대한 비평은 오늘날 공공도서관의 운영자들에게 상당한 도움이 될 수 있다.

> 우리의 샘플에는 작지만 에너지 넘치는 소수가 존재한다. 이들은 공공도서관의 임무를 단지 사람들에게 원하는 것을 주는 것으로 간주하여 가치나 신뢰, 품질에 상관없이 드러난 시민의 수요를 바탕으로 책을 제공하고 있다. 이런 이들에게 있어서 도서관의 목표는 공공도서관 관계자들 대다수가 공공도서관의 목표로 생각하는 믿을 수 있는 정보와 지속적인 교육 서비스의 제공보다는 시민들의 지지를 받는 자유롭고 잡다한 책을 서비스하는 것이다. 이 같은 대안은 공공도서관에 소장된 책의 개선적인 힘에 대한 전통적인 신념에서 갑작스레 등을 돌리는 것뿐만 아니라 그들이 바라는 대로 영리적인 정보 대행사와 공공도서관을 직접적으로 경쟁하게 만드는 것이다. 장기적인 안목에서 이는 전반적인 정보 분야에서 차별적 역할이 아닌 부가적이고 2차적인 임무를 공공도서관에 할당할 것이다. 대량 정보라는 보다 광범위한 자원과 세력, 상업적인 미디어의 경쟁력 높은 기술로 인해 도서관을 점차 사라지게 만드는 운명에 처하게 할는지도 모른다.
> 현재 도서관의 관례와 프로그램에 대한 대안적 목표를 제안하는 것은 대량 생산과 분배, 소비라는 기준을 공공도서관의 목표로 설정하는 것을 의미한다. 이러한 기준

들을 충족시키기 위해서는 인기 있는 책과 정기간행물 중심으로 도서를 구매하고 여타의 책은 적게 구매해야 한다. 이는 학술적 가치보다는 영업적 재능을 가진 이들이 선택한 출판물로 가득 찬 작고 큰 소매점을 낳을 것이며 결과는 오로지 대출 회수와 이용자의 수효로만 판단되게 될 것이다.

공공도서관을 위한 이 대안적 임무의 근간이 되는 공리주의적 개인주의는 현재 자유주의적 공공도서관에서 현존하고 있다. 교육적 임무가 사라진 공공도서관은 차별화된 서비스를 지닐 수 없게 된다. 상업적 서비스의 복사판은 공공도서관을 약화된 하급적 지위에 위치시키게 할 것이다. 민간 부문과의 직접적 경쟁에서 공공도서관은 자원의 부족 때문에 패배할 수밖에 없다. 결국 마지막은 공공시설의 절명이다. 이 같은 변화의 결과로 가장 명백한 것 가운데 하나는 로버트 리의 글에서처럼 영업적 재능이 학술을 대체하리라는 것이다. 사서직에서 요구되는 고등교육은 교육적 임무에 직접적으로 연결되어 있다. 자료의 분배 서비스에 경영 석사학위를 가진 사람이 필요하지는 않을 것이다. 자유주의 공공도서관의 임무가 성공할 수 없기 때문에 민간 부문의 기술들은 공공도서관에서는 성공을 거둘 수 없다.

유목적적 내러티브를 위한 공공 교육과 그 요구

『교육의 종말』에서 닐 포스트먼은 공공 교육이 더 이상 강제적 목적이나 결과에 의해 자극받지 않으며, 이 같은 목적의 부재는 공공 교육의 종말을 야기하고 있다고 말한다.

다른 곳과 마찬가지로 미국에는 바츨라프 하벨(Vaclav Havel)이 '내러티브의 위기'라 부른 것이 존재하고 있다. 오랜 신들은 거꾸러지거나 상해를 입거나 이미 죽어버렸다. 새로운 신들은 유산되었다. 그는 이야기한다. "우리는 새로운 과학적 비법과 새로운 이데올로기들, 새로운 통제 시스템, 새로운 공공시설을 찾고 있다." (…) "다시 말해 우리는 우리에게 기본적인 정의에 대한 인식력, 다른 이들이 하듯이 물체를 볼 수 있는 능력, 탁월한 책임감에 대한 인식, 전형적인 현명함, 좋은 취향, 용기, 열정, 신념을 줄 수 있는 새로운 신을 찾고 있는 것이다."

포스트먼은 의미를 찾지 못하는 서양 문화의 무능함과 이것이 사회적 공공기관에 끼친 무력한 결과에 대해 근심을 감추지 않는다.

이 같은 상징의 말소와 신성과 불경 사이의 차이점 소멸이 내러티브에서 위기의 결과인지 이유인지를 이야기하기란 쉽지 않다. 어느 쪽이든 신과 그들의 상징에 좋은 때가 아니라는 결론만큼은 내릴 수 있다. 따라서 형이상학적인 근원으로부터 힘을 갖는 사회의 공공시설들에게도 좋은 때는 아니라 할 수 있다.

민주주의를 위한 교육이나 새로운 강력한 내러티브의 창조와 같은 변혁적인 상태가 재개되지 않는 한, 포스트먼은 공공 교육이 말 그대로 종말하게 되는지도 모른다고 예상한다.

공공 학교교육의 종말, '종말'은 민영화된 학교교육으로의 전환을 의미[헨리 퍼킨슨(Henry Perkinson)이 『불완전한 만병통치약 The Imperfect Panacea』 개정판에서 예언했듯이]하거나 개인적으로 통제된 기술로의 종속[루이스 페럴먼(Lewis Perelman)이

『학교는 죽었다School's Out』에서 예측했듯이]을 의미할 수도 있다. 그리고 예컨대 크리스 휘틀(Chris Whittle)이 제안한 방식처럼 학교 교육이 회사에 전가되어 시장 경제와 결합해 경영된다는 것도 가능하다.

포스트먼의 책은 독자들에게 하나의 임무를 고르고 이러한 임무를 시장화하기 위한 효과적인 기술을 사용하는 것이 충분하지 않다는 점을 상기시킨다. 선택된 임무의 본질적인 가치는 무척 중요하다. 만약 임무가 목적성을 결여한다면 그것을 판다는 것은 불가능할 것이다. 목적성을 갖고 있는 업무만이 미국에서 지방세 지원을 받고 있기 때문이다. 표현적 개인주의와 공리주의적 개인주의는 모두 공공도서관 임무의 선택이 상상력과 마케팅 기술의 한계에 속박되어 있다고 믿기를 권한다. 사실 임무의 선택은 세금 혜택 이전에도, 어떠한 임무라도 충족시켜야 하는 사회의 극단적 요구 조건들에 의해 속박되고 있다.

공공도서관 사서의 업무가 교육의 제공에서 이용할 권리를 제공하는 것으로 옮겨 감에 따라 사서들은 시민의 삶을 개선시키는 데 기여하는 고도의 전문직에서, 그것이 미칠 수 있는 영향에 대한 고려 없이 정보나 서비스를 시민에게 제공하는 기술적이고 기계적인 업무로 옮겨 간다. 공공도서관 사서직이 기계적이고 기술적인 방법으로 정의된다면, 시민들이 사서를 기술자라고 생각하는 것은 당연한 결과일 것이다. 도서관 서비스가 개인과 사회의 건전성에 전반적으로 끼치는 영향에 대한 고려 없이 이루어진다면, 시민들이 사서의 업무를 도덕적인 관점에서 고무적인 것이라고 생각하지 않는 것 또한 당연하다.

민주사회를 위한 교육은 공공도서관이 공공시설로서 가지는 기본 요건이다. 이처럼 정선된 임무는 전 국가적인 강력한 운동을 초래한 경이로운 행위였다. 이 내러티브는 아직도 우리에게 많은 영감을 줄 수 있다. 자유주의적 공공도서관의 비교육적 역할에 대해 완벽하게 아는 이는 지금은 많지 않아도 대중의 인식이 확장됨에 따라 이에 대한 도전 역시 증가할 것이다. 지금도 개인에게 정보 액세스를 부여한다는 임무는 계속해서 진행 중이며, 이것은 공공기관으로서의 공공도서관의 능력에 위해를 끼치고 있다.

정보 액세스에 대한 요구의 감소

개인을 위해 정보 액세스를 제공한다는 새로운 임무는 공공도서관 업무의 인간적인 성과를 무시하는 데다, 단순한 정보 제공이 더 이상은 사회의 근본적인 문제가 아니게 됨에 따라 지지의 기반을 잃어 가고 있다. 데이비드 셍크는 『데이터 스모그: 정보 과잉에서 생존하기』에서 "한때 캐비어처럼 진귀하고 사랑받는 것이었던 정보는 현재 너무나 풍부해서 감자처럼 당연한 것으로 여겨지고 있다"고 언급했다.

> 전 국가적으로 섭생과 관련한 문제가 기아를 대체한 지방과의 투쟁이 된 것처럼 정보 과잉은 새로운 감정적, 사회적, 정치적 문제들로 정보의 결핍을 대체했다. 컬럼비아 대학의 엘리 노엄(Eli Noam)은 "미래의 기술을 위한 진정한 이슈는 정보의 생산이 아니며 당연히 그 전달도 아니다"라고 말했다. 또한 그는 "거의 대부분의 사람들이 정보를 더할 수 있으며 심각한 문제는 그것을 줄이는 방법에 대한 것이다"라고 덧붙였다.

셍크는 비록 우리가 정보를 덜 필요로 하게 되어도 더 많은 교육은 여전히 필요하다고 역설하고 있다.

> 정보 스모그에 대한 가장 좋은 항생제로 교육의 즐거움을 받아들여야 한다. 교육은
> 과잉을 막는다. 교육은 정보를 이용하는 것이며 이것을 지식과 정보로 조직화한다.
> 교육은 또한 건강한 회의론을 낳는 데 공헌할 수 있으며 이것은 교묘한 시장의 술책
> 을 물리치는 데 도움이 될 것이다. 교육은 아무리 해도 지나치지 않는다. 많이 하면
> 할수록 더 좋은 것이다.

정보 액세스 제공은 공공도서관에 있어 납득할 수 있을 정도의 근본적 이유
가 될 수가 없다. 정보 액세스에 대한 요구가 줄어드는 데 반해 교육에 관한 증
가되는 요구는 정보의 과잉 속에서 필요한 것을 솎아 낼 수 있는 능력을 배양한
다. 정보 액세스와 관련해 부과되는 현실적인 문제는 공공도서관이 최근 몇 년
간 엄청나게 성장한 거대 상업 주체와 경쟁하게 되었다는 것이다. 그러나 이윤
중심으로 사고하지 않는다면, 시간이 많이 들고 복잡한 교육의 더욱 많은 업무
는 그대로 남아 있다. 교육은 도덕적인 목적을 지니는 고도의 전문적 업무이다.
교육은 우리의 사회에 절대적으로 필요하다. 정보 액세스의 보장은 비교적 제
공하기 쉽고, 정보가 풍요한 우리 사회에 있어 일반적으로 당연하게 여겨지고
있는 기계적인 업무이다. 사회의 요구에 부응하고 세금 혜택을 유지하려는 공
공도서관의 필요는 교육적 임무에 찬성을 보내고 있다.

결론

1852년 보스턴 공공도서관 이사회 보고서와 공공도서관의 역사 전체를 살펴보면 교육을 제공함으로써 민주주의를 증진시키려는 도덕적인 목적은 공공도서관 존재의 근본 이유였다. 1992년의 갤럽 여론조사는 미국 시민이 공공도서관을 공공 교육기관으로 생각하고 있다는 것을 여실히 보여 준다. 공공도서관에 대한 지지는 이러한 인식에 기본을 두고 있다.

이것은 교육이 아닌 정보 액세스를 제공해야 한다는 자유주의적 관점을 받아들이려는 공공도서관의 의사와는 무관하게 엄연히 존재하는 현상이다. 이같은 관점은 법률회사 제너 앤 블록(Jenner and Block)의 미국도서관협회에 대한 거래 규약에서 알 수 있는데, 여기서는 도서관의 주요 임무가 다양한 종류의 정보에 대한 액세스를 보장한다는 것을 명시하고 있다. 그러나 시민들은 교육이 공공도서관의 주요 임무라고 믿고 있다. 사서 업무에 대한 지배적인 이데올로기는 공공도서관의 주요 임무로서 정보 액세스 제공을 지지하고 있다. 이러한 긴장 상태가 몇 십 년 동안 지속되었음에도 불구하고 공공도서관의 최근 인터넷 정보 여과 기능에 대한 토론은 지식과 권한 없이 지속된 새로운 액세스 업무를 일반 시민들에게 알려 주고 있다.

인터넷 여과 논쟁의 해결책과 관계없이 공공도서관은 공공도서관이 명백히 교육적 기관이 아니며 단지 액세스 기회의 제공자일 뿐이라고 주장하는 도서관협회와 다른 이들의 의견에 의해 큰 손실을 입을 것이다. 긍정적인 사회목적이 없는 자료 제공 서비스는 공공시설에 부과되는 공적인 지원을 정당화하기에 충분한 기초적 요건이 되지 못한다. 패트릭 윌리엄스는 『미국 공공도서관과 그 목적의 문제』에서 이렇게 말했다.

도서관, 세상을 바꾸는 힘

공공도서관을 교육적인 업무로 복원하는 것은 무척 중요하다. 교육이 그 자신의 가치를 입증할 필요는 없다. 교육은 공공도서관이 제공할 수 있는 것이다. 교육은 시민들이 공공도서관에게 바라는 것이다. 이 교육적 업무를 재건할 시간이 도래했다. 공공도서관의 역사는 이러한 재건이 유일한 가치 있는 과정이며 어디서나 우선될 수 있는 과정이라는 것을 여실히 보여 주고 있다. 미국 시민들은 항상 도서관이 공공 교육 시설이기를 원하고 있다. 모든 경우를 고려해 보아도 시민들의 생각은 변하지 않을 것이다.

공공 교육이 종말을 맞게 될지도 모른다는 닐 포스트먼의 생각은 심각하게 받아들여져야 한다. 공공 교육을 제공하는 공공시설로서 공공도서관의 운명은 어쩔 수 없이 공립학교의 운명과 연결되어 있다. 공공도서관은 민영화되어 기술의 통제를 받거나 서점에 대체될지도 모르는 위험에 처해 있다. 이것은 민간 요소가 민주주의 사회를 위한 공공도서관의 교육에 대한 업무와 경쟁을 하기 때문이 아니라 공공도서관이 교육의 업무를 방기하고 있기 때문이다. 민간 부문의 기업들과 구별할 수 없는 임무를 수행함으로써 공공도서관 관계자들은 공공도서관을 불필요한 존재로 만들고 있다.

제7장 도서관, 지역사회의 중심

제7장 도서관, 지역사회의 중심

    시민사서직의 세 번째 주요 임무는 지역사회의 중심 역할로서 공공도서관의 잠재 능력을 발굴하고 개발하는 것이다. 커뮤니티 운동에서 가장 많은 지지를 얻을 수 있는 아이디어는 지역사회에는 커뮤니티 건설을 위해 필수적인 시민공간이 절대적으로 필요하다는 것이다. 커뮤니티 운동은 공공도서관을 시민공간의 역할로서 파악하기를 간과하고 있지만, 그럼에도 불구하고 이러한 역할로서 도서관의 현재 모습과 미래 잠재력은 무척 인상적이다. 지역사회 구심점의 역할을 하기 위해 공공도서관이 가지는 큰 잠재력을 이용할 수 있도록, 공공도서관 운영자들은 각종 서비스를 제공할 여러 기회에 대해 보다 큰 이해가 필요할 것이다. 또한 지역사회의 지도자로서 활동적인 역할을 하려고 노력해야 한다. 이 장에서는 지역사회의 구심점으로서 공공도서관의 역할을 확장시키는 데 필요한 잠재력에 대해 이야기할 것이며, 지역사회의 구심점이라는 발상이 어떻게 공공기관을 위한 발전 모델의 역할을 할 수 있는지 설명할 것이다. 그러면서 지역사회의 중심으로서 공공도서관을 개발하는 전략은 고객 서비스 훈련이나 특정 시장 개발처럼 널리 알려진 민간 부문 개발 전략의 밑바탕에 놓인 철학과는 그 바탕이 현저하게 다르다는 것을 설명할 것이다.

확장된 역할의 잠재성

    주로 공공도서관은 자연적으로 지역사회의 중심지에 위치해 있는데 이것은 공공도서관이 모든 이들에게 개방적이고 접근 가능할 수 있도록 기능하기 때문이다. 공공도서관 건물은 지리학적으로 지역사회의 중심에 위치해 있는 경우가 많으며 저녁과 주말에도 서비스를 제공하는 예도 적지 않다. 신체적 장애를 가진 이들도 이용이 가능하며 모든 연령대와 인종, 다양한 사회경제적 배경을 가진 이들도 공공도서관에서 자신의 관심 분야를 찾을 수 있다. 대개의 공공도서관은 다양한 종류의 지역사회 단체들이 이용할 수 있는 회의실을 가지고 있다. 공공도서관은 지역 역사와 문화에 대한 정보와 이와 관련된 현재의 특정한 프로그램의 주요 공급원이다. 공공도서관은 지역사회의 삶을 증진시키기 위해 다른 기관들과 협력하고 있다.

커뮤니티 구축에서 증가된 공공도서관의 역할의 잠재성은 캐슬린 드 라 페냐 맥쿡의 『테이블의 한 자리: 커뮤니티 건설 참여』와, 레드먼드 캐슬린 몰즈와 필리스 데인의 공저작 『공공의 장소/사이버스페이스: 미국의 공공도서관』과 같은 책에서 현재 활발하게 거론되고 있다. 몰즈와 데인은 공공도서관의 시민적 역할에 대한 새로운 강조를 지적했다.

> 그 증거는 명백히 공공도서관이 시민과 지역사회에 공리주의적이고 교육적인 가치를 제공하고 있다고 지적하고 있다. 그러나 그 사회적 중요성은 더욱 커지고 있다. 공공도서관은 시민 문화와 사회의 문화적 유산의 구체적인 상징이다. 공공도서관은 자유롭고 개방적이며 자율적이고 중립적인 지역이다. 그리고 요람에서 무덤까지 모든 이들을 위한 무언가를 지니고 있다. 공공도서관은 민주적 자유와 지적 권리에 대한 미국인들의 신념을 여실히 보여 주는 예이다. 도서관에서 사람들은 인류의 역사, 업적과 실패, 인류가 이루어 놓은 문명에 둘러싸이게 된다. 사람들은 이러한 환경과 그것이 유지하고 있는 독자성을 필요로 하고 원한다.

일부 생각 깊은 이들이 현시대의 삶의 분열과 과거에 사람들을 함께 묶어 주던 지역적 운동의 뚜렷한 쇠퇴를 염려하는 오늘날, 도서관 고유의 특징들은 특별한 의미를 가지고 있다. 로버트 벨라와 로버트 푸트남과 같은 사회과학자들의 지역사회와 시민 공공기관, 공적인 일에 참여하는 가치를 다루는 연구 및 아미타이 에치오니와 공동체주의 연구, 도시 삶의 생명력에 대한 위톨드 립진스키(Withold Rybczynski)의 연구, 『장소의 경험 The Experience of Place』의 저자인 토니 히스(Tony Hiss)와 『홀륭한 장소: 카페, 커피숍, 문화센터, 미용실, 슈퍼마켓, 술집, 오락실 그리고 당신은 어떻게 그 속에서 하루를 보내는가』의 저자인 레이 올든버그의 연구는 시민 문화와 그것과 함께 하는 시민 공간에 관심의 초점을 맞추었다. 우리는 아무데서나 볼 수 있는 지역 할인마켓에서가 아니라, 사이버 공간의 새로운 커뮤니티 안에서 컴퓨터 단짝과 집에서 이야기하는 것이 아니라, 실존하는 이웃의 공공기관이 지니는 장소의 의미와 그 사회의 상호작용에 새롭게 관심을 두고 있다. 사람들은 사회적으로 의지할 수 있는 장소를 찾고 있다. 안정적이고 누구에게나 열려 있으며, 존중할 만하고 현대적인 도서관은 좋은 후보자가 될 듯하다. 도서관은 또한 교육과 문화에 밀접하게 연관되어 있으며 공동 사회의 소유물로 인식되고 있지만 정부와 연관되어 있다고 생각되지는 않는다. 공적으로 행해진 설문조사에 따르면 도서관이 다른 역할들만큼 공식적 만남의 장소로 높이 평가되지는 않았지만, 지역사회 단체들은 쉽지는 않아도 도서관의 회의실을 사용하며, 도서관의 여러 프로그램들은 대도시나 주에서 매년 수만 명, 수십만 명의 관심을 모으고 있다. 현재 사회의 논점은 종종 시민 문화의 부흥과 예의를 묶어 많은 미국인들의 삶에 스며든 속됨과 우둔한 상업주의를 벌충하려 한다. 도서관은 비록 예전만큼 조용한 곳은 아니지만 고전적으로 문명화된 장소이다.

캘리포니아 시티 오브 벤추라의 도서관고문위원회 의장 윌리엄 풀턴 (William Fulton)은 1998년 저서에서 공공도서관과 같은 공공시설은 차츰 지역 사회의 중심으로서 중요성을 더하게 될 것이라고 이야기했다. "오늘날 공공도 서관, 공연예술 센터, 학교, 생산자 직판장, 젊은이들의 스포츠 연맹 클럽과 같 은 시민 공공시설은 또 다시 부상하고 있다. 이들은 시민들을 지역사회의 생활 로 끌어 모음으로써 미국의 마을을 새로이 연결하는 잠재성을 지니고 있다." 그는 이러한 중요한 업무에서 사서들이 수행할 수 있는 역할에 대해 역설하고 있다.

> 도서관은 중요한 예를 제공한다. 그 어떤 시민 공공시설도 지난 20년간 재정적이고
> 기술적인 변화로 인해 이처럼 깊은 위기에 빠진 적은 없었다. (…) 많은 도서관이
> 시민들이 독서를 하기 위한 곳이 아닌, 뭔가를 하기 위한 장소로 전환함으로써 어려
> 움에 맞서고 있다. 성공적인 도서관은 많은 사람들과 활동, 프로그램을 가지고 있
> 어야 한다. 이것은 텔레비전과 컴퓨터에서 다시 사람들을 불러 모으며, 이렇게 함
> 으로써 연쇄적으로 지역 은행 또는 지역 백화점이 사라진 이래로 잃어버렸던, 지역
> 의 정체성을 되찾도록 돕는다.

도서관의 시민적 역할은 미국도서관협회 회장들의 지지를 받았다. 새러 앤 롱이 회장직을 맡았던 1999~2000년의 주제 "도서관이 커뮤니티를 세운다"와 낸시 크래니크의 2000~2001년 주제 "도서관 : 민주주의의 초석"은 이러한 논 의를 상당히 진척시켰다. 도서관 서비스를 통한 커뮤니티 구축 실험은 현재 국 가적 미디어에 의해서도 널리 인식되고 있다. 뉴욕타임스의 최근 기사는 퀸즈 보로 공공도서관의 노력을 인용하고 있다. 딘 머피(Dean E. Murphy)의 글을

살펴보자.

> 그 같은 접근법은 지역 센터, 종교기관과 사업기관, YMCA와 심지어 소규모 대학의
> 역할에 대한 학문적인 추구에서 벗어나 퀸즈 도서관을 전국에 걸친 공공도서관의
> 변화 운동에 선도적 위치에 서게 만들었다. 도서관은 대형 서점, 인터넷과 디지털
> 세대와 경쟁하기 위해 큰 변화를 겪음으로써 도서관 인근 지역에서 더욱 필수적인
> 장소가 되기 위한 방법을 모색하고 있다.

공공도서관 운영자들은 점차 분열되고 세부화된 미국사회의 성격이 공공도서관을 포함한 공공 사회구조를 유지하는 데 관심을 두는 대신 개별화된 단체와 개인들의 자유를 장려하고 있다는 것을 깨달았다. 결과적으로 지역사회의 연결고리와 협동은 손실되었으며 이 피해는 극심하게 드러났다. 가족과 이웃, 지역사회에서의 역기능은 문화의 안정성과 지속성에 크나큰 위협을 가하고 있다. 커뮤니티 운동은 이러한 사회적 구조를 보호하고 강화하기 위한 환경운동을 요구하며, 공공도서관은 이 같은 노력에 중대한 역할을 할 수 있다.

어떻게 공공도서관이 지역사회를 보호하고 강화할 수 있는지 설명하기 이전에 공공도서관은 지역사회의 중심 중 하나이지 유일한 지역사회의 중심은 아니라는 점을 짚고 넘어가야겠다. 중요한 중립적 기관으로 공공도서관이 지역사회의 강화에 한몫을 할 수 있는 위치에 자리 잡기는 했지만 그렇다고 해서 공공도서관이 유일한 지역사회의 중심이라거나 마땅히 그러해야 한다는 의미는 아니다. 우리의 지역사회를 구성하는 복잡한 구조를 분석하면 공공도서관이 지역사회의 구심점 역할을 하는 여러 기관 중 하나라는 사실을 명백히 알 수 있다. 이러한 구심점 중에서 공공도서관에 주어진 힘이 어떠한지는 지역사회마

다 다를 것이다. 비록 천연의 장점을 십분 활용하여 지역사회의 구심점으로서의 힘을 최대화할 수 있겠지만, 공공도서관의 목적은 다른 기관과 경쟁하는 데 있어 유리한 위치를 점유하는 것이 아니라 서비스를 개선시키는 데 있다. 지역사회의 구심점들이 더욱 튼튼하면 튼튼할수록 공공도서관에 이러한 종류의 서비스를 제공해 달라는 요구는 적어질 것이다. 여기서 목적은 공공도서관을 위한 새로운 힘을 개척하는 것이 아니라 이 같은 요구가 존재하는 커뮤니티의 강화를 돕는 것에 있다.

공공도서관이 지역사회의 발전을 위한 시민공간을 제공하기 위해 지역사회의 중심이 될 필요는 없다. 공공도서관은 지역사회에서 아주 드물게 찾을 수 있는, 지방과 국가, 세계적 수준으로 조직되어 있지만 지역사회의 수위에서는 서로 연결되어 있지 않은, 공적·사적 부문의 지원을 받는 공공 사회구조이다. 전 지역사회를 향한 공공도서관의 서비스와 지역사회의 도서관에 대한 소유권, 도서관이 제공하는 다양한 서비스의 성격과 중립성으로 말미암아 공공도서관은 지역사회를 특정 집단과 개인을 다시 연결시켜 줄 수 있는 완벽한 환경을 이루고 있다. 만약 지역사회의 요소가 재편되어야 한다면 이 같은 과정은 여러 다른 연결고리에서 발생할 수 있으며, 공공도서관은 견실한 지역사회를 만들기 위해 다른 연결고리들과 나란히 할 수 있는 하나의 연결고리가 되어야 한다. 공공도서관은 지역사회의 독자성을 확증하고 지역사회 토론, 지역사회 협동, 지역사회의 평가를 활성화시키기 위해 노력해야 한다. 이러한 역할에 대해서는 뒤에서 다루도록 하겠다.

이 개발 모델은 민간 부문의 모델과 어떻게 다른가

자유주의적인 공공도서관은 준(準)소매 방식으로 기능한다. 도서관 이용자들은 고객으로 여겨지고 민간 부문이 특정 시장을 개발하는 것과 같은 방식으로 서비스가 개발된다. 도서관 운영자들이 민간 부문의 개발 방법에서 여러 가지를 배울 수 있다 하더라도 민간 부문 시설을 위해 고안된 방식을 사용하는 민간 부문 기관과 공공도서관 사이의 중요한 차이점을 도외시하는 것은 매우 위험하다. 이 근저에 깔린 철학은 민주주의 사회를 위한 공공도서관의 전통적인 교육 임무와 모순되는 것이며, 지역사회의 중심으로서 도서관 개발과는 정반대의 것이다.

고객 맞춤 서비스 훈련과 지역사회의 중심으로서 도서관

많은 공공도서관 사서들은 최근 몇 년간 고객 서비스 워크샵을 거쳤다. 이러한 워크샵에 참여하는 이들은 공공도서관과 도서관 이용자들의 관계가 본질적으로 기업과 그 고객의 관계와 같다는 생각에 반대하지 않는다. 그러나 권리와 책임을 조화시키려는 커뮤니티 운동의 개념은 사서들로 하여금 도서관과 이용자와의 관계가 실상 기업과 그 고객과의 관계와는 전혀 다르다는 것을 깨닫도록 하는 데 도움이 될 것이다.

고객은 항상 옳다는 것이 일반적인 통념이며 상품과 서비스에 대해 지불을 한다는 기본적인 법적 책임을 넘어서면 고객은 기업에 어떤 의무도 지지 않는다. 그러나 도서관 이용자들은 도서관 사용과 개발에 중요한 책임을 갖고 있다. 도서관 이용자들은 민주주의 시민들로서 가능한 많은 교육을 받고 정보를 체득할 책임을 가지고 있다. 책과 여타 자료에 개인적인 비용을 들이지 않겠다면 공공도서관을 사용해야 할 책임이 있는 것이다. 도서관 이용자들은 또한 다른 시민들의 서비스의 사용을 방해하지 않는 방법으로 도서관을 사용할 의무를 가지고 있다. 납세자로서 도서관 이용자들은 세금을 통해서 공공도서관에 충분한 자금을 마련해 줄 의무를 가지고 있다. 공공도서관은 도서관 이용자들을 고객이 아닌, 민주주의를 강화시키는 중요한 임무에 함께 하는 파트너로서 대해야 한다.

도서관 이용자와의 파트너 관계는 도서관 이용자들의 책임을 요할 뿐 아니라 도서관 직원의 이용자를 향한 더욱 큰 존중과 배려를 의미한다. 비록 도서관 이용자들을 고객으로 대하는 것이 부적절하기는 하지만 이 같은 관점은 종래에 정부 공공기관에서 제공하는 서비스보다 한층 친절하다는 이점을 가지고 있다. 도서관을 이용하는 시민의 권리에 바탕을 둔 무관심한 관용은 사서와 이용자 사이의 관계에는 걸맞지 않다.

1999년 워싱턴 D. C.에서 열린 공동체주의 최고회의에서 스콧 무어(Scott H. Moore)는 소논문 「후의의 함양 : 정치적인 화법에서 관용에 대한 대안책 Cultivating Hospitality: An Alternative to Tolerance in Political Discourse」을 발표했다. 무어는 관용은 추상적이고 수동적인 약한 미덕이며, 환대는 그 분명하고 능동적인 성격으로 바람직한 이상이라고 이야기했다. 이러한 능동적인 환대의 개념은 공공도서관의 일반적인 서비스의 관점에서 적용되어야 한다. 도서관 직원과 지역사회 사이의 연대는 고객 서비스 윤리의 근간인 제도적인 이기주의보다 강해야 하듯, 도서관을 사용하는 법적인 권리를 가지고 있는 이들을 향한 단순한 관용보다도 강해야 한다. 공공도서관은 단순한 관용이나 고객 서비스보다 진정한 마음의 환대를 보낼 수 있어야 한다. 도서관 이용자들은 너그럽게 봐줘야 하는 고객이 아니며 이익을 얻어 낼 대상도 아니다. 이들은 사랑과 존중을 받을 가치가 있는 지역사회의 일원이다. 도서관의 직원들은 지역사회의 거실처럼 많은 역할을 하는 한 가지 시설의 주인인 것이다.

마케팅과 지역사회의 중심으로서의 도서관

마케팅 또한 공공도서관에는 부적절한 철학적 이념을 기본으로 하고 있다. 마케팅의 기술은 서비스를 만들어 내고 광고를 하는 데 도움이 될 수 있다. 많은 공공도서관에서는 이 같은 기술을 사용해 좋은 결과를 보기도 했다. 그러나 지역사회를 파편화하는 근본적 개념은 공공도서관의 임무에 부적절한 세분화를 낳을 수 있으며 지역사회 중심으로서 도서관의 역할을 파괴할 수도 있다. 1998년 공공도서관협회의 계획안은 비록 많은 측면에서 긍정적이지만 마케팅 철학이 공공도서관의 개발에 무차별적으로 적용되었을 때 발생할 수 있는 혼란의 한 예가 되고 있다.

『결과를 위한 계획: 공공도서관의 개선 과정Planning for Results: A Public Library Transformation Process』의 서문에서 샌드라 넬슨(Sandra Nelson)은 1995년에 쓰여진 드보라 윌콕스 존슨(Deborah Wilcox Johnson)의 보고서 「공공도서관 개발 프로그램 평가An Evaluation of the Public Library Development Program」의 영향을 설명하고 있다. 넬슨은 "그 연구는 『공공도서관 계획과 역할 선정』과 『공공도서관의 성과 측정Output Measures for Public Libraries』에서 도출된 개념을 사용하는 데 중요한 정보를 제공했다"면서 "존슨의 연구는 대개의 공공도서관이(설문 조사된 87%) 스스로의 역할을 선택했지만 그중 선택한 역할을 지원할 자원을 재할당한 작업을 실시한 도서관은 35%에 미치지 못한다"고 덧붙였다. 넬슨과 리비전위원회(ReVision Committee)의 평가에 따르면, 이전에 발표된 계획안이 지지한 도서관 서비스의 특화 과정이 충분히 실행되지 못했다는 것은 명백해진다. 이 결과는 설령 실제적으로 명확하지는 않더라도 이 직업에 따르는 전통적인 믿음을 반영한 것이다.

『결과를 위한 계획: 공공도서관의 개선 과정』제1장에는 다음과 같은 충고가 있다. "많은 사서들은 너무 많은 일을 하려고 노력하며 소수를 잘하는 대신 많은 일을 부적절하게 끝내고 있다." 1998년 공공도서관협회 전국회의에서 『결과를 위한 계획: 공공도서관의 개선 과정』의 훈련 부분과 관련해 샌드라 넬슨은 공공도서관 자원의 80%를 위원회가 제안한 13개의 서비스 대응 중 3개에서 5개 정도에 집중시키는 것이 적절할 것이라 설명했다. 이 13개의 서비스에는 기본적인 읽고 쓸 줄 아는 능력, 사업과 직업 정보, 상식, 지역사회 정보, 소비자 정보, 문화적 인식, 현재의 쟁점, 이전의 교육 지원, 일반 정보, 정부 관련 정보, 정보 읽기 능력, 평생 교육, 지역 역사와 계보 등이 포함된다.

『결과를 위한 계획: 공공도서관의 개선 과정』이 가정하고 있는 것은 일찍이 『공공도서관 계획과 역할 선정』에서처럼, 공공도서관은 가능한 여러 사람들에게 서비스하는 다용도의 공공시설이 아닌 특수한 시장을 지배하는 특수화된 공공시설이라는 것이다. 이 안내서는 도서관의 임무는 틈새시장을 목록에 넣음으로써 의사소통을 할 수 있으리라고 설명하고 있다.

공공도서관의 임무에 관한 성명은 도서관이 어떠한 사업을 하고 있는지 지역사회에게 알리는 역할을 한다. 또한 다른 정부기관 또는 단체가 할 수 있는 일과 차별된, 도서관이 독창적이며 예외적으로 잘할 수 있는 일이 무엇인지를 알려 준다. 『결과를 위한 계획: 공공도서관의 개선 과정』에서 도서관의 임무는 당신의 도서관이 선택한 서비스 반응에 대한 요약이다. 그리고 이것은 당신의 지역사회 구성원들에게 의미 있는 언어로 적혀 있다.

공공도서관의 임무에 대한 이 같은 마케팅 지향적 접근은 몇 가지 심각한 문제를 초래한다. 첫째, 도서관이 수행해야 하는 국가적 공공시설로서의 기본적인 임무가 없다고 생각한다. 민간 부문이라면 대중이 좋아하는 한 무엇이 팔리든 그것은 문제가 되지 않으며 계속해서 그 조직을 운영해 나갈 수 있게 된다. 민간 부문에서는 일상적이더라 하더라도 이것은 공공도서관의 콘텍스트 속에서는 부적절한 것이다. 사서와 이사회에게 공공도서관이 어떤 종류의 서비스를 제공하거나 제공하지 않기로 결정하는 것은 몹시 중요한 문제이다. 조직의 미래가 어떤 결정을 내리느냐에 달려 있을 수 있기 때문이다.

둘째, 협소한 전문화는 시장을 분할시켜 많은 사람들이 공공시설의 서비스를 이용할 수 없다는 의미가 될 수 있다. 민간 부문에서처럼 그 경제적 영향에 따라 시장의 분할을 선택한다면 서비스를 이용할 수 없는 소외층은 더욱 궁핍해지고 더욱 소외될 수 있다. 공공도서관 서비스 제공의 공정성은 반드시 준수되어야 하는 규칙이다.

셋째, 공공도서관이 더 이상 지역사회에 공공의 서비스를 제공하지 못한다면, 지역사회의 정체성 자각과 문제 해결의 구심점으로서 기능할 권한을 잃게된다. 특수화에서 힘이 발휘된다는 개념은 모든 이들에게 봉사하는 일반적인 지역사회의 공공기관으로서 지위로부터 힘과 권한을 얻는 공공도서관의 경우에는 들어맞지 않는다.

넷째, 경제적 영향력을 얻기 위해 특정 시장을 개발하고 지배한다는 민간 부문의 개념은 협동보다는 경쟁을 지지한다. 공공시설과 유사한 서비스를 제공하는 지역사회 단체들은 잠재적인 동업자가 아니라 경쟁자로 여겨질 것이다. 특정 시장의 개발을 추구하게 되면 도서관 사서들은 여러 문제를 해결하는 데 충분히 도움이 될 만한 융통성 있는 지역사회의 파트너가 아닌, 정보와 서비스의 단순 분배자로서 일하게 될 것이다.

결론

공공도서관은 지역사회의 중심이며 이러한 역할을 확장시킴으로써 지역사회를 위해 더욱 봉사할 수 있는 크나큰 잠재력을 가지고 있다. 지역사회는 사회의 상호작용과 토론, 협동을 위한 시민공간이 절실히 필요하며, 전문화와 민영화가 지배적인 사회에서도 일반적이고 공적인 장소는 필요하게 마련이다. 그러나 자유주의적인 공공도서관은 일반적인 문화적 약점을 그대로 반영하고 있다. 도서관 이용자들은 공공시설을 이용하는 권리를 가졌을 뿐 그 사용과 개발에 따르는 책임은 없는 고객으로 여겨진다. 도서관의 서비스는 준(準)상업적 유행에 따라 제공되며 이는 특정 시장의 지배와 전문화를 촉진한다. 이러한 발전 양상은 경쟁을 부추기며 지역의 여타 단체들과의 협동을 방해한다.

시민사서직은 공공도서관이 도서관 이용자들을 착취나 너그럽게 대해야 할 고객이 아닌, 도서관 사용과 개발 책임을 공유하는 지역사회의 파트너로 대할 것을 요구한다. 도서관 이용자들과 사서들의 관계는 지역사회의 구성원으로서의 임무를 나누는 것으로 그 성격이 규정되어야 마땅하다.

시민사서직은 지역사회의 생활을 개선하기 위해 공공도서관이 다른 지역사회 단체 및 개인들과 협동하여 문제를 해결하는 능동적인 공공 기관이 되기를 요구한다. 도서관의 서비스는 자유주의자의 믿음대로 가장 효과적으로 이용될 수 있는 특정 시장이라는 방법을 따르기보다는 개인과 지역사회의 사회적 요구 변화에 따라 조직되어야 한다. 공공도서관의 사서는 수동적인 자료 제공자의 역할로는 충분하지 않다. 공공도서관의 유산과 교육 서비스에 대한 현재의 요구는 그저 중요한 하나의 공공시설 이상의 것을 공공도서관에 요구하고 있는 것이다.

제8장 커뮤니티 구축을 위한 도서관의 전략

제8장 커뮤니티 구축을 위한 도서관의 전략

어떻게 공공도서관이 지역사회의 조직을 재정립하도록 도움이 될 수 있을까? 장기간의 계획을 기본으로 하는 시스템 개발 사이클은 커뮤니티 건설을 위한 공공도서관의 전략을 조직하는 한 가지 방법을 제공해 준다. 가장 기본적인 형태에서 시스템 개발 사이클이란 현존하는 시스템을 분석하고, 새로운 시스템을 디자인하고, 새로운 시스템을 수행하며 평가하는 과정을 말한다. 이러한 주기는 새로운 시스템의 평가가 현존하는 시스템의 분석으로 이어져 다시 시작되며 자연스러운 변화에 따라 반복된다. 그 새로운 시스템은 당연히 이제는 현재의 존재하는 시스템인 것이다.

현존하는 시스템을 분석하는 것은 외부 환경에 대한 연구와 조직 내부의 작업을 모두 포함한다. 그 사명의 선언문은 외부적 환경에 대한 조직 서비스의 궁극적인 표현이다. 장기간 계획에 의해 개발되는 목표와 목적이 함께 다루어져 새로운 시스템을 구상하게 된다. 실행의 단계는 목표와 목적의 완성이다. 시스템 변화의 결과에 대한 평과는 무척 중요한데, 성공 측정에 선택된 수단이 서비스의 진정한 영향을 강화시키거나 약화시킬 수도 있기 때문이다.

이러한 개발 사이클은 모든 크기의 조직에 적용된다. 이것은 도서관 개발뿐만이 아니라 지역사회 개발을 위해서도 좋은 모델이 된다. 지역사회가 공식적으로 장기적인 계획을 천명하면 당연히 공공도서관도 포함되게 마련이다. 그러나 여기에 제시된 커뮤니티 건설 계획 사안들은 공공도서관이 지역사회 의식을 제고하고, 장기적인 계획의 공식적인 부분이든 아니든 지역사회의 수준의 문제 해결에 기여할 수 있는 방법들이다. 여기서 이야기하는 커뮤니티 건설 서비스는 공공도서관이 현재 진행 중인 서비스이다. 이 같은 서비스들은 지역사회의 독자성과 지역사회 공론, 지역사회 협력, 지역사회 평가를 증진하는 데 도움이 될 수 있다. 이 장에서는 이러한 전략들을 커뮤니티의 개발 사이클과 관련해 이야기할 것이다.

이 같은 서비스들은 시스템 개발 사이클의 단계가 서로 밀접하게 연관되어 있듯이 긴밀하게 관련되어 있다. 예컨대 지역사회의 정체성을 육성할 수 있는 한 가지 방법은 공론의 주제가 될 수 있도록 지역 역사에 대한 프로그램을 제공하는 것일 수 있다. 이 같은 프로그램은 지역사회의 현안과 더불어 지역사회의 다른 단체와의 협력을 통해 개발될 수 있을 것이며, 그렇게 함으로써 지역사회 평과 과정에 공헌할 수 있을 것이다.

지역사회 정체성

지역사회의 정체성을 연구하는 것은 시스템 개발 사이클에서 현존하는 시스템을 연구하는 것에 비견될 수 있다. 지역사회는 지역사회의 구성원들이 그 지역사회 정체성의 다각적인 측면을 이해하지 못한다면 효과적으로 개선될 수 없다. 지역사회의 정체성을 이해하지 않고서는 지역사회 구성원 개개인이 방향을 잡지 못할 수도 있는 것이다. 공공도서관은 역사, 자연 환경, 경제, 정부, 조직과 사회구조, 문화와 예술 및 사회를 정의하는 다른 여러 특징들에 관한 자료와 서비스, 프로그램을 제공함으로써 지역사회의 정체성 육성을 돕는다. 지역사회의 정체성은 지역의 구성 요소와 지역사회가 속한 보다 큰 환경으로부터 얻어지는 구성 요소를 두루 갖추고 있다. 지역사회가 속한 지역, 국가적·국제적 요소들은 지역의 정체성에 영향을 준다.

장기간의 계획을 세우려면 현존하는 시스템을 연구해야 하듯 지역사회의 정체성에 관한 인식을 육성하는 것은 커뮤니티 개발에 필수 불가결한 요소이다. 지역사회의 정체성에 대한 지식은 지역사회에 필요한 임무를 구성하는 데 필수적인 요건이다. 지역사회의 정체성에 관한 일정 정도의 합의는 지역사회의 협동을 위해 필수적인 기본 조건이다.

이러한 임무가 공식적으로 명료하게 표현되든 그렇지 않든, 발전을 위해서는 필수적이다. 공공도서관은 이상적으로 지역사회의 정체성에 관한 이해를 촉진시키는 서비스를 제공하는 자리에 위치해 있다. 모든 이들이 정체성의 다양한 측면에 관한 정확한 지식을 알고 있을 때 지역사회의 정체성에 관한 합의에 도달하기는 한층 수월해진다. 이것은 공공도서관에 있어 가치 있는 교육적 업무이다.

지역사회 토론

시민 토론은 커뮤니티 운동이 우리에게 상기시켜 주듯 민주주의 사회에서 무척 중요하다. 시스템 개발의 관점에서 시민 토론은 새로운 목표와 목적을 세움으로써 지역사회가 새로운 시스템을 구상하는 과정이다. 이처럼 중요한 민주적인 과정은 공론의 장으로서의 도서관의 역할과 "민주적 삶을 위한 공공기관"이라는 '도서관 권리장전(Library Bill of Rights)' 선언에도 불구하고 공공도서관에서 덜 강조되는 부분이기도 하다. 도서관 운영자들은 시민 공론에서 자신들의 역할이 정보의 제공에 제한되어 있다고 생각한다. 비록 도서관 미팅 룸에서 시민 공론이 일어나는 것에 반대하지는 않지만 도서관 운영자들은 그러한 토론을 조장하는 것이 자신들의 업무라고 생각하지 않는 것이다. 커뮤니티 운동은 시민 공론을 증진시키는 것은 모든 이들의 일이라고 말한다. 중립적이고 전 지역사회에 속해 있으며 전 지역사회를 대상으로 하는 서비스를 하기 때문에 공공도서관은 공론 증진을 위한 이상적인 시민 공간이다.

공공도서관이 시민 공론을 조장하기 위해 사용할 수 있는 많은 전략이 있다. 선거를 위해 시민을 준비시키는 후보 공개 토론과 지역사회의 강의나 공적 모임을 후원할 수도 있다. 다른 단체들이 이 같은 행사를 열 때 도서관은 미팅 룸을 제공할 수도 있다. 개별적 시민단체에 그 같은 주제에 대한 프로그램을 제공할 수도 있으며 다양한 지역사회 단체가 미팅 룸을 사용할 수 있도록 할 수도 있다. 이 같은 사용은 지역사회의 중심인 도서관의 역할을 강화시키면서 공론을 장려함으로써 커뮤니티를 강화하게 된다. 개별적 상호작용은 장소가 제공되고 적극적인 장려가 있으면 촉진될 수 있다. 시민 공간 유형은 커피점이나 휴게실과 같은 일반적 상호작용을 위한 장소의 형태를 통해서뿐만 아니라 시민 논쟁에 몰두한 컴퓨터의 가상 토론 집단을 위해 온라인으로 제공될 수도 있다. 지역사회 공론을 증진을 위한 전략은 뒤에서 좀 더 다룰 것이다.

지역사회의 협력

지역사회의 협력은 시스템 개발 사이클에서 새로운 시스템을 수행하는 것에 대응된다. 공공도서관은 지역사회 문제를 해결하기 위해 협력과 파트너십의 가능성에 보다 큰 관심을 두어야 한다. 중립성을 지키는 지역사회의 중심 기관으로서 공공도서관은 그 같은 협력적인 노력을 촉진하기에 적절한 조직이다. 커뮤니티 운동은 확장된 협력망을 통해 공적인 문제에 대한 해결책을 찾을 것을 촉구한다. 지역사회 경찰활동 실험과 같은 협력의 유형이 성공을 거두면서 이러한 전략은 그 효율성이 증명되게 되었다.

비록 이러한 개념이 공공도서관 사서들에게 있어 새로운 것은 아니지만, 도서관 서비스를 지역사회 협력이라는 콘텍스트에서 바라보는 것이 어떤 잠재력을 가질 수 있는가에 대한 결과물은 이제 갓 그 모습을 드러내기 시작했다. 여러 공공도서관은 협력하려는 노력의 효율성과 빈도에서 매우 다른 양상을 보인다. 많은 공공도서관 사서들이 잠재적인 경쟁자일지도 모르는 단체들과의 협력의 효율성을 높게 사지 않고 있으며, 공리주의적 개인주의는 도서관 운영자들로 하여금 도서관을 제한된 수효의 특수한 시장을 겨냥한 격리된 공공기관으로 보기를 조장한다. 그러나 여타 지역사회 단체와의 협동을 요구하거나 권장하는 조건으로 연방에서나 사적으로 보조금을 받는 공공도서관들도 적지 않다. 때로는 보조금의 성공적 이용으로 공공도서관의 경영에 깊은 변화가 일어나 제도적으로 협력을 하게 되는 경우도 있다.

도서관 경영의 모든 면에 영향을 주는 협력의 철학은 시민사서직의 중요한 구성 요소이다. 이 같은 접근은 공공도서관으로 하여금 지역사회의 요구에 민감하게 반응하고 이러한 요구에 부합하는 데 있어 상호 지원을 제공하는 시민 단체나 조직과 연계를 맺을 것을 요구한다. 지역사회에서의 중심적 위치와 중립성의 긴 역사, 지역사회 정보의 강력한 기반, 공적 만남 공간으로서의 이용 가능성으로 공공도서관은 이 같은 시민 연계에 이상적인 조직이 되고 있다.

협력을 위한 연계는 현존하는 지역사회 문제를 해결할 수 있도록 새롭고 강력한 전략을 낳을 수 있다. 이것은 1990년대의 성공적인 실험들을 통해 수없이 증명되었다. 성공적 협력의 예와 충고는 커뮤니티 운동을 다룬 저서와 이 같은 철학에 영향을 받은 많은 책들에서 쉽게 접할 수 있다.

협동을 통해 이루어진 성공은 높은 범죄율과 같은 사회적 문제는 손을 쓸 수 없는 것이라고 생각한 많은 이들을 놀라게 만들었다. 반사회적 행동을 오히려 조장함으로써 수많은 사회문제를 악화시킨 1980년대 자유주의는 문제를 바로 잡으려는 사회적 노력에 도리어 대항했다. 이처럼 비관적인 관점이 널리 퍼지자 1960년대 말에서 1970년대 초기까지의 시기에 공격적인 노력을 기울였던 공공도서관은 급격히 위축된 모습을 보였다. 그러나 커뮤니티 운동의 협력에 관한 철학이 실제적으로 성공을 거두자 사회문제가 협동적인 노력에 의해 해결될 수 있다는 생각이 자리를 잡아 갔다. 지금 미국인들은 대공황을 이겨 내고 제2차 세계대전에서 승리를 거두었던 세대의 교훈들을 다시 배우고 있다. 공익을 수행하기 위해 다같이 모일 수 있다면 녹록치 않은 문제들과 맞부딪혔을 때 오히려 진보할 수 있는 법이다.

공공도서관이 협력하기에 가장 가능성 있는 자원은 민주주의 사회를 위한 공공도서관의 교육 임무와 가까이 맥이 닿는 조직들이다. 이러한 공공기관에는 학교와 지역사회 실업전문대학, 4년제 대학 등이 있다. 시민 생활에서 지방 정부는 공공 교육의 몇 가지 유형에 참여할 수 있도록 기회를 제공해 준다. 지역의 인쇄와 방송 매체는 교육을 제공하여 시민 생활 참여에 중요한 역할을 한다. 이처럼 명백한 협력 자원 이외에도 특정 지역사회의 요구에 부합하는 데 도움이 될 수 있는 무수한 공적 부문과 민영 부문, 비영리 단체, 조직들이 존재한다. 이 같은 지역사회의 자원들은 대부분의 공공도서관이 충분히 이용하지 못하고 있는 부분이다.

특히 여타 지역사회 서비스 분야의 전문가들이 커뮤니티 운동의 개념에 관심을 보이는 곳에서는 흥미로운 기회가 발생할 수 있다. 시민 저널리즘에 관심이 있는 출판업자와 지역사회 경찰활동에 관심이 있는 경찰서장, 시민 교육과 인성 개발에 관심 있는 학교장들은 차츰 전국에 걸쳐 쉽게 찾을 수 있는 모습이 되어 가고 있다. 자신의 직업과 관련해 이러한 경향에 관심이 있는 사람들은 공공도서관과의 협력적인 동맹을 특히 환영할 것이다. 다른 직업의 일군들이 커뮤니티 운동의 사고를 이용하는 방법에 친숙해지게 되면 도서관 운영자들이 잠재적으로 중요한 동맹자들과 생산적인 토론을 하는 데 도움이 될 것이다.

지역사회 평가

시스템 개발 사이클이 다시 시작되기 전 마지막 단계인 평가 또한 지역사회 건설 서비스 목록에 포함된다. 지역사회의 회합이 얼마나 그 목적과 목표를 잘 이루고 있는가? 지역사회 구성원들이 지역사회 문제와 함께 지역사회의 성공을 이해하는 것은 무척 중요하다. 이러한 이해는 지역사회의 정체성과 관련이 있지만 개선에 대한 지역사회의 노력에 더욱 특별한 중점을 두게 된다. 이처럼 중요한 토론을 수행하는 데 있어 지역사회에 도움이 되기 위해서는 정확하고 포괄적인 정보가 필요하다. 그러한 정보의 가장 중요한 원천은 많은 계획서와 여론조사 결과, 모든 종류의 지역사회 기관에서 개발된 통계 보고서들이다. 때로 지역사회 계획은 포괄적으로 지역사회를 연구하지 않거나, 새로운 결과물을 널리 공유하는 데 실패한 전문 기관들이 산산이 분열된 상황에서 이루어지기도 한다. 지역사회 계획에서 지역사회를 충분히 참여시키지 못한다면 지방정부 자체가 하나의 특수 기관과 같은 기능밖에는 못하게 되는지도 모를 일이다.

공공도서관이 전문화된 지역사회 계획 노력의 결과를 통합하고 전달함으로써 지역사회 평가를 도울 수 있는 가능성은 충분하다. 공공도서관은 지역사회 계획의 정보 중심으로서 기능할 수 있다. 민영기관의 계획 정보를 모으는 것은 많은 경우 민간 부문의 계획 노력이 정부와 비영리 단체에서보다 많은 자금이 들어가기 때문에 더욱 유용할 수 있다. 지역사회 평가를 부가하는 것과 더불어 지역사회의 계획 문서를 취합하는 것은 값비싼 중복을 피하는 데 유용하며 부정확한 정보의 사용을 줄이는 데 한몫 할 수 있을 것이다. 도서관 운영자들 역시 자신들의 장기간 계획에 이 포괄적인 계획 자원을 사용할 수 있으므로 많은 이익을 얻을 수 있다.

공공도서관은 지역사회가 결과를 얻기 위해 조직적 활동을 측정하는 것과 더불어 결과 혹은 성과를 측정하는 평가 양식을 이용하도록 도울 수 있다. 지역사회 서비스 활동의 진정한 효과는 공적 지원에 대한 책임을 제공할 수 있는지 그 여부에 따라 측정되어야 마땅하다. 로빈 볼크먼(Rovin Volkmann)은 「펀드라이징 매니지먼트*Fund Raising Management*」지의 최근 기사에서 이렇게 언급했다.

조직들이 점차 경쟁적으로 되어 가는 환경에서 서비스의 질을 유지하고 개선하려 노력하는 능력은 필수적인 것이 되었으며 성과 측정은 이를 얻는 효과적인 도구가 되었다.

서비스 단체는 다음과 같은 질문에 답해야 한다. 우리는 진정 시민들의 삶 속에서 차이를 낳고 있는가? 얼마나 많은 돈을 받을 수 있는지에 대해서는, 어떻게 시민들이 그것을 지불할 수 있는지에 대해서는, 얼마나 많은 고객들을 서비스해야 하는지와 서비스하는 시간에 대해서는 대개가 선뜻 보고할 수 있다. 그러나 자신들이 제공한 서비스의 결과로서 프로그램 참여자들에게 결국 무슨 변화를 일으켰는지에 대해서 보고할 수 있는 단체는 그리 많지 않다.

새로운 시대로 옮겨 가면서 서비스 단체들은 역사적 수치 자료에 치중하기보다 성과 측정에 초점을 맞추고 있다. 점차 비영리사업을 지원하는 이들도 돈이 쓰여지는 증거를 보는 것이 아닌 효과적으로 쓰여지기를 요구한다. 예컨대, 입양 가정과 곤란에 처한 아이들을 연계하는 프로그램에서 중요한 문제는 더 이상 얼마나 많은 아이들이 그 프로그램에 참여할 수 있느냐가 아닌 아이들이 입양 가정에서 정착해 머무를 수 있느냐인 것이다.

결과를 측정하는 이러한 새로운 접근은 쉽지는 않지만 모든 종류의 서비스 기관을 위해서 필수적인 것이다. 이것은 공공도서관에 큰 잠재력을 가지고 있다. 이러한 접근법은 최근 몇 년간 세인트루이스 공공도서관에서 행해진 비용편익 분석과 함께 비영리 목적의 기관에 의한 공공도서관과 지역사회에 대한 평가의 새로운 시대를 열고 있다.

결론

공공도서관은 다양하고 중요한 방법들로 지역사회의 중심으로서 서비스를 제공할 수 있다. 공공도서관은 역사, 경제, 예술, 자연적 환경과 같은 지역사회의 특징과 관련된 자료와 서비스·프로그램을 제공하면서 지역사회의 정체성을 육성하는 것을 도울 수 있다. 지역사회 공론은 공공도서관이 도시 쟁점에 대한 강의와 토론을 지원하거나, 지역사회의 단체를 위한 모임 장소나 비공식적 사회 상호작용을 위한 휴게실 공간을 제공해 주는 것만으로도 육성될 수 있다. 공공도서관은 정보 자원과 모임 장소, 협력적인 노력을 기하는 조직을 돕는 리더십 등을 제공함으로써 지역사회의 문제를 해결하려는 협동 노력을 촉진할 수 있다. 공공도서관은 또한 지역사회의 장점과 단점 평가와 같은 중요한 분야에 도움이 될 수 있으며, 정보 센터로서 지역적 계획 정보를 서비스하거나 결과 측정과 같은 새로운 평가 기술을 이용하여 지역사회의 평가 과정에 한몫을 할 수 있다.

제9장 사회적 콘텍스트 속에서의 도서관 역할 정립

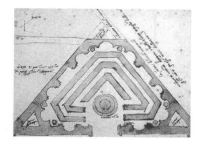

제9장 사회적 콘텍스트 속에서의 도서관 역할 정립

공공도서관 서비스를 통해 커뮤니티를 건설하려면 공공도서관 사서와 이사진은 지역사회의 삶의 관점에 조응해야 한다. 지역사회를 자율적인 개인들의 모임으로 보는 자유주의적 관점은 인간이 사회적 동물이라는 사실을 무시한다. 개인 복지는 개인의 삶을 보호하는 사회체계의 복지와 분리될 수 없다. 커뮤니티 운동 저자들은 개인의 권리는 사회에 의해 지원되는 곳에서만 존재한다고 말한다. 만약 사회적 요구에 응하지 못한다면 공공도서관은 개인의 요구에 응하는 것도 성공적으로 해 낼 수 없다. 도서관은 1947년 『미국도서관협회 전국 계획』에서 언급된 미국식의 2개의 지주(支柱)에 의지해야 한다. 공공도서관은 단체 생활의 민주주의적 과정과 개인의 존엄 모두를 수행해야 한다. 도서관 서비스 개발의 성공과 지지의 획득은 단체와 개인에 대한 관심에 균형을 맞추는 것에 달려 있다.

이 장은 사회의 요구와 부합하는 필요에 대한 일반적인 토론으로 시작할 것이다. 단체에 대한 서비스가 공공도서관 지원을 구축하는 데 제공할 수 있는 정치적인 이익이 이어질 것이며, 다음으로는 공공도서관 서비스를 증진시킬 수 있는 단체에 어떻게 서비스를 제공할지 그 방법에 대해 논할 것이다. 공공도서관을 개발하는 것은 정치적 과정으로서 논의될 것이다.

집단에 서비스 제공을 반대하는 자유주의적 성향

비록 공공도서관이 지역사회라는 콘텍스트 속에서 오랫동안 단체에 서비스를 제공해 왔지만, 현재 사회의 자유주의 이데올로기는 도서관을 개인에게 서비스를 하는 격리된 단체로 간주한다. 자유주의적 공공도서관 이데올로기는 다른 서비스 기관을 협력자라기보다는 잠재적인 경쟁자로 본다. 자유주의적 공공도서관은 시민의 정보 요구에 부합하려는 목표의 초점을 크게는 개인에게 불편 없이 자료를 제공하는 것에 맞추고 있다. 공공도서관 서비스의 사회적 차원을 회복하려면 공공도서관 운영자들은 도서관이 다양한 방법으로 개인과 단체 모두를 교육시키는 지역 서비스 구조망의 한 요소라는 것을 인식해야 한다.

자원은 제한되어 있기 때문에 공공도서관 운영자들이 엄격한 서비스 우선권을 정하는 것은 필수적이다. 공공도서관협회의 『공공도서관을 위한 계획 과정』은 공공도서관이 모든 사람들에게 모든 것을 할 수 없다는 사실을 여실히 보여 주고 있다. 그러나 『공공도서관을 위한 계획 과정』은 2가지 중요한 방법에 있어 착오를 범했다. 첫째, 지역사회 연합 조직이 제공하거나 단체를 겨냥한 서비스에 반대하는 경향을 보인다. 이러한 독단은 사실상 높은 우선적 지위를 가진 서비스를 아예 고려 대상에서 제외하고 만다. 이러한 경향은 비록 『결과를 위한 계획: 공공도서관의 개선 과정』에서 다소 순화되기는 했지만 여전히 계획 과정의 전통으로서 중요한 위치를 점유하고 있다.

둘째, 지역사회가 해결할 필요가 있는 특정 문제에 따라서가 아니라 계획위원회가 추구하고 싶어 하는 역할이나 수요에 대한 호응으로 설명되는 특정 시장에 따라 우선권이 제공되어야 한다고 주장한다. 지역사회의 요구는 특정한 문제를 해결하기 위한 요구라기보다 서비스의 일반적인 유형에 대한 요구로 간주된다. 비록 『결과를 위한 계획: 공공도서관의 개선 과정』이 공공도서관 서비스를 좀 더 사회적인 모델 쪽으로 옮겨 가는 추세이기는 하지만, 이것은 발전적 전략으로서 특정 시장을 육성하는 데 헌신하는 움직임과는 상당히 모순을 보이고 있다.

자유주의적 공공도서관의 급진적인 개인주의는 공공도서관이 제공하는 서비스의 종류에 불필요한 제한을 두고 있다. 공공도서관 운영자들은 다른 기관의 도움 없이도 얻을 수 있는 개인에 대한 서비스로 공공도서관 서비스를 제한하기보다 지역사회 요구에 호응할 수 있는 충분한 범위의 제도적 대응을 고려해야 한다. 공공도서관 운영자들이 집단에 영향을 끼치는 사회적 문제가 도서관이 수행하기에는 너무나 광범위하다고 독단적인 결정을 내릴 때, 공공도서관이 중요하게 기여할 수 있는 협동적인 업무의 가능성은 차단되고 만다. 도서관 운영자들이 단지 개인 사용자들에게만 서비스를 하기로 결정한다면 그것은 도서관이 제공하고 있는 서비스보다 오히려 개인에게 한층 유익할지도 모를, 집단에 대한 서비스를 제외하게 되는 것이다. 단체에 서비스를 하는 주요 목적은 집단과 개인 양쪽 모두에 도서관 서비스의 영향을 증가시키기 위한 것이다.

집단에 대한 서비스를 반대하는 경향의 한 예로는 대부분의 공공도서관에서 공적 프로그램이 갖는 낮은 우선권을 들 수 있다. 단체에 대한 서비스는 도서관의 진정한 초점인 개인에 대한 서비스를 강화시키는 홍보 활동의 하나로 간주된다. 예를 들면 일부 도서관이 지역사회를 위해 콘서트를 열기는 하지만 대개의 도서관은 개인에게 음악 레코드를 대여해 주는 것이다. 도서관에서 라이브 음악을 듣는 것에 대한 잠재적 호응도와 이 같은 서비스가 가지는 고유한 우월성은 서비스 우선권을 정하는 데 고려의 대상이 되지 못하는 경우가 허다하다. 공공도서관 운영자들은 이런 식의 서비스를 제공하는 것이 그들의 책임이라고 생각하지 않는 것이다.

　사회 서비스 업무에서 다른 기관들과 협동하고 사회적 환경에서 교육적 프로그램을 제공하는 것과 더불어, 공공도서관은 공식적·비공식적 사회 상호작용을 위한 장소를 제공할 수 있다. 앞서 언급했듯 공식적인 사회 상호작용은 공론과 상호작용을 장려하는 도서관이 지원하는 프로그램에 의해 촉진될 수 있다. 또한 공식적인 상호작용은 커뮤니티 기관에 도서관 미팅 룸을 대여하거나 모임을 보조해 줌으로써 촉진될 수도 있다. 시민사서직은 그러한 서비스를 자유주의적 공공도서관의 관점보다 한층 중요하게 여긴다.

　커뮤니티 운동의 저자인 로버트 벨라는 미국인들에게 모든 종류의 단체의 공헌이 민주주의적 삶을 풍요롭게 한다는 점을 상기시킨다. 벨라와 공저자들은 『마음의 습성: 미국에서의 개인주의와 책임』에서 알렉시스 드 토크빌이 미국을 처음으로 방문했을 때 미국 민주주의에 끼친 이 같은 단체들의 중요성을 지적했다고 설명하고 있다.

> 제퍼슨이 이해한 대로 토크빌은 다양한 시민단체들이 미국 민주주의의 요점이라고 주장한다. (…) 지방으로 분산된 단체들과 지역협회, 개인과 중앙정부 사이의 매개체, 의견이 공적으로, 이성적으로 만들어지는 공론의 제공, 습득되고 전해지는 공적 주도권과 책임감이 그러하다.

　조직단체의 공적인 상호작용을 증진시키는 것과 더불어 공공도서관은 대부분의 지역사회에서 거의 지원을 받을 수 없는 비공식적 상호작용도 증진시켜야 한다. 레이 올든버그(Ray Oldenburg)는 "좋은 삶이 기본적인 요소를 제공하는, 가정과 일터의 문을 넘어선 만족과 사회적 결합의 세 번째 영역"의 필요성에 대해서 언급한다. 그는 『훌륭한 장소: 카페, 커피숍, 문화센터, 미용실, 슈퍼마켓, 술집, 오락실 그리고 당신은 어떻게 그 속에서 하루를 보내는가 *The Great Good Place: Cafes, Coffee Shops, Community Centers, Beauty Parlors, General Stores, Bars, Hangouts and How They Get You Through the Day*』에서 비공식적 사회 상호작용에 대한 강력하지만 미묘한 기여를 분석하고 있다.

시민 공간의 공적 제공은 할 수 있어도 공공도서관은 건강한 커뮤니티를 위한 모든 비공식 공공장소를 제공할 수는 없다. 그러나 공공도서관은 이러한 문제를 해결하는 데 중요한 역할을 할 수 있다. 도서관 건물의 현재 추세는 집단 스터디실과 커피점, 휴게실 공간이 늘고 있는 것이다. 『결과를 위한 계획: 공공도서관의 개선 과정』의 중요한 기여는 '식당으로서' 기능하는 것이 공공도서관의 가능한 서비스라는 인식이다. 시민사서직의 관점에서 만들어진 도서관 편의 시설은 휴게실 같은 공동 이용 공간을 도서관의 초점으로 만들며, 더욱 많은 서비스를 위해 실제 장소의 크기를 늘릴 수도 있다.

커뮤니티 운동은 공공도서관 운영자들에게 대개 공공도서관의 소홀한 노력을 넘어서는 사회환경 지원 방법을 찾을 것을 권고한다. 이전 장에서 다루었던 일반적 커뮤니티 건설 전략 및 지금 설명한 기본적 관점과 더불어 도서관 운영자들이 커뮤니티의 사회적 생활을 공부하고 지원을 돕는 보다 구체적인 전략이 요구된다. 이 같은 복잡한 문제에 접근하는 최선의 방법은 지역사회에 존재하는 특정 커뮤니티 집단과 단체를 통하는 것이다. 집단과 함께 일한다는 것은 궁극적으로 정치적인 과정이지만 효과적인 서비스를 바탕으로 한 것이다. 여기서는 지역사회 지원을 얻기 위해 단체에 서비스를 하는 것에 대한 유용성을 우선 논의한 뒤 여러 집단과 함께 일하는 보다 기본적이고 중요한 이익에 대해서 이야기하도록 하겠다.

집단에 대한 서비스 제공과 정치권력

지역사회에서 여러 단체들을 분석할 때 공공도서관 운영자들은 공공도서관 그 자체의 성격만을 조사하는 것으로 분석을 시작한다. 공공도서관의 여타 커뮤니티 집단들과의 상호작용은 다른 정부기관만큼이나 정치적 과정으로 이루어진다. 이러한 기본적 사실은 간과될 때가 적지 않다. 올리버 가쇼가 『정치적 과정에서의 공공도서관』에서 언급했듯이, 공공도서관의 사서들은 공공도서관이 국가적 콘텍스트 속에서 지니는 타고난 정치적 성격을 이해하지 못함으로써 상처를 받는다.

이 직업에 대한 많은 저술과 연구 인터뷰는 공공도서관이 정부와의 접촉에 의한 오염의 치명적 위험 속에 있는 민간사업이라는 불명확한 전제 위에서 행해진다. 공공도서관의 정치적 관계를 연구하는 이들에게 이것은 공공도서관의 태도에 관한 가장 중요한 사실이다. 대체로 공공도서관 사서들은 자신들을 공립 관료제의 정부 직원이라고는 생각하지 않는다. 그럼에도 불구하고 그들은 불가피하게 정치에 연루되어 있다. 우리 연구의 결론은 공공도서관 사서들이 공공도서관의 정치적 세계를 좀 더 명확하게 이해하고 고려하는 것이 사서들과 도서관 서비스, 시민들에게 매우 중요하다는 것이다.

가쇼가 1949년에 언급했던 이러한 문제는 1980년대 공리주의적 개인주의가 자유주의적 공공도서관의 뒤를 이으면서 더욱 격렬해졌다. 민간 부문 개발 전략의 철학은 공공도서관 계발에 부적절할 뿐만 아니라 도서관을 유지하는 데 요구되는 정치적 업무로부터의 위험스런 일탈이다.

가쇼는 "도서관의 집단 활동 참여를 통해 지역사회 지원을 동원"하려는 시도를 했던 공공도서관의 노력을 지지했다. 가쇼는 집단에게 서비스를 제공하는 정치적 영향력의 성공 사례로서 덴버 공공도서관 사례를 인용했다. 1949년 덴버 공공도서관은 "도서관 책임자가 공공도서관과 더불어 시립대학 도서관과 도서관 교실, 지역 도서목록 센터, 성인 교육협회가 포함된 교육협의회를 조직"했다. 도서관 책임자와 직원들은 또한 적극적으로 다양한 종류의 커뮤니티 단체에 두루 참여하고 있었다. 가쇼는 "직원들은 책임자의 지도를 따랐고, 믿지 못할 만큼 많은 클럽과 위원회, 협회, 센터, 조합, 위탁, 연맹, 캠페인, 회의, 친목회 등에 두루 가입했다"고 말했다. 도서관은 2천 개가 넘는 커뮤니티 집단이 가지는 도서관 서비스에 대한 요구를 충족시킬 수 있도록 조직적인 관계를 유지하기 위해 직원을 파견한 것이다.

가쇼는 덴버 공공도서관을 그 당시 전형적인 공공도서관의 예라고는 설명하지 않았다. 비록 공공도서관과 여타 집단과의 상호작용이 드물지는 않았지만 그처럼 뛰어난 예를 찾는 것은 특별한 경우였다. 가쇼는 대개의 공공도서관이 외부 단체와의 연계가 적음을 비판했으며, 이 같은 연계의 부족이 자금 조성에 어려움을 겪은 요인이 되었다고 믿었다. 비록 가쇼는 자신의 조사가 단체에 제공하는 서비스와 공적인 지원 사이의 상호관계를 증빙하기에는 부족하다는 것을 알고 있었지만 "모두가 당혹할 만큼 풍부한 자금을 확보한 한 도서관은 우리가 상상할 수 있는 가장 확장된 그룹 서비스 프로그램을 가지고 있었다는 것은 짚고 넘어가야겠다"고 이야기했다.

인디애너 비고 카운티 공공도서관의 예전 책임자인 에드워드 하워드(Edward Howard) 역시 단체 서비스를 하지 못하는 공공도서관의 무기력함을 비난했다. 1978년 발표된 논문 「지역 권력과 커뮤니티 도서관*Local Power and*

the Community Library』은 "국가적이면서 독립적이며, 사적이고 자발적인" 조
직들의 목록을 작성함으로써 커뮤니티의 권력구조 분석을 위한 개념적 틀을 제
공하고 있다. 하워드는 영향력 있는 단체에 서비스를 제공함으로써 도서관에
대한 지원을 조직화하는 구체적인 방법을 제시한다. 가쇼의 경우처럼 하워드
의 초점은 커뮤니티 서비스의 제공보다는 공적 지원 개발 쪽으로 옮겨 가 있다.

권력과 서비스, 목적 전치의 위험

　가쇼와 하워드의 관점은 중요하고 정확하다. 단체에 서비스를 제공하는 것
은 지역사회의 지원을 강화하기에 훌륭한 방법이다. 이 같은 접근은 후원을 얻
기 위한 한 방편으로서 이전 장에서 언급된 민간 부문의 방법론보다 공공도서
관이 지니는 국가적인 성격에 더욱 적절하다. 가쇼와 하워드는 도서관의 발전
을 전문화된 시장이 아닌, 커뮤니티의 조직과 정치의 콘텍스트에서 기대하고
있다.

　그러나 지원을 얻기 위한 적절한 계획들은 공공도서관의 가장 첫 번째 우선
권이 지역사회 서비스라는 전제를 따라야 한다는 점은 짚고 넘어가야겠다. 이
같은 도서관의 특성과 그 결과는 종종 도서관 운영자들이 인식하지 못하는 부
분이다. 아미타이 에치오니는 저서 『현대 조직Modern Organization』에서 목적
전치(goal displacement)의 영향을 설명한다. 그는 조직의 리더들이 최우선 목
표를 수행하는 것보다 조직 그 자체를 유지하고 건설하는 데 더욱 신경을 쓸 때
목표 전치가 가장 흔하게 일어난다고 말한다.

　공공도서관 운영자들은 공공도서관의 장기적 성공은 효과적인 서비스라는

단단한 바탕을 기본으로 하고 있으며, 공적인 지원을 구축하려는 노력도 도서관이 제공하는 서비스와의 타협의 결과여서는 안 된다는 것을 이해해야 한다. 예를 들어 도서관 운영자들이 공적인 지원을 얻기 위한 수단으로서만 단체에 대한 서비스에 진력한다면, 도서관은 권력을 가진 단체에의 서비스만을 강조하고 서비스가 진정 필요한 힘없는 단체에는 소홀하게 될 것이다. 이것은 적극적이고 고등교육을 받은 엘리트 시민들에게 서비스를 제공하자는 논리로 귀결된 '공공도서관 연구'의 견해와 그리 다르지 않다. 이러한 접근은 목적 전치를 가져온다. 공공도서관은 교육에서 공적인 참여와 시민 생활에서 참여를 확대하려는 것이지 이미 고등교육을 받아 시민 생활에 적극적인 사람들의 요구를 맞추기 위해 만들어진 것은 아니다.

단체에 서비스를 제공하는 것이 어떻게 공공도서관 서비스를 증진시키는가

여러 단체에 서비스를 제공하는 것은 잠재적으로 도서관에 대한 공적 지원 증가의 토대를 증진시킨다. 도서관과 커뮤니티의 구성원들 사이에 정보가 순환될 수 있는 굳건한 연계고리가 되기 때문에, 집단에 대한 서비스는 공공도서관 서비스를 증진시킬 수 있다. 이러한 새로운 정보 전달은 커뮤니티의 요구를 세세히 이해하고, 특정한 이익에 맞추어진 현재 도서관 사용자들의 교육에 알맞은 상황을 제공할뿐더러, 커뮤니티의 전문적인 지식에 대한 접근성을 제공하고, 협동과 자원의 공유를 위한 새로운 가능성을 열어 보임으로써 도서관을 도울 수 있다. 도서관 서비스에 대한 이처럼 강력한 장점은 가쇼와 하워드가 제기한, 정치적 이익을 위한 토대를 제공하지만 도서관 자금의 형태로 실제의 결과물이 있는지를 살펴봐야 마땅하다.

단체에 대한 서비스로부터 얻을 수 있는 이익의 형태는 많은 공공도서관들이 지역의 혈통적 사회(genealogical societies)들과 공유하고 있는 관계에 의해 묘사될 수 있다. 이러한 단체들이 공공도서관과 가지는 가까운 유대는 그 결과로 앞서 이야기한 이점들을 창출할 수 있다. 단체들은 자신들이 원하는 것을 도서관에 이야기하며 때로는 적절한 소장 자료의 비치와 자금 지원을 위해 힘쓴다. 도서관에서 혈통적 사회 구성원들의 적극적인 역할은 도서관이 이러한 집단에 대한 전문화된 사용자 교육을 제공할 가능성을 증가시킨다. 혈통적 사회의 구성원들은 도서관 사용자 교육과 서비스에서의 개별적 도움을 일반 시민들에게 제공함으로써 도서관을 도울 수 있다. 만약 도서관 자금이 위태로운 상황이라면 혈통적 사회의 구성원들은 자신들의 이익에 도서관이 미치는 중요성을 잘 이해하고 있기 때문에 지원에 나설 주요 후보자들이다. 오하이오 공공도서관과 혈통적 사회의 관계는 도널드 리처(Donald Litzer)의 글 「도서관과 혈통적 사회의 혈통적 지역 서비스와 소장 도서의 발전을 위한 협동Library and Genealogical Society Cooperation in Developing Local Genealogical Services and Collections」에 자세히 설명되어 있다.

이처럼 유익한 관계는 공공도서관과 다른 단체들 사이에서도 존재할 수 있지만 다른 단체와의 상호작용에 적극적이지 못한 공공도서관의 태도는 그 같은 관계를 도리어 막았다. 혈통적 사회와 공공도서관의 관계는 혈통적 사회 측에서 요구하지 않는 한 대부분의 지역사회에서 형성되지 못했을 것이다.

결론

    지역사회에 효과적으로 서비스를 하기 위해서는 도서관 운영자들이 사회적 요구와 개인의 요구 모두를 충족시키는 서비스와 소장 도서를 제공해야 한다. 개개인의 복지는 개인의 삶을 지탱해 주는 사회적 시스템과 분리될 수 없다. 자유주의적 공공도서관의 이데올로기는 지역사회 생활의 사회적 측면을 무시하여 사회와 개인 모두에게 손해를 입힌다. 이 이데올로기는 개별적 조직으로서 도서관이 제공하는 개개인에 대한 서비스에 강조점을 둔다. 그러나 시민사서직은 그 서비스와 협동이 지역사회의 도서관에 대한 서비스 요구와 적절히 들어맞을 때는 단체에 대한 서비스와 다른 기관과의 협동 모두를 지원할 수 있다. 단체에 대한 서비스와 여타 기관과의 협동은 정치적 지원을 배가하여 공공도서관에 이익을 줄 수 있다. 단체에 서비스를 제공하는 주요한 이점은 여러 단체와의 관계가 제공할 수 있는 상호적 지원의 가능성이 무한하다는 것이다. 도서관은 정치적으로 굳건하며, 서비스 제공자로서 도서관을 이용하는 이들과의 긍정적인 관계 형성을 돕는다. 도서관 이용자들의 많은 수는 커뮤니티 단체를 통해 연계를 맺을 수 있다.

제10장 도서관 정책 강화

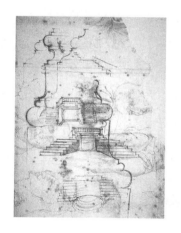

제10장 도서관 정책 강화

    도서관의 서비스 개발과 지원은 본질적으로 정치적인 과정이기 때문에, 도서관 운영자들은 명확한 정치적인 근거에 입각해 노력을 경주해야 한다. 도서관 운영자들의 사회권위 복원과 민주주의 사회를 위한 공공도서관의 교육 임무 재정립은 정치적인 근거를 개발하는 데 있어 필수적이다. 도서관 운영자들은 공공기관의 목표의 중요성과, 이러한 목적을 추구하는 공공기관으로서 자신들의 권리를 명확하게 해야 한다. 오늘날의 경쟁적인 정치적 분위기 속에서 도서관 운영자들이 효과적으로 능력을 발휘하기 위해서는 더욱 강력한 정치적인 입지를 발전시켜야 한다. 이 장은 자유주의적 공공도서관 정책의 부적절함을 증명하고, 겉으로 보기에는 모순적인 옹호와 중립의 원칙에 대한 도서관의 의무를 지지하는 새로운 도서관 정책을 제시할 것이다.

자유주의적 공공도서관의 정책

    자유주의적 공공도서관은 1980년대 자유주의 합의처럼 좌파의 표현적 개인주의와 우파의 공리주의적 개인주의를 결합하고 있다. 이러한 결합은 열정과 무관심이라는 기이한 조합을 초래했다. 신좌익의 표현적 개인주의는 소수의 미국 시민들만이 갖고 있는 분열적인 사회적 태도를 촉진시키는 데 진력한다. 이것은 개인의 자유를 고취하는 사회목적에 반하는 모더니즘의 상대론을 이용하는 정책이다. 이 같은 접근법은 현대 사회의 관심사에는 무관심한 채 개인의 자유를 구속하려는 위협이 느껴질 때마다 지극히 도덕주의적인 자세를 취하는 것이다. 이처럼 대항적인 문화적 태도는 몇몇 사례에서 미국도서관협회의 사회 책임 원탁토의회(Social Responsibilities Round Table)의 운동가적 일원들에게 제한되어 있다. 때로는 이러한 입장이 도서관 지도자들 사이에서 한층 넓은 지지 기반을 갖기도 한다.

　도서관 지도자들은 중립적인 공공기관의 대표로서 문화전쟁에서 어떠한 입장을 취해서도 안 된다. 그러나 국가적 차원에서는 입장을 취해 왔다. 표현적 개인주의를 지키는 데 있어 도서관 지도직의 문화전쟁적 동맹들은, 낭만주의로 시작되었고 다양한 형태의 모더니즘을 통해 지속된 대항적 문화의 옹호자들이었다. 이러한 동맹은 영화 제작 산업과 미국자유인권협회(American Civil Liberties Union), 예술단체들, 플레이보이계의 기업들, 인터넷 자유론자들을 비롯한 많은 작가들과 학자들이 있다. 문화전쟁에서 도서관 사서직의 적은 크리스천연합(Christian Coalition)과 「월스트리트 저널Wall Street Journal」, 로라 슐레징어(Laura Schlesinger, 심리학자이며 가족치료 전문가로 유명한 방송인 : 역주)와 대항적 문화의 가치를 공유하지 않는 많은 시민들이었다.

　지역적 수위에서 공공도서관 운영자들에 대한 보다 전형적인 반응은 무관심한 중립적 성격을 지닌다. 공리주의적 개인주의는 서비스를 판다고 생각하며 사회적 도덕성에 대해서는 무관심하다. 사회 복지에 대한 무관심은 게이의 권리에 대한 보이스카우트의 입장에 대한 공적인 비난에 무관심함만큼이나 민주사회를 위한 교육의 수단으로 공공도서관의 유용성을 적극적으로 옹호하는 데도 소홀하다. 제도적 중립성을 위반하는 표현적 개인주의의 분열적인 정책과 어떠한 종류의 옹호도 하지 않는 공리주의적 개인주의 모두 성공을 거두지 못한다. 옹호와 중립성 모두를 지원하는, 강하면서도 통합하는 도서관 정책이 요구되는 것이다. 공공도서관은 관점이 불명확한 무분별한 비판론자나 무관심한 상대주의자가 아니라, 문화의 중대한 이슈를 공정하고 통합적인 방법으로 적극적으로 다루는 주체가 되어야 한다.

표현주의 개인주의와 어린이 권리의 옹호

공공도서관의 옹호적인 태도의 예로 부모의 권리와 보편적 사회 관심, 일반 상식에 반하여 공공도서관을 사용하는 어린이들의 권리에 대한 지지만큼이나 공공기관의 명예에 손상을 입힌 경우는 찾기 힘들다. 이 같은 직업적 태도는 인터넷 사용에 따른 사회문제로 1990년대의 주요 논쟁으로 떠올랐다. 그러나 '도서관 권리장전'에 도서관을 사용할 권리가 거절되거나 약화되어서는 안 되는 이유들 중 하나로 나이가 포함되면서 공공도서관의 어린이 권리에 대한 입장에 문제가 불거지기 시작했다. 지나친 어린이 권리의 신장은 표현주의적 개인주의의 가장 분열적이고 역기능적인 단점 중 하나였다.

어린이들을 특별한 규칙이나 도움이 필요한 불완전한 존재가 아니라 자율적인 개인이라고 보는 것은 본질적으로 낭만적인 믿음이다. E. D. 허시의 말을 인용하자면 "낭만주의는 어린이가 어른이 축소된 무지한 존재가 아니며, 주조를 하는 데 필요한 형태 없는 진흙 조각도 아니라고 믿는다. 어린이는 그들 고유의 권리에 있어서 발전되고 자연적으로 이루어지도록 놔두어야 하는, 특별하고 자신감 넘치는—거의 신성하다 할 만한—충동을 가진 특별한 존재"인 것이다. 허시는 "문명이 어린이들에게 양호하고 고양적이며 미덕을 높이는 결과보다 타락시키는 결과를 가져온다는 생각은 유럽의 낭만주의가 미국적 사고에 끼친 확실한 영향이다"라고 설명하고 있다. 만약 어린이들이 워즈워스나 다른 낭만주의자들이 믿었듯 성인보다 많은 면에서 뛰어나다면 어린이들을 문명화시키는 노력은 해로우며 역효과라는 생각이 당연히 따르게 마련이다. 앞서 살펴보았듯 이러한 생각은 사회의 젊은이들을 교육시키는 노력의 합법성과 충돌하는 것이며, 사회를 위해 봉사하는 교육적 공공기관으로서 공공도서관의 역할을 훼손한다. 유년시절에 대한 낭만적 이해는 정부의 형태로서 무정부주의가 그렇듯 실행 가능성에 있어서 문제를 안고 있다.

'도서관 권리장전'에서 명시한, 나이에 따라 도서관의 서비스를 거절하거나 축소하는 것에 대한 금지는 처음부터 비현실성이 명백했다. 많은 도서관 관리자들은 통제받지 않는 아이들이 도서관 회의실을 사용하는 것을 꺼려했으며 어린이들이 다양한 고가의 장비들을 대여하는 것을 허락하기에 주저했다. 대부분의 사람들은 어린이들이 그에 대한 책임을 질 수가 없다고 생각하는 것이다. 그러나 사서들은 달랐다. 허버트 화이트(Herbert White)는 인터넷 필터링(filtering)에 대해 1999년 「아메리칸 라이브러리즈*American Libraries*」지에 쓴 글에서 다음과 같이 말했다. "어린이들은 어른들과 똑같은 권리를 가졌으며 단지 수직적으로 도전을 받을 뿐인 성인이다."

많은 사서가 선택한 어린이들의 권리에 대한 극단적인 태도는 공공기관의 철학적인 태도를 구체화하는 데 일어나는, 불필요한 문제를 일으킬 수 있는 실수의 한 본보기이다. 이 같은 실수는 공격적인 옹호자가 된다는 것으로는 충분하지 않다는 중요한 사실을 보여 준다. 도서관의 지도자들은 현실과 일치하는, 실행할 수 있는 일을 주장해야 한다. 만약 민주주의의 기본적인 틀과 공공도서관의 기본적인 틀이 실제적으로 위협을 받는다면 도서관 지도자들은 대중적 인기와 상관없이 이 같은 틀을 지지해야 한다. 그러나 공공기관의 미래가 위험에 처하기 이전에 공공도서관의 지도자들은 세계에 대한 스스로의 시각이 적절하다는 확신을 가져야 한다. 어린이들의 지나친 권리 신장의 경우에서처럼, 지지할 수 없는 정치적 입장으로 피해를 입는 단체와 개인은 상당히 많다. 허버트 화이트는 앞서의 글에서 이렇게 말했다. "사람들이 「월스트리트 저널」을 우익의 쓰레기라고 생각하고 버리지 않는 이상, 선의에 있어서 이것은 우리로 하여금 많은 대가를 치르게 할 것이다. 우리는 「월스트리트 저널」의 지원이 필요하지만 중도를 지키려는 사람들을 고립화시키려면 극단으로 갈 수밖에 없다."

공리주의적 개인주의와 무관심의 중립성

중립성이 공공도서관에 있어 중요한 가치관이지만 상대주의의 무관심은 커뮤니티 증진을 위한 공공기관의 도덕적 기반을 다지는 데는 부적절하다. 상대주의적 무관심을 바탕으로 한 중립성과, 다원적 사회 내에서 모든 이들의 관점에 대한 존중을 바탕으로 한 중립성을 구별하는 것은 무척 중요하다. 앞서 언급했듯이 상대주의는 누군가의 생각 자체를 개인적 편향으로 여기며, 그렇게 함으로써 개인적이며 사회적인 의사 결정의 가치를 전적으로 하락시킨다. 여러 사고들 사이에서 우위를 판가름할 수 있으며 좋든 나쁘든 의사 결정으로 중요한 결론을 낼 수 있다고 생각될 때에야 비로소 교육은 논리적으로 이치에 맞게 되는 것이다.

워런 노드(Warren A. Nord)와 찰스 헤인스(Charles C. Haynes)는 공저 『교육 과정에서 종교를 진지하게 받아들이는 것 *Taking Religion Seriously Across the Curriculum*』에서 이런 차이점의 중요성에 대해 설명한다.

여러 차례, 물의를 일으키는 쟁점과 관련해 교사들은 "정답은 없다"고 말한다. 때로 교사들은 모든 종교가 외부적 차이점 외에는 궁극적으로는 같다고 관용적인 태도로 말할 것이다. 다문화주의 운동은 모든 전통을 동등하게 존중하는 데 중점을 둔다. 앞서 논의했듯, 교육적이며 헌법적인 요소를 위해서 학교와 교과서와 교사들은 종교적인 문제에 대해 중립적인 태도를 취해야 한다.

많은 종교인들이 이를 어떠한 종교도 다른 종교보다 우월하지 않다고 생각하는 상대주의로 해석하는 것은 놀라운 일이 아니다. 교사들이 해야 하는 가장 어려운 임무 중 하나는 다원주의(다른 관점을 가진 이들에 대한 관용과 존중)와 상대주의의 차이점을 학생들에게 설명하는 것이다.

여러 종교와 비종교적인 전통들 사이에서 생기는 불일치가 무엇이 진실인가에 대한 다른 시각이라는 것을 기억하는 것—그리고 학생들에게 상기시키는 것—은 중요한 일이다. 만약 하나의 종교적 입장 또는 정치적이거나 과학적인 입장을 취하는 것이 뷔페에서 무엇을 먹을지를 고르는 것과 같다는 생각을 하게 된다면, 학생들은 종교나 과학의 성격에 대해 큰 오해를 품게 될 것이다. 각각의 전통 내에서 어떤 음식은 독이 있는 것이고 다른 어떤 음식은 몸에 좋은 것이므로 맛이나 겉만을 보고 음식을 선택해서는 안 되는 것이다.

노드와 헤인스는 "중립이 적의나 침묵을 의미하지 않는다"고 말했다. 그들이 믿는 중립성은 공정과 존중의 표명으로서 "우리가 모든 이를 진지하게 받아들이는" 것이다. 워런 노드는 『종교와 미국 교육: 국가적 딜레마의 재고 *Religion & American Education : Rethinking a National Dilemma*』에서 이 같은 사고를 확장시킨다.

역사적으로 정치적인 자유주의는 사람들이 궁극적으로 다름에도 불구하고 평화롭게 사는 것을 허락하는 헌법적 구조 틀을 보증해 왔다. 제대로 이해된다면 이러한 구조는 궁극적으로 무엇이 중요한지와 어떻게 세상을 이해하는지에 대해 다른 의

견을 갖고 있는 비종교인들과 종교인들 사이에 의견 일치의 관점을 제공할 것이다. 우리 문화는 다분화되어 있기 때문에 공공 교육은 문화전쟁에 있어 어떤 한쪽을 지지해서는 안 되며, 중립성을 유지하고 서로 경쟁적인 대안들을 공정하게 다루어야 한다. 사실 단지 서로를 진지하게 받아들이는 것만으로도 우리는 종교나 교육에 대한 국가적 딜레마를 해결할 수 있다.

상대주의와 다원주의에 대한 이 같은 논지는 공립학교뿐만 아니라 공공도서관에도 적용된다. 공공기관은 한쪽 편을 취한다거나 불일치를 해결하려는 요구를 무시함으로써 실재하는 불일치를 악화시켜서는 곤란하다. 헤인스와 노드는 다양한 관점과 이러한 관점들을 표현하는 사람들 모두를 존중하는, 적극적이며 긍정적인 중립성을 요구하는 견해를 제시했다. 대(對) 문화전쟁 논쟁에서는 모든 입장이 서로의 의견을 경청하는 것이 필수적이다. 공공도서관이 특정한 의견에 동의한다면, 이러한 경청을 위한 중립적인 장소는 될 수 없다.

자유주의적 공공도서관의 옹호와 중립성 모두에서 실패였던 정책들

자유주의적 공공도서관의 정책은 옹호 또는 중립 모두에서 효과를 낳는 데 실패했다. 표현적 개인주의의 옹호는 1970년대와 1980년대 동안 민주당에서 실패했던 것처럼 신좌익에서도 실패했다. 주류 사회를 거스르는 목적을 찾는 대항적 문화의 습성 및 태도가 지니는 고유한 약점 때문이었다. 정치적 행동에 대한 자기 방어적 접근은 많은 도서관 지도자들로 하여금 그들이 서비스를 제공하는 커뮤니티를 거시적으로 보는 관점에 반대하여 조용하고 개방적인 도서관 운영을 지지하도록 만들었다. 도서관 운영자들이 표현적 개인주의의 정책을 실행할 경우 옹호의 측면에서는 성공을 거둘 수 없다. 철학적 틀을 제공하는 데 취약한 데다가 공공기관의 중립성을 위반하기 때문이다. 철학적 틀 제공의 취약성은 표현적 개인주의가 민주주의 사회를 위한 교육의 임무에 신뢰를 갖지 않는다는 사실 때문이다. 중립성이 취약한 까닭은 사회는 개인적 자유의 적으로서 대적해야 할 대상이라는 사고방식의 결과라 할 수 있다.

공리주의적 개인주의에 기본을 두고 있는 자유주의적 공공도서관의 정책 또한 공공기관을 지지하지 못한다. 도덕과는 무관한 이 상대주의는 정치적 옹호를 절대적으로 피하며 이것을 시장의 가장 중요한 요소인 상품과 서비스의 분배로 대체하는 것이다. 공리주의적 개인주의는 사회도덕적 쟁점에 대한 중립성을 촉구하지만, 그러나 이러한 중립성은 사회 복지에 대한 수동적 무관심에 바탕을 두고 있다.

시민사서직과 도서관 정책

어떻게 공공도서관이 공공기관의 중립성을 유지하면서 설득력 있는 옹호적 태도를 유지할 수 있는가? 도서관 지도자들은 모든 사회적 이슈에 대해 어떤 한 편을 들거나 아니면 사회적 선에 대한 모든 표현을 피해야 하는가? 공공도서관은 공공시설의 업무를 개선하려는 정치적 옹호와 지역사회 내 모든 이들에게 서비스하는 공공기관으로서의 정치적 중립성을 동시에 필요로 한다. 이 같은 모순은 공공도서관의 사회적 콘텍스트의 기본이다. 커뮤니티 운동의 개념은 도서관 운영자들이 옹호와 중립성 사이에서 적절한 균형을 찾는 데 도움이 될 수 있다.

아미타이 에치오니는 미국의 다원론적 사회를, 여러 조각들을 하나의 틀과

풀을 사용하여 합쳐 놓은 하나의 모자이크로 설명한다. 미국 민주주의의 법과 전통은 특정한 단체와 개인들의 다양성을 하나의 사회로 통합하게 하는 철학적 틀을 제공한다. 이를 확대하면 공공도서관은 사회의 모든 구성원들이 서비스를 받도록 하는 법과 전통의 틀에 의해 유지되고 있다. 지나치리만큼 단순화시키자면 공공도서관의 철학적 틀을 옹호를 위한 장이자 공공기관이 사회적 가치를 소통하는 장으로 간주하고, 자료와 서비스의 선택을 중립성을 지키는 장이자 특정 단체와 개인에 대한 공정함과 존중을 위한 장으로 간주할 수 있을 것이다. 중립성의 가치는 당연히 그 자체가 철학적 틀의 중요한 부분이다. 또한 자료와 서비스의 선택이 옹호적 성질을 가지고 있다는 것 역시도 사실이다.

커뮤니티 운동은, 좋은 사회란 높은 수준의 권리와 책임이라는 특징을 가졌다는 것을 잘 알고 있다. 도서관 운영자들은 이러한 생각을 유지하면서, 중립성과 책임을 바탕으로 한 공공도서관의 제도적인 틀 안에서 특정 단체와 개인 모두의 권리를 더욱 신장시켜야 한다. 사회적 쟁점들에 대해 어떤 한 의견을 취하는 것은, 사회적 선으로서 공공시설의 기본적인 틀을 옹호하는 데 침묵을 지키는 것만큼이나 부적절할 수 있다. 도서관 운영자들은 중립성과 옹호적 태도 모두에서 보다 지속적이고 적극적일 필요가 있다.

자유주의적 공공도서관이 도서관 운영자들에게 2가지 역기능적 정치적 선택 사항을 제공했다는 것은 명확하다. 민주당이 포기한 신좌익의 실패한 정책과, 시장의 특징인 사회 복지에 대한 상대주의적 무관심이다. 민주주의 사회를 위해 교육을 제공하는 공공도서관의 전통적인 임무로의 회귀는 도서관 운영자들이 도서관의 철학적·정치적 틀을 공고히 하는 데 도움이 될 수 있다. 제대로 수행된다면 공공도서관 운영자와 일반 시민들은 공공도서관이 보다 굳건하고 통합된 커뮤니티를 구축하기 위해 어떻게 옹호와 중립성을 조절하는지를 더욱

도서관, 세상을 바꾸는 힘

잘 이해할 수 있게 될 것이다. 민주주의 사회를 위한 교육 임무에 바탕을 둔 새로우면서 더욱 많은 활동적인 도서관 정책은, 자유주의적 정책에 따라 모든 층위에서 나타난 공공도서관에 대한 반정부적이고 반사회적인 도전에 대항하는데 필수적이다. 이러한 도전들은 민주주의에 대한 지지로서 공공도서관의 중요성에 대한 실제적 공격을 표명함으로써 옹호를 위한 합리적인 기회를 제공해준다.

자유주의적 주장에 대한 반대

민주주의 사회를 위한 교육 임무의 상실은 공공도서관의 정치적 진흥에 심각한 문제를 야기했다. 이러한 문제는 주와 국가적 수준의 입법상 주요체뿐만 아니라 지역적 자금의 주요체에도 존재한다. 순수한 형태의 자유주의적 정치 태도는 군사적 지원과 경찰력, 경제에 필수적인 기반 산업의 요점을 넘어서는 사회적 계획을 위해 공적인 자금을 제공하는 데 관심을 두지 않는다. 많은 자유주의자들은 공공 교육을 위해 자금을 지원하는 것이 일반 시민의 책임이 아닌 서비스를 이용하는 이들의 책임이라 생각한다. 자유주의자들은 공공도서관의 자금이 사용료와 후원금이 혼합된 형태여야 한다고 주장한다. 이러한 자유주의적 견해는 지금 공화당에서 일반적인 생각이기 때문에 많은 공공도서관 운영자들이 이러한 논리에 익숙하다. 공공도서관에 대한 세금 지원이 공공도서관을 재정적으로 지원하는 사용료와 후원금이 실패한 결과임에도 불구하고 이러한 접근법은 일반 시민에게서뿐만 아니라 도서관 운영자들 사이에서도 지지를 얻고 있다.

이처럼 현재 공공도서관 운영자들의 정치적 노력이 역기능을 하게 된 것은 자유주의적 논쟁에 적절히 맞서지 못하기 때문이다. 자유주의적 공공도서관이라는 수단을 갖고 있으면서 자유주의적 견해에 대항해 공공기관을 수호한다는 것은 불합리하다. 이 같은 불합리성은 도서관 운영자들이 도서관을 사용하지 않는 이들에게 도서관을 위한 돈을 요구하는 것은 도덕적으로 잘못된 것이라는 도전을 받게 될 때 명확하게 나타난다. 도서관 운영자들은 도서관 A가 50만 개의 품목을 대여해 주며, 7만5천 가지의 정보 요구에 답하고, 1만5천 명이 참여하는 프로그램을 매년 제공한다고 대답할지도 모른다. 게다가 도서관 A는 최근 행해진 여론조사에서 98%의 일반적 만족에 대한 지지율을 얻었다고 할 수도 있다. 높은 사용률과 인기도를 주장하더라도 명백히 반박할 수 있는 것은 어떠한 중요한 공공의 목적도 이러한 높은 사용률과 인기도에 의해 행해지고 있지 않다는 점이다. 공짜 음식을 제공하는 식당이 애용되므로 인기가 많다고는 설명할 수 있지만, 그렇다고 해서 세금 지원을 받아야 한다는 의미는 될 수 없기 때문이다. 자유주의적 공공도서관은 민주주의 사회를 위한 교육이라는 공공목적으로 무장되어 있지 않기 때문에 앞서 이야기한 비난에 아무 방어책이 없다. 자유주의에 대한 도덕적 도전은 활성도와 인기도가 아닌 도덕적 측면에서 변호해야 하는 것이다.

궁극적으로 자유주의에 의해 제기된 정치적 문제에 대한 해결책은 공공기관의 사회권위를 수행하는, 교육과 지도라는 까다로운 과정이다. 만약 많은 시민들이 공공도서관이 더 이상은 묻지 않는 질문에 대한 대답이라 생각하고 있다면, 도서관 운영자들은 민주주의의 성공은 여전히 훌륭한 의사 결정을 하는 데 달려 있으며, 훌륭한 의사 결정은 공공 교육에 달려 있고, 공공 교육은 공공도서관에 달려 있다는 점을 설명해야 한다. 공공도서관은 시민들이 민주주의적 공공시설을 통해 사회를 발전시키려고 협동해야 한다고 생각할 때만이 민주주의 사회를 위한 교육이라는 본연의 임무를 성공적으로 해 낼 수 있다. 이러한 이해와 약속이 상실된 곳이라면 도서관 운영자들은 이를 재건하기 위해 다른 이들과 협력해야 한다. 공공도서관은 커뮤니티 공공기관이다. 커뮤니티에 대한 약속이 상실된 곳에서는 공공도서관마저 상실될 것이다.

데이비드 매튜스는 『공립학교에 찬성하는 한 명의 공중이라도 존재하는가』에서 "전 커뮤니티의 이익을 위한 학교라는 개념에 대한 역사적 신뢰의 부식"이라는 표현으로 공립학교에 대한 의견을 표명한다.

> 왜 시민들을 참여시키는 것이 저조한가? 그것은 공립학교라는 아이디어를 지지하는 사람들이 무척 적기 때문이다. 학교 개혁은 커뮤니티 건설과 나란히 재개되어야 한다. 다른 말로 하면, 우리의 학교에서 우리가 원하는 개선들을 보기 위해서는 우리의 커뮤니티에 어떠한 조치가 일어나야 하는 것이다.

커뮤니티 건설은 공공 교육이 커뮤니티 건설에 있어 중요한 구성 요소인 것과 마찬가지로 공공 교육을 지지하는 분위기를 제공하는 데에도 필수적이다.

전반적인 사회목적과 특정한 공공 교육에 대한 자유주의의 도전에 대항하는 가장 좋은 방법은 다른 단체들과 협력해 지역사회에서 공공도서관의 가치를 증명할 수 있는 서비스를 개발하는 것이다. 최근 몇 년간 정치적 연합이 표현적 개인주의 정치 철학을 반영하기는 했지만, 공공 교육에서의 상호적 이익을 바탕으로 한 동맹을 구축하는 데 있어 보다 현명한 연합체를 건설하려는 움직임이 지금 진행 중이다. 새러 앤 롱은 1999~2000년 미국도서관협회의 회장직에 있으면서 새롭고 긍정적인 많은 교육적 협력을 발전시켰다. 도시도서관위원회(Urban Library Council)가 벤튼재단과 협력한 사업은 공공 교육 지원에 있어 긍정적인 영향을 미쳤다. '미래를 위한 민간 비영리 단체 도서관(The Non-

Profit Organization Libraries for the Future)' 은 여러 단체들과의 협력을 도모했다. 여전히 한층 많은 일들이 정치적 협력을 통해 공공도서관을 강화시키는 데 도움이 될 수 있다. 1990년대 공공도서관은 커뮤니티 운동의 발전적인 전략을 받아들이려는 이들에게 돌아간 각종 재단의 보조금과 정부의 자금을 얻을 수 있는 기회를 놓쳤다. 커뮤니티 운동의 아이디어들이 영향력을 얻은 사법단체와 언론, 여타 직업 분야와의 강력한 연합은 지금도 이루어지기를 기다리고 있는 상태이다.

결론

공공도서관 운영자들은 자신감을 가지고 공공도서관의 임무를 강력하게 지지해야 한다. 공공 교육과 이를 추구하는 사회권위에 대한 지지가 줄어들자 자유주의적 공공도서관의 자신감과 힘도 사라졌다. 자유주의적 공공도서관의 일관되지 않은 정책들은 신좌익의 표현적 개인주의의 삐뚤어진 열정과 공리주의적 개인주의의 성격을 가진 시장의 사회적 무관심 사이에서 동요하고 있다. 공공기관으로서 도서관의 중립성을 존중하지 않는 옹호적 태도는 공공도서관을 위해 한 마디도 하지 못하는 무관심한 중립성만큼이나 부적절하다.

시민사서직은 옹호와 중립성 사이에 새로운 균형을 제공한다. 이 중립성은 공공도서관을 지원하기 위해 모든 이들에게 책임을 공유하도록 하는 것과, 도서관 사용자로서 공정한 대우를 받을 수 있도록 특정 단체나 개인들의 권리를 수호한다는 명확한 관점을 바탕으로 한다. 옹호는 목적이 뚜렷하고 공적으로 지지를 받는 민주주의 사회를 위한 교육적 임무를 바탕으로 해야 한다. 중립은 차이점이 토론될 수 있는 공론의 자리를 적극적으로 제공하며, 여러 다른 관점과 이처럼 다른 관점을 가진 이들의 사고를 존중하는 데서 비롯된다. 도서관 정책은 진 립맨블루먼이 제안했듯, 차이점의 정책을 넘어 공통의 정책으로 움직여야 한다. 이 같은 정치적 관점은 공공도서관이 자금과 관련한 자유주의적 도전에 대응하고 공공 교육에 헌신한 다른 단체들과 함께 연합을 구축하기 위해 필수적인 관점이다.

제11장 직업적 관점으로 본 사서직

제11장 직업적 관점으로 본 사서직

시민사서직은 자유주의적인 공공도서관의 사서직과 전혀 다른 철학적인 틀과 행동 계획을 제공한다. 앞에서는 일반적인 직업적 관심사와 공공도서관 서비스의 예에 관련해 이러한 변화에 대한 전반적인 설명을 했지만, 이 장에서는 특정 직업적 관심사와 도서관 서비스에 대한 시민사서직의 함의를 자세히 다룰 것이다. 이러한 패러다임이 가지는 힘을 증명하기 위해서는 더욱 자세한 설명이 필요하지만 공공도서관 업무에 대한 새로운 관점은 현재 그 의미의 해석 작업이 진행 중인 상황이다.

시민사서직은 더 이상은 이해되지 않았던 공공도서관 서비스의 전통과 함께 아직 완벽히 이해되지 못한 커뮤니티의 자원으로서의 공공도서관에 대한 새로운 접근에 기반을 두고 있다. 시민사서직에 관심을 둔 이들은 지나간 세계와 새로운 세계 모두를 탐구하고 있다. 여기서의 목표는 시민사서직에 대한 세부적인 설명이 아닌, 공공도서관 발전에 관한 새로운 접근을 탐구하고 싶어 하는 이들을 격려하는 것이다. 이러한 견해가 공공도서관 사서직에 지원하는 이들의 수효를 늘릴 수 있다면 이 같은 아이디어들은 전국에 걸쳐 시험되고 개발되어야 한다. 이는 커뮤니티 운동이 강한 영향을 가졌다는 시각에서, 언론과 사법단체와 같은 전문직종에서는 일찍이 일어났던 상황이다.

이 장에서는 공공도서관 사서직에 대한 교육, 공공도서관 사서직과 운영자들의 채용과 유지, 장서개발 및 서비스의 개발, 인기 있는 자료의 개발, 도서관편의 시설과 확장된 서비스와 같은 직업적 관심사에 대해 다룰 것이다.

공공도서관 사서직 교육

시민사서직의 장점 중 한 가지는 도서관 서비스가 개인과 사회 모두에 영향을 줄 수 있다는 것이다. 사서직의 업무는 추상적이고 이론적으로 보일지 모르겠지만 도서관이 서비스를 하는 개인과 커뮤니티의 현실에서 나타나는 결과로 평가된다. 시민사서직은 공공도서관 운영자들이 민주주의에 끼치는 공공 교육의 중요성을 이해하고 커뮤니티의 문제를 진지하게 다루도록 한다.

불행하게도 공공 서비스를 위해 이 같은 아이디어를 적용하는 것은 지지를 잃고 있다. 이러한 경향을 가장 잘 대변해 주는 예는 문헌정보학부의 이름으로 '도서관'이라는 용어를 사용하는 것과 관련한 연구자들의 논쟁을 들 수 있다. '도서관'이라는 용어 사용에 주저하는 것은 어떤 면에서는 이론이 실행보다 가치를 얻고 있으며, 연구가 전문적인 트레이닝보다 가치를 얻는 대학 내에서의 지위에 대한 관심을 반영한다.

돈 팰리스(Don Fallis)와 마틴 프릭(Martin Fricke)은 1999년 기고문에서 대학원 수준에서 사서직에 대한 실질적 교육이 감소한 데 대한 타당한 이유를 제시했다. "도서관학에 의한 것만이 아니라 실질적인 기술 트레이닝은 대학 졸업 수준의 교육이 아니"라면서 그들은 "대졸 수준의 실질적인 기술 코스의 도입·확장은 대학과 학교, 궁극적으로는 도서관학 자체의 임무와 충돌할 것"이라고 말했다.

이 타당한 논의 외에도 2가지 문제가 존재한다. 첫째, 공공 행정과 교육, 의학과 법 분야에 있어 전문적인 교육은 이론과 함께 실질적인 논점을 제기한다. 둘째, 사서는 대학교를 졸업하지 않아도 되는 정도의 기술로 전문직의 실질적인 임무를 수행할 수 있다는 추측이 이 업무의 현실적 상황을 악화시키는 것이다. 팰리스와 프릭도 일부 실질적인 업무에 있어서는 대학원에서 배울 것이 아니라는 데에는 동의한다. 그러나 공공도서관이 공공 교육의 중요한 일부이며 공공 교육은 민주주의에 있어 필수불가결한 것이라면 이처럼 중요한 실질 교육은 가치가 하락되기보다는 장려되어야 한다. 예를 들어, 장기적인 계획의 다양하고 미묘한 요구에 대해 민감한 공공도서관 책임자들은 사서직의 실질적인 경험이 대학원에서 받는 기술 교육보다 한층 자주 요구되며 복잡하다는 것을 알고 있다.

전문 학부라는 이름으로 도서관과의 관계를 제거하는 것은 단순한 의미론의 문제와는 거리가 멀다. 이것은 경험보다는 이론에, 공공 서비스보다는 빈약한 전문적인 지식에 가치를 두는 지난한 과정의 중요한 단계인 것이다. 이것은 유감스럽지만 현재 대학 문화에 관한 이해할 만한, 실제로는 탄식할 만한 대응이다. 빌 크로울리(Bill Crowley)와 빌 브레이스(Bill Brace)는 이러한 대응은 정부에게 무상 토지를 받은 공립대학교가 역사적인 봉사 업무의 근본적인 이유를 거부하는 것이라고 1999년 한 글에서 밝히고 있다.

> 문헌정보학이 정보학으로 변하는 것은 대부분 그 영향을 받은 도서관과 매체, 정보 사회의 수많은 구성원들의 바람과는 역행하여 일어났다. 그러한 변화는 민간 기관에서도 어려운 문제이다. 그러나 이러한 상황은 공립기관에서와는 다르다. 그 이유는 특히 미국 공공기관의 광범위한 영향 때문이며, 대학교의 반응성과 서비스, 확장력에 대한 전념을 그 예로 들 수 있다.

크로울리와 브레이스는 정보를 추출하기 위해 공공 서비스와 거리를 둔 운동은 또한 보다 넓은 교육적 임무를 지원하기보다 도서관의 임무를 정보로만

국한시키는 사서들과 미국도서관협회의 수사(修辭) 때문이라고 설명했다.

> 도서관과 도서관의 미디어 센터, 정보 센터를 정보적 개념으로 연결하는 데는 수십
> 년이 걸렸으며 이것은 현재 그 대가를 무리하리만큼 요구하고 있다.
> 정보가 유일한 게임이라면 문제는 정보학부가 증가할 것인가가 아니라 미국도서관
> 협회에서 인정받은 프로그램이 '도서관'이라는 단어를 가지고 있을 것이냐 하는 것
> 이다. 정보가 도서관과 매체, 정보 센터 운영의 중심이자 정신이라고 주장한다면
> 예전의 문헌정보학 교수진이 미래에는 학생들에게 오직 정보만을 가르칠 것으로
> 여긴다는 것에 놀라지 말라. 만약 이 직업이 교육자들에게 "고객의 목소리에 귀 기
> 울이"고 "시장을 따르라"고 계속해서 이야기한다면 우리가 이렇게 한다고 해서 놀
> 랄 필요는 없다.

민주주의 사회를 위한 교육의 사회적 목적은 공공도서관과 대학 모두에서 받아들여지지 않고 있으며 이것은 이러한 공공시설의 기본적인 존재 이유를 형성한 전통적 임무의 포기를 초래하고 있다.

시민사서직은 역사적으로 교육과 공공 서비스에 대한 헌신을 부활시킬 것을 장려한다. 매우 복잡한 목적을 가지고 있으며 요구되는 것도 많기 때문에 시민사서직은 대학원 수준의 코스를 밟는 것이 바람직하다. 개인을 위한 정보를 제공한다는 자유주의적인 입장의 임무는 그 요구가 한층 적기 때문에 대학원 교육을 정당화하는 데 실패했다. 사서들을 위한 전문적 교육의 기저에 깔린 실제 문제는 사서들의 대학원 교육에 대한 기본적 이유를 제공한 임무를 저버리고 있다는 것이다.

공공도서관의 사서와 이사회의 채용과 유지

　도서관에 능력이 출중한 사람을 채용하고 유지하게 하는 것은 어려운 일이다. 현대의 경쟁적인 직업 시장은 유급직을 위해서는 도움이 되는 부분이다. 그러나 공공도서관 임무의 변화로 심각한 문제가 발생했다. 비교육적인 공공도서관은 더 이상 고등교육을 받은 사람들의 노력을 요하는 고무적인 임무를 제공하지 못하는 것이다. 임무의 가치를 떨어뜨리는 것은 그 일에 관련된 동기 부여와 실제 업무 자체를 약화시킨다. 이 같은 상황은 전통적인 업무를 수행하는 데 필수적인 사회권위의 부인으로 인해 발생하게 되었다.

　케이 S. 하이모위츠는 교사직의 가치 절하된 역할과 그것이 교사직을 유지하게 하는 데 미친 영향에 대해 이렇게 이야기했다.

> 여러 가치들 중에 최상위에 자치권을 두며 유년시절에 양면성을 부여하는 사회에서 코치와 같은 교사는 저항할 수 없는 이상일지도 모른다. 그러나 무슨 이유이든 간에 왜 이 직업이 처음 5년간 50%의 감소율로 어려움을 겪는지는 차츰 알 수 있게 되었다. 아무것도 가르칠 것이 없다는 사회에서 누가 교사가 되기를 원하겠는가?

　이 같은 질문은 도서관 운영자들에게도 마찬가지로 적용된다. "왜 사람들이 교육을 추구하지 않는 공공 교육기관을 위해서 교육에 노력을 바쳐야 하는가?" 이것은 특히 미래의 사서 지원자들에게 강력하게 다가오는 질문이다. 공공도서관이 활발한 교육을 통해서 커뮤니티를 강화시키려 노력하지 않는다면 왜 능력 있는 사람들이 이 일에 관심을 가져야 하는가? 급여가 여타 많은 직업에 비해 적기 때문에 도서관은 전문 인력을 채용하고 유지하기 위해 이 직종이 가지는 이상주의에 의지할 수밖에 없다. 어떠한 재정적 보상도 주어지지 않는 이사회의 경우에는 이상주의가 유일하게 매력적인 조건이라 할 수 있다. 그러나 이상주의의 기초는 교육적인 임무가 없어지면서 차츰 부식되고 있다. 사회권위와 공공기관으로서 교육적인 임무 복원은 도서관 운영자를 채용하고 유지하는 데 상당한 기여를 할 것이다.

장서개발과 서비스 확충

자유주의적인 공공도서관의 이데올로기에 따르면 공공도서관은 개인적 표현의 다양성을 드러낸다는 목적을 위해 존재한다. 이러한 관점은 법률회사 제너 앤 블록과의 거래 규약에서, 도서관의 주요 임무는 광범위하고 다양한 범위의 정보에 대한 액세스를 제공하는 것이라고 한 미국도서관협회의 의견에 이르기까지 명확하게 나타나 있다. 이 같은 공공기관의 관점은 교육이 공공도서관의 주목적이라는 전통적인 견해와는 현저한 차이를 보인다. 전통적인 관점에서는 다양한 표현을 드러내는 것은 교육의 수단이지 공공기관에 적합한 임무가 아니다. 공공도서관을 액세스를 보장하는 기관으로 간주하는 편파적인 관점은, 개인적 자유라는 명목으로 교육의 사회적 목적을 무시하는 자유주의적인 공공도서관의 전형적인 예이다.

공공도서관이라는 콘텍스트에서 표현의 자유에 대한 보다 균형적인 시각은 로버트 리의 『미국의 공공도서관The Public Library in the United States』에 잘 나타나 있다. 리는 공공도서관이라는 콘텍스트에서 언론과 출판의 자유에 대해 다음과 같이 설명한다.

미국에서 언론의 자유를 보장하는 헌법상의 권리는 특히 정부의 제한에 방해받지 않고 자신의 생각을 출판할 권리이다. (…) 동시에 정부적 운동 뒤에는 그것이 공공질서와 도덕, 품위를 향상시킬지도 모른다는 가정이 놓여 있다. 그러므로 공공도서관은 질(質)을 근간으로 하는 주의 깊은 선택에 대한 책임이나 자유로운 의사소통을 위한 공간을 가능한 한 널리 유지하는 책임을 벗어날 수 없다. 도서관은 검열이 아닌, 거부를 해야 한다.

커뮤니티를 지원하는 교육적 틀 아래서 광범위한 개인적 표현을 보장하는 것은 공공도서관의 임무이다.

'공공도서관 연구'의 연구원들은 자료의 선택에 관한 전통적인 논쟁에서 수요보다 질에 좀 더 초점을 맞추도록 진지한 고민을 했다. 앞서 말했듯이 자유주의적 공공도서관의 이데올로기는 수요가 선택에 주요한 기준이 되도록 옹호하면서 질적인 자료를 선택함에 있어서 사회권위의 수행을 자신하지 못한다. 그러나 시민사서직은 도서관 서비스를 위한 커뮤니티 구조와 개인적 표현을 위한 범위 사이에서의 조화와 매한가지로 질과 수요의 조화를 꾀한다.

그러나 자료를 선택하는 데 있어서 질을 추구한다는 것이 전적으로 학술적이기만 하거나 문화적이기만 해서는 곤란하다. 시민사서직은 개인의 긍정적인 교육적 결과와 커뮤니티를 위해 문제를 해결하는 것을 그 본질로 한다. 그러한 결과는 어떠한 커뮤니티에서라도 발견될 수 있는 다양한 발전 단계의 요구를 충족시키는 복잡한 차원의 자료에 대한 요구일 것이다. 사서들은 그들의 전문적인 지식을 사용해 가장 유용한 자료들을 선택해야 한다. 이 같은 선택은 질을 추구하는 결정이며 교육을 염두에 둔 것이다. 이러한 이 직업에 필수적인 태도는 사회가 자료의 선택을 위해 높은 수준의 교육을 요구하는 중요한 이유 중 하나이다.

장서개발을 비롯한 여타 서비스의 총체적인 개발은 개인과 단체, 커뮤니티의 요구에 전체적으로 참여하는 과정이다. 표현의 범위는 중립적인 태도를 통해서 유지되어야 한다. 공공도서관의 긍정적인 사회적 존재감은 공공의 선을 위한 지원을 통해서 유지되어야 한다. 종종 충돌하는 모순적인 업무들간에 조화를 맞춤으로써 최선의 방법으로 도서관 서비스를 제공하는 것은 공공도서관 사서와 이사회의 책임이다. 도서관 운영자들은 헌법적인 요구에 호응해 개인적 표현의 범위를 확장할 수 있도록 사회적 틀을 건설하는 데 도움이 되어야 한다. 선택에 이용한 사회적 틀이 소장 도서 개발에서 뚜렷이 드러나든 선택하는 이들의 머릿속에서만 존재하든, 공공도서관은 이 같은 책임을 피할 수 없다.

인기 있는 자료

공공도서관 역사에 있어 가장 문젯거리가 되었던 것 중 하나가 대중소설에 대한 논쟁이었다. 패트릭 윌리엄스는 이 논쟁이 1876년과 1896년 사이에 이미 존재했다고 『미국 공공도서관과 그 목적의 문제』에서 언급하고 있다.

> 그와 같은 몇 년 동안, 도서관은 교육적 가치를 다루고 있는 책들을 그다지 선호하지 않는 시민들의 태도가 영원할 것이라는 사실을 알게 되었다. 사서들은 취향 고양 이론(taste elevation theory)을 더 이상 믿지 않게 되었다. 이 이론은 교육적 가치를 다루고 있지 않는 책들이 도서관 이용자들에게 제공되어야 하며, 이러한 책들이 자율 교육의 최초 단계에서는 필수적이라고 주장했다. 이 같은 책은 어떠한 책도

읽지 않을 법한 독자들의 흥미를 유발할 수 있으며, 이런 책들이 제공된다면 독자들의 흥미가 차츰 떨어지고 결국 교육적인 가치를 가지고 있는 책들을 요구하게 되리라는 것이었다. 19세기 말 25년 동안 이 같은 취향 고양 이론에 대한 믿음이 퍼져 나갔고, 사서들은 인기 있는 소설들을 어떻게 해야 할지 논쟁을 계속하게 되었다.

윌리엄스는 인기 대중소설의 판매를 촉진한 수요 지향적인 자료 수집을 강하게 반대하던 그 시대의 몇몇 영향력 있는 이들의 말을 인용했다. 그는 코네티컷 공공도서관의 사서인 윌리엄 플레처(William I. Fletcher)의 말을 빌려 이렇게 쓰고 있다. "더 이상 공공도서관의 책임자들은 학교 체계의 책임자들보다 그들이 맡고 있는 공공시설을 통제하고 제 모습을 갖추려고 노력하지 않는다. 책에 대한 수요를 소장 도서에 대한 지침으로 삼아야 한다는 견해는 도서관 사무실을 단지 기술적이고 피상적인 것으로 만들 뿐이다." 윌리엄스는 윌리엄 풀(William F. Poole)의 비슷한 의견도 인용한다.

우리의 공공도서관과 공립학교는 같은 목적을 위해 같은 지역의 사람들에게서 같은 세금 과세 방법에 따라 지원을 받고 있다. 그리고 이 목적은 시민 교육이다. 어떠한 다른 목적을 위해서라면 공공도서관에 대한 세금 지원은 정당화될 수 없을 것이다. 만약 공공도서관이 지금 내가 살고 있는 이 시대의 교육적 공공시설임을 포기한 채, 재미를 주고 시간을 때우는 것을 돕는 역할만을 한다면 나는 오히려 공공도서관의 폐지를 지지할 것이다.

1950년대 로버트 리, 올리버 가쇼와 더불어 공공도서관에 대해 저술한 저자들은 작가들은 도서관 자료의 선택에 있어 책임을 가지는 공공 교육기관인 공공도서관에 대한 플레처와 풀의 관점에 동의했다. 더글러스 레이버는 『사서 업무와 적통성: 공공도서관 연구의 이데올로기』에서 다음과 같이 말했다. "공공도서관이 언젠가 시민들의 요구를 충족시키는 능력에 기본을 둘지도 모른다는 사실은 '공공도서관 연구'를 집필하고 지원하던 이들에게는 상상도 할 수 없는 일이다."

플레처와 풀, '공공도서관 연구'를 집필했던 이들이 주장한 공공도서관의 교육적 기능에 대한 강력한 지지는 지극히 정당하며, 여기 제시되고 있는 공공도서관의 교육적인 중요 임무와도 일치한다. 공공도서관의 임무는 개인과 지역사회의 복지를 위해 중요하고 교육적이며 진지한 것이다. 그러나 그렇다고 이 공공시설이 인기 있는 대중소설을 제공하지 말아야 한다는 결론은 정당화되지 않는다. 만약 질에 대한 결정이 다양한 층위에서 일어날 수 있다면 보다 단순한 의미로 대중소설을 제공할 수도 있을 것이다.

이 문제의 한 부분은 소설은 예술적이지도 문화적이지도 않으며 단지 오락과 휴식시간을 위한 것이라는 전통적인 생각에서 발생했다. 이 같은 생각은 대중적인 자료의 모든 분야에서 제기될 수 있다. 듀크 엘링턴(Duke Ellinton)의 재즈 음악은 몇 십 년 동안 유럽에서는 뛰어난 작곡가로 명성을 얻은 것과 달리 미국에서는 댄스 음악으로 치부되었다. 이를 비롯해 셀 수도 없는 다른 예가 우리에게 대중문화가 항상 고등문화에 하등하지는 않는다는 것을 이야기해 준다. 많은 소설가들이 예술의 높은 경지에 이르렀지만 이 같은 업적이 처음에는 단지 오락물로 치부되는 예는 종종 발생했다.

인기 있는 소설이나 다른 자료들 또한 신중히 여겨져야 할 커뮤니티 구축 기능을 가지고 있다. 창조적인 예술은 문화 정체성을 강하게 드러낸다. 한 사회의 문화적 정체성은 소설과 여타 대중예술 형태에 반영되고 만들어진다. 지역적,

지방적, 국가적인 수준에서 사람들이 이야기하는 내용은 어떠한 다른 수단보다 강력하다. 문화의 이야기 방법은 사회적 임무의 방향을 알려 주며 수단의 사용 방향을 일깨워 준다. 예술적 내러티브는 아무리 그 본질이 단순하다 하더라도, 이 내러티브를 따르는 개인과 보다 큰 커뮤니티에 있어 무척 중요하다. 도서관 운영자들이 소설과 다른 대중 자료들을 이 같은 관점으로 바라본다면 이러한 자료들이 공공도서관에 중요한 자리를 차지하리라는 것을 깨달을 것이다. 그러나 이러한 자리는 공공기관의 여타 합법적인 교육적인 업무와 함께 조화를 이루어야 한다. 수요에 따른 선택을 단순히 포기하는 것은 공공도서관의 임무를 방기하는 것이다.

공공도서관의 편의 시설과 확장된 서비스

시민사서직의 중요한 목적은 커뮤니티 개발을 위한 시민공간을 창출하는 것이다. 시민사서직은 공공도서관을 개개인을 위한 교육의 장소뿐만 아니라 커뮤니티 구축과 사회 상호작용을 위한 장소로서 높이 평가하고 있다. 만약 도서관 운영자들이 공공도서관 서비스의 사회적 규모를 높이 평가한다면 현재 도서관 편의 시설의 가치는 그 위치가 달라질 것이며 이 같은 우선권을 반영하는 새로운 편의 시설을 계획할 것이다. 이것은 공공 미팅 장소와 강당, 단체 스터디를 위한 방을 추가하고 커피점을 비롯한 다른 공공장소를 설치하는 것을 의미한다. 작은 도서관 분소라도 커뮤니티와 이웃에서 중심 역할을 할 수 있도록 하는 사회적 상호작용을 위한 장소를 만들어 혜택을 볼 수 있을 것이다.

커뮤니티 운동의 계획들은 커뮤니티의 중요한 문제들을 해결하기 위한 도서관의 확장된 노력에 상당한 지지를 보낸다. 시민사서직은 교육적인 자원을 제공하는 중요한 이유로 커뮤니티 문제의 해결을 들고 있다. 여타 서비스 기관과의 협동은 커뮤니티 문제를 해결하는 데 영향력 있는 접근법이다. 커뮤니티 운동을 차용함으로써 성과를 거둔 사법적 측면의 임무를 비롯해 여러 성공적인 협력 운동은 도서관 운영자들에게 새로운 낙관적인 관점을 제공해 준다. 공공도서관 역시 범죄나 노숙자 문제와 같은 사회적 문제의 해결에 기여할 수 있다. 그러나 다른 기관들로부터 확대된 지원을 얻지 못하면 그 같은 문제에 접근할 수조차 없다. 문제 해결의 성공은 전체적으로 커뮤니티와 도서관 모두에게 상당한 이득을 안겨 준다. 예컨대 노숙자 문제에서 파생되는 많은 문제들은 도시의 도서관 분위기에 상당한 해악을 끼친다. 이러한 문제를 줄이기 위해 행해지는 조처는 문제를 겪고 있는 공공도서관에 큰 도움이 될 것이다. 이제 공공도서관 운영자들이 확장된 조직을 활용할 시간이 다가왔다. 이제는 재개된 낙천주의와 희망으로, 커뮤니티를 구축하는 성실한 업무를 수행할 시기이다.

제12장 공공도서관의 미래

제12장 공공도서관의 미래

    시민사서직은 민주사회를 위한 공공도서관이 교육에 대한 임무를 재개하는 발전적인 계획을 통해 커뮤니티를 강화하려고 노력하고 있다. 또한 도서관 서비스를 통해 공공도서관의 전통적인 임무를 재확인하고, 커뮤니티의 발전을 위한 새롭고 강력한 방책을 제공하고 있다. 그러나 공공도서관 미래 개발의 적절성을 평가하는 데 있어서 다음의 두 질문에는 해답이 필요하다. 미국사회는 장차 어떻게 될 것인가? 시민사서직이 이러한 미래사회의 요구를 충족시킬 수 있을 것인가?

    이 장에서는 미국사회의 재통합과 공공도서관 운영자들이 문화적인 변화를 따름으로써 획득할 수 있는 일반적인 이익에 대한 평가를 우선 다룬 뒤, 미래의 잠재적인 성공과 관련하여 시민사서직의 개혁을 논의할 것이다. 마지막으로 시민사서직에 대해 언급한 뒤 공공도서관과 커뮤니티의 미래 발전상에 대해 다룰 것이다.

대대적 재통합과 시민사서직

    미국은 증가하는 개인주의와 문화적 분열, 문화가 우리의 공유하는 사회적·도덕적 가치들에 대해 관심을 적게 보임으로써 나타나는 혼란을 감소시킬 수 있을 것인가? 개인 자치와 사회적 질서 사이에서 새로운 조화를 찾음으로써 더 강하고 응집된 사회가 될 수 있을 것인가? 과연 미래에는 어떤 일이 일어날 것인가?

　미국사회는 여러 방향에서 궁극적인 변화를 겪고 있다. 방향 감각 상실과 사회목적과 사회권위, 행동의 규준에 대한 도전으로 점철된 30년이 지나자 미국은 또 다시 균형을 찾기 시작했다. 사회와 개인 사이에서의 새로운 균형은 사회목적의 거듭된 주장과 사회권위의 재건, 행동의 규준에 대한 새로운 존중을 불러일으키기 시작하고 있다. 수십 년간의 사회적 분열은 현재 재통합의 시기를 맞고 있다. 프란시스 후쿠야마는 이러한 변화의 시작을 범죄율과 같은 사회적 분열의 표징이 줄어들기 시작한 1990년대 초반에서 중반으로 보고 있다. E. J. 디온은 자유주의적 정책에서 새로운 진보주의로의 정치적 변화의 시작을 1995년부터라고 말한다. "공공도서관의 목적은 사회의 목적과 직접적으로 연결되어 있다"는 제스 세라의 의견이 옳다면 공공도서관에는 상당한 변화가 일어날 것이다. 이러한 변화는 문화남북전쟁으로부터 초래되는 변형만큼 중요할지도 모른다.

　미국사회는 1965년 이전의 문화적 분위기로 되돌아갈 것인가? 미국의 공공도서관은 1965년 이전 형태로 돌아갈 것인가? 다가오는 미래에 어떠한 변화가 일어나더라도 지나간 시대로의 단순 회귀는 불가능하다. 그러나 이러한 변환은 최근 몇 십 년에 걸친 급속한 문화적 변화 동안 버림받은 과거의 요소들을 포함하고 있을 것이다. 예를 들어 사회는 민주주의 사회에서 공공 교육의 역할과 공공 교육기관으로서 공공도서관의 역할에 대해 재개된 관심으로 이득을 얻게 될 것이다. 공공도서관에 대한 관심과 지원은 앞으로 증가될 것인가? 이 같은 질문에 대한 대답은 사회적 유행뿐만이 아닌 공공도서관의 운영자들에게도 달려 있다.

　만약 미국사회가 사회적 재통합의 방향으로 움직이고 있다면 이러한 문화적 변화에 적응하는 공공도서관 운영자들에게는 기본적인 2가지 이점이 있다. 첫째, 사회 흐름의 방향으로 움직이는 것은 항상 쉬운 법이다. 둘째, 이러한 흐름의 방향은 공공도서관 발전에 전반적으로 긍정적이다. 이 같은 문화적 변화는 사회목적을 강화시키며 사회권위에 힘을 부여하고 공공 교육의 중요성을 강조한다. 최근 수십 년 동안 자유주의적 공공도서관의 이데올로기에 적응해 온 도서관 운영자들은 현재 지배적인 사회적 흐름의 방향으로 순응해 왔다. 그러나 이는 문화가 역기능을 낳으면서 길을 잃고 말았다. 자유주의적 공공도서관의 이데올로기는 공공기관을 지원하는 두 번째의 이익을 가지고 있지 못한다. 자유주의적인 이데올로기를 환영하면서 일반적인 공공 교육의 사회목적에 대한 무관심은 공공도서관의 발전에 있어 장애물로 작용했다.

　이미 도서관 운영자들은 자신들이 개개인의 권리를 확장시키는 것보다 사회권위 수행의 규범을 재건설하는 데 초점을 맞추고 있는 사회와 충돌하고 있다는 것을 깨달았다. 이러한 문제는 미국도서관협회와 라디오 방송 사회자인 로라 슐레징어 박사와와 인터넷 필터링에 대한 충돌로 여실히 드러난다. 프란시스 후쿠야마는 슐레징어의 인기를 문화적 콘텍스트에서 파악하고 있다.

　　문화적으로 개인주의의 확장 시기는 끝나 가고 있으며, 대붕괴 시기 동안 쓸려 없어져 버린 최소한 몇 가지의 예가 재건되고 있다는 사실을 보여 주는 일부 조짐이 존재한다. 1990년대 미국에서 낮 시간 라디오 방송 중 가장 큰 영향력이 있는 프로그램 중 하나는 로라 슐레징어가 진행한 시청자 전화 참여 방송이었다. 그녀의 메시지는 1960년대와 1970년대 사람들에게 "감정과 소통"하며 "개인의 성장" 과정에 놓인 사회적 강제들을 버리라고 충고했던 해방주의 치료학자 세대의 메시지와는 전혀 다르다.

도서관, 세상을 바꾸는 힘

도서관 운영자들은 로라 슐레징어가 특이할 뿐 오래가지 않을 유명인이라고 믿는 실수를 범했다. 1980년대 자유주의적 정책의 관점에서 보았을 때 슐레징어는 미국문화의 주변부를 점유할 뿐인 골치 아픈 종교적 보수파로 여겨졌을 것이다. 그러나 후쿠야마가 이야기한 대로 슐레징어가 중요한 위치를 점하고 있다면 도서관 운영자들은 점차 지배적으로 되어 가는 문화의 흐름과 충돌하는 셈이다. 이 같은 충돌은 물론 매우 심각한 문제이다. 문화적 패러다임의 변화를 인지하지 못함으로써 많은 문제들에 효과적으로 대응하는 도서관 운영자들의 능력은 급격히 약화되고 있다.

현재 진행되고 있는 문화적 변화에 순응하게 되면 도서관 운영자들은 문제를 회피할 때보다 한층 많은 것을 할 수 있다. 현재 부상하고 있는 커뮤니티 운동의 지배적인 관점은 지원을 받을 새로운 기회를 제공해 준다. 1990년대 자유주의적 패러다임을 향한 도서관 운영자들의 헌신은 커뮤니티 운동에 영향을 받은 연방정부 기관들의 효과적인 연맹을 제한했으며 공동체주의의 견해를 받아들이는 많은 재단으로부터의 지원도 극소화시켰다. 또한 공동체주의의 견해에서 개발됨직한 언론계와 법 집행기관, 공립학교와의 잠재적으로 여실 있는 협력을 개발시키지 못했다.

시민사서직의 공동체주의적인 시각은 문화의 지배적인 흐름 및 오랜 역사에 걸쳐 공공도서관이 추구해 왔던 필수적인 임무와 잘 조화된다는 이점을 가지고 있다. 도서관의 국가적이고 사회적이며 교육적인 다양한 성격을 부인할 필요는 없다. 공공도서관 운영자들은 공공도서관의 전통을 부인하는 대신 오히려 확인하면서 한층 유리한 위치를 점할 수 있을 것이다.

시민사서직의 개혁과 공공도서관의 미래

공공도서관 운영자들의 사회권위 재건

자유주의적 공공도서관의 이데올로기에서 보면 도서관 운영자들은 앞서서 주도하지 않으며, 진정한 교육 없이 교육을 하도록 강제된다. 그러나 시민사서직은 도서관 운영자들이 교육자, 경영자, 운영자로서 다시금 사회권위를 수행할 수 있도록 한다. 공공도서관은 최근 사회권위의 약화로 인해 경쟁적인 사회환경 속에서 서비스를 제공하고 자금을 지원 받을 수 있는 공공기관의 능력에 큰 손상을 입었으며, 도서관 운영자들의 의견은 사회권위과 공공 교육에 대해 줄어들고 있는 지지로 상당히 약화되었다. 커뮤니티 운동의 계획들은 공공도서관이 강력하면서도 효율적으로 어려운 책임들을 수행하겠다는 신념을 재건하도록 돕는다. 공공도서관 운영자들이 사회권위를 수행한다는 확신이 재건되지 않는 한, 누구도 공공도서관의 미래에 대해 긍정적으로 생각할 수는 없을 것이다.

민주사회를 위한 교육 제공 임무의 재개

민주사회를 위한 교육은 현재는 물론이거니와 항상 공공도서관의 임무였다. 이는 개인들에게 정보에의 액세스를 제공한다는 자유주의적 공공도서관의 신념에도 불구하고 변하지 않는 사실이다. 최근의 시민 여론조사에 따르면 시민들과 커뮤니티 운영자 모두 공공도서관을 공공 교육기관으로 보고 있다는 것을 알 수 있다. 시민들이 공공도서관이 질 좋은 교육 자료와 서비스를 제공하는 사회적인 공공시설이 되기를 바라는 와중에, 정작 도서관 운영자들은 사회목적에 대한 고려 없이 인기 높은 수요에 따라 움직이는 소매상에 준하는 태도를 보여 왔다.

모든 이들이 동의하듯 기술 개선은 장차 정보 액세스를 더욱 자유롭게 할 것이다. 공공도서관은 제한된 공공자금을 이용해 이를 교육적으로 활용해야 한다. 로버트 리가 '공공도서관 연구'에 관해 언급했듯이 교육과 무관하게 자료를 제공하는 대규모 민간 기관들과 경쟁하는 것은 공공도서관의 입장에서는 쓸데없는 일이다. 교육은 여전히 공공 부문에 남아 있다. 매우 복잡하고 이익은 적으면서 많은 시간을 들여야 하는 과정이기 때문이다. 교육은 지역사회에 진정으로 유용하며 필수적인 것이기 때문에 공공도서관의 입장에서 매우 중요한 임무이다. 교육은 정보에의 접근이 쉬워지고 여러 자원을 분류하는 데 필수적인 교육적 지원이 부족해지는 사회에서 중요한 자리를 차지하고 있다. 정보에의 액세스만을 제공하는 공공도서관은 미래에 불필요한 존재가 될 것이다.

커뮤니티 중심으로서의 공공도서관 개발

커뮤니티 운동은 시민 토론과 정보를 얻을 수 있는 사회적 상호작용을 위한 장소에 대한 증가하고 있는 요구의 중요성을 깨닫고 있다. 공공도서관은 이 같은 목적을 위해 봉사해 왔으며, 수십 년 동안 점증된 고립을 겪은 이후에 함께 하는 것에 관심을 가지게 된 사회에서 할 수 있는 역할을 재발견하고 있다. 민간 부문의 개발 모델은 점차 공동체주의적으로 움직여 가는 사회에서는 제대로 작용하지 못할 것이다. 공공도서관을 소매상처럼 개발하는 것은 도서관 고유의 힘을 오히려 약화시켜 제도적인 힘을 얻기 위한 발판이 되지 못했다. 공동체주의적인 사회는 도서관으로부터 분리된 고객으로서가 아니라 공공시설을 사용하고 개발하는 데 참여하는 파트너로서 도서관 이용자들을 대해야 한다. 도서관 자원들은 전문화된 특수 시장에서 지배력을 강화시키기 위해 조직되기보다 지역사회 문제를 해결하기 위해 정리되어야 한다. 공공도서관은 시장 점유율을 위해 경쟁하기보다 문제를 해결하기 위해 커뮤니티 단체들과 협동해야 할 것이다. 데이비드 매튜스가 공립학교에 대해 언급했듯이, 미래사회에서 번영을 누리기 위해 공공도서관은 풍부한 시민 네트워크에 포함되어야 한다.

커뮤니티를 구축하기 위한 개발 계획

커뮤니티가 함께 하는 미래는 공공도서관이 커뮤니티 구축 과정을 지지할 수 있는 많은 방법의 측면에서 높이 평가될 것이다. 커뮤니티의 독자성과 커뮤니티 토론, 협동, 평가를 촉진시키는 등의 커뮤니티 운동 계획들은 지역사회와 도서관 모두에 힘을 실어 줄 수 있는 강력한 수단들이다. 정보 자료와 서비스, 공공 프로그램, 회의실, 직원, 전문적 지식을 제공함으로써 공공도서관은 커뮤니티를 강화하는 데 한몫을 할 수 있다.

사회적 콘텍스트에서의 도서관 서비스 제공

공공 자금에 대한 경쟁과 자금의 사용에 대한 책임을 요구하는 경향은 더욱 배가될 것이다. 이럴 때 공공도서관이 커뮤니티의 도서관 서비스에 대한 많은 요구를 알고 이러한 서비스 요구에 응하기 위해 이용 가능한 커뮤니티의 많은 자원들을 이해하는 것은 무척 중요할 것이다. 공공도서관 자원을 최선으로 이용하기 위한 여러 단체에 대한 서비스는 개인을 위한 서비스와 함께 고려되어야 한다.

단체에 서비스를 한다는 것은 증가하는 커뮤니티의 접촉과 의사소통을 통해 도서관 서비스와 정치적인 지위 모두를 증진시키는 강력한 수단이다. 이것은 또한 커뮤니티의 요구에 관한 세밀한 이해를 제공함으로써, 특정한 관심에 한

정된 도서관 이용자 교육의 콘텍스트를 제공함으로써, 도서관의 소장 도서와 자원을 발전시키는 데 필요한 커뮤니티의 전문지식에 접근할 수 있도록 함으로써, 자원 공유와 협동에 대한 새로운 기회를 허락함으로써 도서관 서비스를 증진시킬 수 있다. 단체에 서비스를 한다는 것은 공공도서관이 시장의 원리에 따라 발전한 민간사업이라기보다 정치적인 수단을 통해서 발전된 정부의 공공시설이라는 사실을 적절히 표명하는 것이다. 개인들이 단체와 지역사회의 지원에 의존하게 되면서, 개인의 삶의 사회적 콘텍스트에 대한 이해 없이 개인에게 최선의 서비스를 제공하는 것은 불가능한 것이 되었다. 그러므로 여타 커뮤니티 단체들과 협동하는 것은 공공도서관의 입장에서 더욱 더 중요한 일이 될 것이다.

도서관 정책의 강화

자유주의적 공공도서관 정책은 환대와 사회적 요구에 대한 무관심 사이에서 표현적·공리주의적 개인주의의 상대적인 영향에 따라 동요한다. 표현적 개인주의의 반사회적이며 공격적인 정책들은 분열적이며 종종 공공도서관의 중립성의 침해를 조장한다. 표현적 개인주의는 또한 근본적인 제도적 가치를 옹호하는 데 부적절한데, 이러한 가치들에 관한 신뢰 자체가 없기 때문이다. 공리주의적 개인주의의 사회적 요구에 대한 무관심은 시장의 비도덕성을 여실히 보여주며 사회의 공공시설을 위해서는 지극히 부적절하다.

도서관 운영자들은 공공도서관을 옹호하고 강하게 지지해야 한다. 이처럼 자신감 넘치고 강인한 자세의 첫 번째 단계는 사회권위와 민주사회를 위한 교육을 제공하는 공공도서관 본연의 임무의 재개이다. 명확한 목표는 옹호성과 중립성의 새로운 조화를 찾으려는 공공도서관 운영자들에게 도움이 될 것이다. 공공도서관의 근본적인 제도적 가치들은 더욱 강력히 지지되어야 하며, 도서관 운영자들 역시 공공기관에 필수적으로 중요한 이슈들을 존중하는 중립성을 갖추어야 한다.

도서관 운영자들은 도서관의 미래에 대한 정책을 이해해야 하며 이것은 분열되고 과장되기보다 통합적이고 실용적이어야 할 것이다. 정책을 모두 피하는 것 또한 공공도서관을 위한 바람직한 선택이 아니다. 민주주의에서 공유되는 가치들 속에서 커뮤니티를 통합하고 커뮤니티의 불화에 대한 해결책으로 중립적인 토론회를 적극적으로 제공하는 정책을 내세워야 한다. 커뮤니티 운동의 계획들은 공공 교육을 지지하기 위한 새로운 연합을 구축하는 데 있어 도서관 운영자들을 도울 뿐만 아니라 공공도서관의 운영 자금에 대한 자유주의의 공격에 대적할 수 있도록 해 준다.

결론

공공도서관 사서직은 어느새 공허한 것이 되어 있었다. 도서관 운영자들이 사회권위와 공공도서관의 역사적 임무에 도전하게 되면서 지난 30여 년 간 공공도서관의 힘은 상당히 약화되었다. 그러나 몇 십 년 동안의 극단적인 개인주의 이후에 미국은 손상된 사회적 구조를 강화시키기 위한 움직임을 보이기 시작했다. 도서관 운영자들이 민주사회를 위한 공공도서관의 교육 임무를 재개할 기회를 놓치지 않고, 도서관 서비스를 통해 커뮤니티를 강화시키는 새로운 방법을 찾는다면 공공도서관은 이 활기찬 재건 과정의 중요한 부분이 될 수 있다. 여기서 언급된 시민사서직에 관한 아이디어들은 제도적인 커뮤니티 부흥 과정을 위한 강력한 도구가 될 수 있을 것이다.

 공공도서관의 임무는 민주주의에서 가장 위대한 목적이며 공공 교육의 사명이다. 이제 도서관 측이 이러한 임무를 받아들이고 공공기관으로서의 능력을 전적으로 이용할 시기가 도래했다. 모든 규모의 커뮤니티를 증진시킬 수 있는 활기 넘치는 일들이 앞에 놓여 있다. 새로운 세기가 시작되었으며, 그와 동시에 공공도서관을 위한 최고의 날들이 우리 앞에 펼쳐져 있는 것이다.

Barber, Benjamin. *A Place for Us: How to Make Society Civil and Democracy Strong.* New York: Hill & Wang, 1998.

Barker, Joel Arthur. *Paradigms: The Business of Discovering the Future.* New York : HarperCollins, 1992.

Bayles, Martha. *Hole in Our Soul: The Loss of Beauty and Meaning in American Popular Music.* Chicago: University of Chicago Press, 1994.

Bellah, Robert N., et al. *The Good Society.* New York: Vintage Books, 1992.

_____. *Habits of the Heart: Individualism and Commitment in American Life.* Berkeley: University of California Press, 1996.

Berlin, Isaiah. *The Roots of Romanticism.* Princeton: Princeton University Press, 1999.

Berry, Wendell. *What Are People For?: Essays.* San Francisco: North Point Press, 1990.

Bloom, Allan. *The Closing of the American Mind.* New York: Simon & Schuster, 1987.

Boaz, David. *Libertarianism: A Primer.* New York: Free Press, 1997.

Broder, David S., and Richard Morlin. "Struggle over New Standards: Impeachment Reveals Nation's Changing Standards." *Washington Post,* 27 December 1998, 1(A).

Carter, Stephen L. *Civility: Manners, Morals, and the Etiquette of Democracy.* New York: Basic Books, 1998.

_____. *The Culture of Disbelief: How American Law and Politics Trivialize Religious Devotion.* New York: Basic Books, 1993.

_____. *Integrity.* New York: Basic Books, 1996.

"Children's Access: Protection or Preparation?" *American Libraries* 30, no. 10(November 1999): 59-62.

Crowley, Bill, and Bill Brace. "A Choice of Futures: Is It Libraries versus Information?" *American Libraries* 30, no. 4(April 1999): 76-79.

D'Elia, George, and Eleanor Jo Rodger. "Public Opinion about the Roles of the Public Library in the Community: The Results of a Recent Gallup Poll." *Public Libraries* (January/February 1994), 23-28.

Dewey, John. *Democracy and Education: An Introduction to the Philosophy of Education.* New York: Free Press, 1944.

Dionne, E. J. Jr. *They Only Look Dead: Why Progressives Will Dominate the Next Political Era.* New York: Simon & Schuster, 1996.

_____. Why Americans Hate Politics. New York: Simon & Schuster, 1991.

Ditzion, Sidney. *Arsenals of a Democratic Culture: A Social History of the American Public Library Movement in New England and the Middle States from 1850 to 1900.* Chicago: American Library

Association, 1947.

Ehrenhalt, Alan. *The Lost City: Discovering the Forgotten Virtues of Community in the Chicago of the 1950s.* New York: Basic Books, 1995.

Etzioni, Amitai. "ACLU Favors Porn Over Parents." *Wall Street Journal,* 14 October 1998, 22(A).

_____. *Modern Organizations.* Englewood Cliffs, N. J. : Prentice-Hall, 1964.

_____. *New Communitarian Thinking: Persons, Virtues, Institutions, and Communities.* Charlottesville: University Press of Virginia, 1995.

_____. *The New Golden Rule: Community and Morality in a Democratic Society.* New York: Basic Books, 1996.

_____. *The Spirit of Community: The Reinvention of American Society.* New York: Simon & Schuster, 1993.

Fallis, Don, and Martin Fricke. "Not by Library School Alone." Library Journal 124, no. 17(15 October 1999): 44-45.

Fukuyama, Francis. *The Great Disruption: Human Nature and the Reconstitution of Social Order.* New York: Free Press, 1999.

Fulton, William. "Rebuilding a Sense of Community." *Los Angeles Times,* 9 August 1998, 1(M).

Garceau, Oliver, et al. *The Public Library in the Political Process.* Boston: Gregg Press, 1972.

Garrison, Dee. *Apostles of Culture: The Public Librarian and American Society, 1876-1920.* New York: Free Press, 1979.

Glendon, Mary Ann. *Rights Talk: The Impoverishment of Political Discourse.* New York: Free Press, 1991.

Harris, Michael. "The Purpose of the American Public Library," *Library Journal 98,* no. 16(15 September 1973): 2509-2514.

Himmel, Ethel, and William James Wilson. *Planning for Results: A Public Library Transformation Process; The Guidebook.* Chicago: American Library Association, 1998.

Hirsch, E. D., Jr. *The Schools We Need; And Why We Don' t Have Them.* New York: Doubleday, 1996.

Holt, John. *Escape from Childhood.* New York: E. P. Dutton, 1974.

Howard, Edward N. "Local Power and the Community Library." *Public Library Reporter* 18 (1978): 1-56.

Hunter, James Davison. *Culture Wars: The Struggle to Define America.* New York: Basic Books, 1991.

Hymowitz, Kay S. *Ready or Not: Why Treating Children As Small Adults Endangers Their Future—and Ours.* New York: Free Press, 1999.

Isserman, Maurice, and Michael Kazin. *America Divided: The Civil War of the 1960s.* New York: Oxford University Press, 2000.

Jenner and Block, "Internet Filtering in Public Libraries," Memorandum to American Library Association 2000, http://www.ftrf.org/internetfilteringmemo.html (4 February 2000).

Johnson, Alvin. *The Public Library: A People' s University.* New York: American Association for Adult Education, 1938.

Jung, C. G. "Commentary." In *The Secret of the Golden Flower: A Chinese Book of Life.* New York: Harcourt, Brace & World, 1962.

Kunstler, James Howard. *Home from Nowhere: Remaking Our Everyday World for the Twenty-First Century.* New York: Simon & Schuster, 1996.

Lasch, Christopher. *The Culture of Narcissism: American Life in an Age of Diminishing Expectations.* New York: Norton, 1979.

_____. *The Revolt of the Elites and the Betrayal of Democracy.* New York: Norton, 1995.

Leigh, Robert D. *The Public Library in the United States.* New York: Columbia University Press, 1950.

Lipman-Blumen, Jean. *Connective Leadership: Managing in a Changing World.* Oxford: Oxford University Press, 1996.

Litzer, Donald S. "Library and Genealogical Society Cooperation in Developing Local Genealogical Services and Collections." *Reference & User Services Quarterly* 37, no. 1 (Fall 1997): 37-52.

Louv, Richard. *Childhood's Future.* Boston: Houghton Mifflin, 1990.

_____. *The Web of Life: Weaving the Values That Sustain Us.* Emeryville, Calif.: Conari Press, 1996.

Mathews, David. *Is There a Public for Public Schools?* Dayton, Ohio: Kettering Foundation Press, 1996.

McCook, Kathleen de la Peña. *A Place at the Table: Participating in Community Building.* Chicago and London: American Library Association, 2000.

Medved, Michael. *Hollywood vs. America: Popular Culture and the War on Traditional Values.* New York: HarperCollins, 1992.

Minow, Norman N., and Craig L. LaMay. *Abandoned in the Wasteland: Children, Television, and the First Amendment.* New York: Hill & Wang, 1995.

Molz, Redmond Kathleen, and Phyllis Dain. *Civic Space/Cyberspace: The American Pubilc Library in the Information Age.* Cambridge, Mass.: MIT Press, 1999.

Moore, Scott H. "Hospitality as an Alternative to Tolerance." Paper presented at the 1999 Communitarian Summit of the Communitarian Network, Washington, D.C., February 1999.

Neill, A. S. *Summerhill: A Radical Approach to Child Rearing.* New York: Hart Publishing, 1960.

Nifong, Christina. "Cooperation Cuts a Community' s Crime." *Christian Science Monitor* 89, no. 12 (11 December 1996): 1.

Nord, Warren A. *Religion & American Education: Rethinking a National Dilemma.* Chapel Hill: University of North Carolina Press, 1995.

Nord, Warren A., and Charles C. Haynes. *Taking Religion Seriously across the Curriculum.* Alexandria, Va.: Association for Supervision and Curriculum Development, 1998.

Oldenburg, Ray. *The Great Good Place: Cafes, Coffee Shops, Community Centers, Beauty Parlors, General Stores, Bars, Hangouts and How They Get You through the Day.* New York: Paragon House, 1989.

Padover, Saul K., ed. *The Complete Madison: His Basic Writings.* New York: Harper, 1953.

Palmour, Vernon E., Marcia C. Bellassai, and Nancy V. De Wath. *A Planning Process for Public Libraries.* Chicago: American Library Association, 1980.

Pattison, Robert. *The Triumph of Vulgarity: Rock Music in the Mirror of Romanticism.* New York: Oxford, 1987.

Peck, M. Scott. *A World Waiting to Be Born: Civility Rediscovered.* New York: Bantam Books, 1993.

Postman, Neil. *The End of Education: Redefining the Value of School.* New York: Vintage Books, 1995.

Public Library Association. *The Public Library Mission Statement and Its Imperatives for Service.* Chicago: American Library Association, 1979.

Purdy, Jedediah. *For Common Things: Irony, Trust, and Commitment in American Today.* New York: Alfred A. Knopf, 1999.

Putnam, Robert D. *Bowling Alone: The Collapse and Revival of American Community.* New York: Simon & Schuster, 2000.

Raber, Douglas. *Librarianship and Legitimacy: The Ideology of the Public Library Inquiry.* Westport, Conn.: Greenwood Press, 1997.

Rosen, Jay. "The Action of the Idea." In *The Idea of Public Journalism,* ed. Theodore L. Glasser. New York: Guilford Press, 1999.

Roszak, Theodore. *The Making of a Counter Culture: Reflections on the Technocratic Society and Its Youthful Opposition.* Garden City, N.Y.: Doubleday, 1969.

Schlesinger, Arthur M. Jr., *The Disuniting of America.* New York: Norton, 1992.

Schorr, Lisbeth B. *Common Purpose: Strengthening Families and Neighborhoods to Rebuild America.* New York: Anchor Books, 1997.

Schuman, Patricia Glass. "Speaking Up and Speaking Out: Ensuring Equity through Advocacy." *American Libraries* 30, no. 9 (October 1999): 50–53.

Shenk, David. *Data Smog: Surviving the Information Glut.* New York: HarperEdge, 1997.

Shera, Jesse H. "On the Value of Library History." In *Reader in American Library History,* ed. Michael H. Harris. Washington, D. C.: NCR Microcard Editions, 1971.

_____. *Foundations of the Public Library: Origins of the Public Library Movement in New England* 1629–

1855. Chicago: University of Chicago Press, 1949; n.p.: Shoe String Press, 1965.

Tannen, Deborah. *The Argument Culture: Stopping America' s War of Words.* New York: Ballantine Books, 1998.

Tocqueville, Alexis de. *Democracy in America.* Ed. J. P. Mayer. Trans. George Lawrence. New York: HarperPerennial, 1988.

Volkmann, Robin. "Outcomes Measurement: The New Accounting Standard for Service Organizations." *Fund Raising Management* 30, no. 9(November 1999).

White, Herbert S. "Seeking Middle Ground." American Libraries 30, no. 11 (December 1999): 32.

Williams, Patrick. *The American Public Library and the Problem of Purpose.* New York: Greenwood Press, 1988.

Wilson, James Q. *The Moral Sense.* New York: Free Press, 1993.

Wolfe, Alan. *One Nation After All: What Middle-Class Americans Really Think about God, Country, Family, Racism, Welfare, Immigration, Homosexuality, Work, the Right, the Left, and Each Other.* New York: Viking Press, 1998.

도서관, 세상을 바꾸는 힘

한국 공공도서관의 개척자, '시민사서'

한국에 공공도서관은 없다

우리나라에 공공도서관은 없다. 이 무슨 말인가? 전국에 거대한 공공도서관이 수백 개나 존재하는데, 도서관이 없다니! 우리나라에 시민들이 함께 만들어가는 공공도서관은 없다. 이것은 또 무슨 말인가? 수많은 학생과 시민들이 도서관에 가서 책도 보고 공부도 하고 자원봉사도 하는데, 시민들과 함께 만들어가는 공공도서관이 없다니!

한국에는 도서관의 장서가 위축되고 서비스와 기능이 축소될 때, 또한 도서관이 운영상 위기에 처할 때, 발 벗고 나서서 도서관을 지키고 위기에서 구해낼 시민들이 없다. 즉, 한국 도서관에는 도서관을 좋아하고 생사고락을 함께할 '도서관의 친구들'이 없다. 한국 공공도서관은 대부분 곁에 없다. 지역주민 대다수가 걸어서 10~20분 안에 갈 수 있는 곳에 없으며, 멀리 있어도 가서 볼 만한 책과 자료가 없다. 우리나라 공공도서관은 그저 '거대한 독서실'로 기능하였을 뿐, '민중의 대학(people's college)'이 되어 본 적이 없다. 우리의 공공도서관은 지역주민의 일과 삶의 중심으로서의 '公共圖書館'이라기보다는, 사서와 지역주민의 주체 의식이 없고 장서가 지역주민과 함께 지식의 순환을 이루지 않는 '空空圖書館'이라고 하면 과언일까?

독자 중 많은 사람은 이러한 필자의 독설에 기분이 상하거나 화를 낼 것이다. 그렇다. 제발 분노해 주시길 바란다. 그래서 공공도서관을 '독서실'이 아닌 그야말로 '도서관'으로 이용하고 '도서관맛'을 느껴서 '도서관의 친구'가 되어 주시길 바란다.

위기의 공공도서관

오늘날 한국 공공도서관은 위기에 처해 있다. 정보기술, 디지털매체, 인터넷 등의 급속한 발전은 사회적 기반이 약한 공공도서관의 존재를 위협한다. 사람들은 도서관을 외면하고 손쉽게 집에서나 직장에서 정보를 구하고자 한다. 공공도서관이 '정보'만을 외치고 '정보'를 도서관 이름에 넣고, 사람들의 정보 접근만을 염두에 두고 서비스를 하는 경향이 강해지고 있다. 이를 정부와 언론, 또한 사회여론이 당연시하고 조장한다. 또한 많은 사람들은 별다른 생각을 하지 않고 너무나도 쉽게 도서관, 사서, 종이책의 종말을 입에 올린다. 이러는 사이에 도서관의 빈약한 장서는 더욱 황폐화되고, 지역사회를 가꾸고 사람들의 독서력과 교양을 끌어올리는 도서관의 '교육적' 기능은 점차 퇴색되고 있다. 아울러 지방자치단체가 종전의 도서관 지원 예산을 다른 용도로 쓰기도 한다. 한편, 영상매체와 영상문화는 사람들, 특히 신세대의 시선을 끌어당기면서 사람들의 참을성을 옅게 만들고 나아가 사람들이 '지속적인 독서(sustained reading)'를 하는 것을 점차 어렵게 한다. 사회가 정보화를 외치고 도서관이 정보에의 접근 기능만을 강화하는 디지털시대는 새로운 야만의 시대가 되어 가고 있다. '속도'와 '능률'은 있되, '내용'과 '성찰'은 없다. '정보고속도로'는 있으나, '문화콘텐츠'는 없다.

이른바 지식기반시대라고 불리는 21세기에도 많은 한국인은 도서관을 여전히 '독서실'로 여기는 듯하다. 그래서 공공도서관이 공적 기반을 잃어버릴 수 있는 민간 위탁 경영의 대상이 된다고 하더라도, 사람들은 별반 관심이 없다.

도서관, 세상을 바꾸는 힘

누가 운영한들 어떠랴! 어차피 독서실인데. 누가 운영하든지 문화센터나 편의
시설이나 잘 갖추어 주면 좋겠다고 생각하기 쉽다. 그래서 공공도서관에 장서
구입비가 줄어들고 자료가 빈약해도 별 느낌이 없다. 더욱이 공공도서관을 위
탁 경영하는 기관이 지역사회에 기본적으로 또한 중·장기적으로 필요한 공적
서비스를 줄이거나 자료를 줄이거나 갖추지 않아도 이에 대해 항의하는 사람이
드물다.

'시민사서'와 '도서관의 친구'

21세기에서도 한국 공공도서관은 기본을 강화하고, 사회적 기관으로서 위상
을 다지는 일이 필요하다. 한국의 근현대사에서 역경과 좌절, 고난의 시공을 경
험한 한국 공공도서관 운동이 오늘날에도 여전히 필요하다. 대한제국 시기 사
회지도층의 도서관 건립 운동의 좌절, 일제 강점기 애국계몽 운동으로서의 도
서관 운동의 성쇠, 해방 후 한국 도서관 및 도서관학의 개척, 1960~70년대 전
국 방방곡곡에서 꽃피운 마을문고 운동과 공공도서관이 전개한 독서 운동,
1980년대 '대한도서관연구회'의 '개가제 운동', '이동도서관 운동', '입관료 폐
지 운동'과 주민도서관 운동 및 '작은 도서관' 운동, 1990년대 청년 사서들의
전문직 운동과 각 지역의 민간도서관 운동, 1990년대 후반 이후의 시민단체와
연대하여 전개된 도서관 콘텐츠 확충과 책읽는사회만들기 운동, 최근의 '북스
타트', '한 책, 한 도시' 운동 등과 같이 파란만장하게 전개된 한국 도서관 운동
은 오늘날 그 예봉을 가다듬고 활용되어야 한다. 오늘날 공공도서관 사서진은
한국 도서관 운동의 역사에서 개척 정신으로 헌신한 선배들의 자취와 업적을
계승하고, 각종 도서관 운동의 양상과 역사적 교훈을 살피고 성공한 요소와 실
패한 경험을 시금석으로 삼아 이 시대에서 창의적으로 도서관 운동을 전개할

필요가 있다. 이러한 국면에서 이 책, 『도서관, 세상을 바꾸는 힘』은 한국 공공도서관 사서들과 시민들에게 든든한 힘을 줄 수 있다. 이 책은 비록 미국사회의 역사적 경험과 공공도서관의 항로를 제시하고 있지만, 이 책이 던지는 메시지는 의미심장하며 한국 공공도서관의 진로에도 참조할 수 있는 깊은 메시지를 줄 수 있다. 우선 '시민사서'라는 개념이 주목할 만하다. 자세한 내용은 책의 내용을 통해 음미하시길 바란다. 필자는 나름대로 이 개념을 "시민과 함께 지역사회와 공공도서관을 가꾸어 나가는 사서"라는 뜻으로 풀이하고자 한다. 시민사서는 민주사회를 건설하고 성숙하게 만드는 데 일조하며, 특히 공공도서관의 '교육적' 기능을 강화하고자 한다. 흔히 도서관의 주요 기능으로 '교육', '문화', '정보'로 구분하기도 한다. 이 책에 따르면, 미국의 경우 전통적으로 공공도서관이 사회적 기관으로 중요한 교육 인프라로서 기능하였는데, 1960년대 이후 강화된 개인주의(특히 표현적 개인주의)에 의해 점차 사회적 권위를 상실하고, 더욱이 현재에는 정보 접근 기능이 집중적으로 강조되어 도서관의 사회적 기반이 약화되어 있다고 한다. 최근까지 정보기술의 발전과 함께 공공도서관이 정보 접근을 강조하다 보니, 어느 틈엔가 지역사회와 지역주민의 정치적·문화적·교육적 중심광장으로서의 공공도서관의 위상이 침식되어 있었던 것이다.

이 책은 사서가 시민과 더불어 지역사회에서 건강한 공동체를 새롭게 회복하자는 메시지를 주고 있다. 특히 이러한 메시지를 제시하는 과정에서 이 책은 미국의 정치사상, 문화전쟁, 사회 변동 등 인문학 및 사회과학적 해설을 동원하고 있어, 독자는 미국 공공도서관의 역사적·사회적 전개 과정과 그 이면의 사상적·사회문화적 배경을 이해하는 데 흥미진진하면서도 깊이 있는 독서를 경험할 수 있을 것이다.

시민사서에게는 든든한 '도서관의 친구들(Friends of Library)'이 필요하다. 이 책은 "공공도서관 사서가 도서관 이용자들을 고객이 아닌, 민주주의를 강화하는 임무에 동참하는 파트너로 대하여야 한다. 도서관 이용자들은 너그럽게 봐주어야 하는 고객이 아니며 이익을 얻어 낼 대상도 아니다. 그들은 사랑과 존중을 받을 가치가 있는 지역사회의 일원이다"라고 주장한다. 이러한 주장은 그동안 미국 문헌정보학과 도서관경영 분야에서 주장한 '고객만족' 이론을 반박하는 것처럼 보인다. 그런데 이 책을 좀 더 자세히 읽다 보면, 이용자에 대하여 적극적으로 응대해야 하는 고객 차원을 넘어 진정한 주체로서 이용자를 대하자는 주장임을 알 수 있다. 이용자는 손님이 아니라 동반자이며 주인인 것이다.

도서관의 황금시대를 준비하자

우리나라 공공도서관은 변화와 경쟁의 소용돌이 속에서 생존 및 발전 전략 모색에 전전긍긍하고 있다. 우리 사회에서 공공도서관의 간판이 내려지고 'ㅇㅇ독서실', 'ㅇㅇ평생학습관', 'ㅇㅇ정보문화센터' 등으로 도서관의 명칭이 바뀌어 민간 위탁이 되고 사서가 정보전문가로서 살 길을 모색해야 하는 세상이 올지도 모르겠다. 수천 년 인류 역사를 통하여 정립된 가장 위대한 기관이자 가장 훌륭한 인류의 발명품인 '도서관'이 우리 사회에서는 너무나 쉽게 무너지거나 그 본질이 변질될 수 있다는 사실은 참으로 참담한 기분이 들게 한다. 사실 '도서관'이라는 이름 안에는 교육, 문화, 정보, 독서, 인간적 정보 서비스 등 모든 개념과 명칭이 녹아 있다. 다른 이름을 가져다 댈 필요도 없고 그래서는 안 된다. 공공도서관은 시민의 세금으로 운영되는 '남녀노소 지역주민의 학교'인 것이다. 학교이지만 보통 학교처럼 점수를 매기고 서열을 가리지 않는다. 이용자 각자가 존중받고 정서적·지적 성장을 할 수 있도록 도와 주는 더할 나위 없이 좋은 공공 기관인 것이다. 우리 사회는 무엇보다 도서관의 기본과 본질을 바로 세울 필요가 있다.

이 책의 번역자는 공공도서관 현장의 베테랑 사서로서 열심히 일하는 사람이다. 그녀의 도서관에는 130명 이상의 든든한 '도서관의 친구들'이 있다고 한다. 이들은 지방선거 기간 동안 도서관 지원을 요청하는 질의서를 출마자들에게 보내기도 하고, 구의회가 열리면 도서관 예산안 처리를 지켜보는 등 도서관과 함께 호흡하고 도서관을 걱정하며 도서관의 혜택을 주인의식을 가지고 누리고자 하는 '도서관의 친구들'이다. 이제 필자가 이 글의 첫머리에 쓴 말은 수정해야 하겠다. 우리나라 공공도서관에는 '도서관의 친구들'이 피어나고 있다고.

이 책의 내용과 함의는 이해하고 감당하는 데 녹녹하지 않다. 그런 만큼 우리 사회에서 공공도서관의 발전을 기원하는 번역자의 노고가 엿보인다. 앞으로 우리 사회에서 시민과 사서가 공공도서관의 기본을 다지고 다음 단계로 나아가는 데 이 책은 좋은 읽을거리가 될 것이다. 우리 사회에서 도서관이 종말을 맞이하거나 변질되지 않고, 기본을 강화하여 건강한 공공 기관으로 거듭나 도서관의 황금시대를 열어가는 데 이 책은 거름이 될 것이다.

이용재(부산대학교 문헌정보학과 교수)

이제 지역 공공도서관의 역할을 새롭게 정립해야 한다

줄타기의 비밀, 균형을 잡아 주는 부채의 역할

우리나라 영화사에서 한때 최대 관객을 동원하면서 화제를 뿌린 영화 '왕의 남자'에서는 우리나라 전통 줄타기 장면이 나온다. 맨몸으로 줄 위에서 갖가지 재주를 보여 주는 줄타기의 핵심은 줄 위에서 균형을 유지하는 것인데, 그것을 가능하게 하는 것은 부채라고 한다. 이 같은 줄타기는 일상에서는 서로 다른 입장을 고려해야 하는 미묘한 상황에서 양극단의 중간적 입장을 따르는 균형을 유지하려는 행위를 일컫는 용어로도 사용된다.

저자는 이 책에서 미국 공공도서관 부문에서 전통적인 도서관 이념인 사회를 위한 교육적 기능 또는 임무 수행과 개인을 위한 정보 제공이라는 자유주의적 임무 사이에서 왜 균형과 조화를 이루어야 하는지를 설명하고 있다. 또한 구체적으로 지난 수십 년간 소홀히 취급되었던 도서관의 교육 목적을 되살려야 하는 까닭을 설명하고, 지역사회 구축의 새로운 중심으로 변화하는 데 필요한 제반 논점들을 제기하며 자신의 입장을 설득력 있게 제기하고 있다. 이같이 공공도서관이 지역사회 운동의 핵심적 시설로 변화하는 것은 줄타기에서의 부채를 쥐는 것과 같이 지역사회 발전과 개인의 자유와 발전이라는 두 입장의 조화와 균형을 이루는 행위라고 할 수 있다. 또한 도서관 운영을 책임지는 전문 직원인 사서직은 도서관에 주어진 사회적 임무와 개인적 임무 사이에서 균형을 유지하고 조화를 만들어 내는 부채와 같은 역할을 수행함으로써 도서관의 공공성을 유지하기 위한 제반 사회적 지원을 얻어 내는 데 기여해야 한다. 근래 개인의 가치에 지나치게 집중적인 관심을 보여 온 자유주의적 입장으로 인해 공공적 기관들의 사회적 가치와 임무가 크게 축소되거나 훼손되어 왔다는 이 책의 지적은 최근 급격하게 공공적 가치와 목적이 쇠퇴하고 있는 우리나라의 도서관을 이해하는 데도 중요한 분석틀을 제공한다. 이제 우리도 우리 공공도서관 부문에서 벌어지고 있는 제반 현상, 즉 공적 지원의 감소나 민간 위탁과 같은 운영의 민영화 추세, 전문직인 사서직의 위상 저하 등의 현상에 대해 어떻게 대응해야 할 수 있을 것인가에 새롭고 진지한 논의를 전개해야 하며, 그때 이 책의 지적과 주장은 큰 도움이 될 것이다.

사서직 양성과 배치 부문의 개혁이 시급

이 책은 시민사서직(civic librarianship)을 제안하고 있다. 공공도서관의 사회적 역할을 재건하자는 주장의 핵심은 사실상 새로운 사서직의 정립을 통해 구체화될 수 있을 것이다. 시민사서직은 지역사회 운동의 핵심적 역할을 수행하는 새로운 사서직의 모습이다. 이들 사서직은 사회와 개인의 목적 모두에 적절한 서비스를 제공할 수 있는 교육과 훈련을 통해 양성되고 공공도서관에 배치되어 서비스의 질과 수요의 조화를 유지하는 역할을 수행한다. 또한 지역사회 개발을 위한 시민 공간을 창출하는 역할이 강조된다. 이 같은 시민사서직의 발견은 우리나라 사서직의 양성과 배치, 그리고 활동에 대한 새로운 인식틀을 제공한다. 현재 공공도서관 사서직의 역할이 제대로 규명되어 있지 않은 우리나라에서는 무엇보다도 먼저 사서직 개혁이 우선되어야 하며, 그것이 도서관 개혁과 발전의 핵심 요인이 되어야 한다. 먼저 사서직은 스스로 자신의 전문성에 대한 자신감을 회복하고, 사회와 도서관 활동 속에서의 역할을 주체적으로 정립하는 일에 적극 나서야 한다. 지금까지 공공사서직 대부분은 공무원으로 행정직에 속해 있었다. 그러나 앞으로는 사서직의 전문직성을 보장하는 방향으로 제도적 전환이 있어야만 도서관 발전이 가능하다는 점이 폭넓게 인정되어야 한다. 이러한 입장에서 도서관 사서직 양성과 배치, 그리고 사회적 활동 전반에 걸친 재검토와 재정립이 시급하다고 할 것이다.

무엇보다도 사서직 양성 과정을 다시금 수립해야 한다. 도서관에 대한 철학과 실질적 임무에 대한 철저한 인식과 태도를 갖춘 사서 양성은 도서관 발전의 핵심적 기반이다. 특히 앞으로는 도서관 사상에 대한 인식을 제고할 수 있는 교육 과정을 필수적으로 이수하도록 해야 한다. 이에 대해 연세대 이병목 명예교수는 다음과 같이 지적한다.

> "도서관 사업이나 활동의 바탕과 뿌리는 도서관 정신, 도서관 철학, 도서관 사상이라고 할 수 있습니다. 그럼에도 불구하고 오늘날 이를 도외시하거나 등한시한 정보 기술 제일주의가 우리 주위에 팽배해 있어서 이로 말미암은 문제가 적지 않게 표출되고 있습니다. 이러한 문제를 조금이라도 해소하기 위해서는 도서관 사상에 대한 인식을 고양시켜 올바른 도서관관(圖書館觀)을 확립하는 것이 매우 중요합니다."
> (이병목, 고인철 등, 『위대한 도서관 사상가들』, 4쪽.)

철학을 확고하게 갖춘 사서들의 양성이야말로 새로운 도서관 시대를 열어가기 위해서는 가장 시급한 과제이다. 미국은 이미 오랜 기간 사서직의 사회적 위상 확립에 노력해 왔다는 전통을 기반으로 새로운 시민사서직을 제안하고 있지만, 우리나라는 아직 사서직의 전통을 제대로 확립하지 못했다는 역사적 한계가 있음을 고려해야 한다. 제대로 된 철학적 전통을 수립하지 못한 채 일제시대부터의 경험적 사서직 전통과 해방 이후 지금까지 서비스 전문가가 아닌 행정직의 한 부분으로만 존재해 온 한계를 극복하는 일을 통해 새로운 도서관 시대를 열어 갈 수 있는 기반을 마련해야 할 것이다. 마침 최근 도서관법 개정이 추진되고 있어 앞으로 그 법률에 따른 사서직 제도 개선 문제가 불가피하게 제기될 것이다. 따라서 도서관계와 문헌정보학계가 함께 진지하게 이 문제 해결에 나서야 한다. 교육 과정 개발과 실시에 도서관 현장의 상황과 요구를 반영할 수 있는 제도적 장치가 마련되어야 한다. 학계와 도서관계가 함께 참여하는 사서직 양성 과정 개혁을 위한 위원회 같은 조직에서 기존의 교육 과정을 분석하고 새로운 사서직 요구를 반영한 과정과 제도를 구상하고 정착시키는 노력이 필요하다. 특히 도서관 현장의 요구를 제대로 반영하고, 지속적으로 사서직 양성을 위한 교육 과정에 참여하도록 하는 것과 도서관계가 주도하는 사서직 양성 과정의 개혁을 선도하는 것이 중요하다.

양성 과정의 개혁과 함께 사서직원 배치 부문에서의 개혁도 시급하다. 우선 공공도서관 사서직 배치를 행정직이 아닌 전문직으로서의 위상을 확보해야 한다. 그리고 현장에서 사서직원을 채용하는 방식도 공개채용, 그것도 9급 공채 방식이 아니라 다양한 전문성을 갖춘 사서들이 현장에서 일할 수 있도록 하는 방안을 강구해야 한다. 물론 이 같은 개선은 사서직 양성 과정 개혁과 함께 추진되어야 한다. 그러기 위해서는 우선 사서직원들에 대한 직무 분석이 선행되어야 한다. 현재는 직급 위주로 운영되고 있는데, 이제는 직무 위주로 전환해야 하며, 그것을 위해서는 직무 분석은 필수적이다. 현장에서 필요한 직무를 정확하게 분석하고 이에 필요한 직원의 훈련과 경험의 수준을 정하고, 실제 현장에서 각각의 직무에 필요한 인력의 규모와 운용 계획 등이 수립되어야 한다. 해방 이후 지금까지 우리는 이 같은 기본적인 작업조차 이루어지지 않고 있는 것이

도서관 사서직이 전문직으로서의 위상을 확보하지 못하고 있는 핵심적 이유라고 할 것이다. 직무 분석을 통해 도서관 현장에서의 사서직 배치와 운용이 전문성 위주로 전환되어야 한다. 현재는 사서직 등급(1급 정사서, 2급 정사서, 준사서)이 아닌 단순히 행정직급에 따라 직무 배치가 이루어지고 있는데 앞으로는 전문성에 근거한 사서직 등급에 따라 현장에서의 사서직 배치가 이루어져야 한다. 이 같은 현장에서의 근본적인 전문직 배치와 운용 방식의 개혁이 없이는 도서관은 새로운 시대에서 시민을 위한 공공기관으로 살아남기 어려울 것이다.

공공도서관의 공익성 확보 노력 필요

최근 한미 FTA 협상이 추진되면서 도서관, 특히 공공도서관 부문에서도 새로운 도전이 시작되었다. 과연 우리나라 도서관 서비스 부문에 대한 대외 개방이라는 것이 어떤 양상으로 전개될 것인지, 우리 도서관 서비스 부문에 어떤 영향을 미칠 것인지 예측하기 어렵다. 그러나 분명한 것은 이제 도서관도 국제적 변화의 소용돌이에 휩쓸릴 수밖에 없다는 것이다. 문제는 현재 세계적인 추세는 개인이나 시장의 요구에 공익적 부문이 축소되고 있다는 점이다. 이번 한미 FTA 협상에 대해서 반대의 목소리가 커지고 있는 이유는 공공적 영역에서의 국가나 시민 통제력이 약화될 것이라는 우려 때문이다. 저자가 이 책에서 도서관 부문에 대해 제기한 문제의 핵심은 바로 자유주의 시각의 확산으로 인해 공공도서관 부문에서의 공공적 위상이 크게 약화되었다는 사실이다. 물론 우리나라에서도 이 같은 공공성을 훼손하는 사례가 계속 늘어나고 있다.

무엇보다도 공공도서관 운영의 민간 위탁 확산은 우려할 만하다. 2000년부터 확산되기 시작한 민간 위탁은 신규 개관하는 도서관을 중심으로 늘어나고 있다. 이러한 추세는 초기 공공조직의 개혁을 위해 전문 부문의 경우 민간의 참여를 통해 전문성과 시민 만족도를 높이기 위해 민간 위탁이 광범위하게 추진되고, 그 과정에서 도서관도 민간의 전문 역량 도입을 위해 민간위탁 방식이 도입된 것이다. 그러나 실제로는 작은 정부 유지 방침에 따라 신규 공무원 정원 확대가 어려워지자 새로 건립된 도서관에 직원을 확보하기 위한 수단으로 민간 위탁 방식이 검토되고 도입된 것으로 보인다. 지금도 그렇지만 공공도서관을 위탁 운영할 만한 수준의 전문성과 경험, 철학과 인력을 확보한 민간 영역이 제대로 성숙되지 않은 상황에서의 민간 위탁 추진은 오히려 도서관의 공공성과 전문성에 문제를 드러낼 수밖에 없었다. 그나마 전문사서를 관장으로 임용하고 있는 것은 다행이 아닐 수 없다. 그러나 도서관 운용에 필요한 예산이나 전체적인 방침 등에 있어 사회를 위한 교육과 정보 제공이라는 공공도서관의 사회적 가치에 집중하기 어려울 정도로 재정적인 부담과 운영의 전문성 보장이 제대로 이루어지지 않고 있다. 요즘에는 지방자치단체가 운영하는 시설관리공단에서 공공도서관을 운영하는 사례가 많아지고 있는데, 공단과 도서관은 서비스 철학이나 운용 방식, 가격 정책 등에서 큰 차이가 있음에도 저자가 지적한 대로 개인과 시장의 지배가 중요한 관점인 시설관리공단에서 공공도서관을 운용하도록 하는 것은 공공도서관 미래를 개척하고자 하는 상황에서는 심각하게 재검토되어야 한다. 얼마 전 경기도 한 시에서 시립도서관을 독서 관련 단체에 운영위탁하는 과정에서 시와 시민들이 갈등 양상을 보인 것은 앞으로 민간 위탁에 대해 우리 사회가 어떻게 대응해 나가야 하는지를 보여 준 주요한 사례라 할 것이다. 여기에 최근 개관한 서울의 한 공공도서관을 독서와 도서관 부문 시민운동을 주도하고 있는 '책읽는사회문화재단'이 위탁받아 운영하게 된 것이 새로운 가능성을 보여 줄 것인지 주목할 필요가 있다. 앞으로 재정과 인력 부문에서의 어려움을 겪고 있는 지방자치단체들은 공공도서관 위탁 운영을 계속 추진할 것으로 전망된다. 문제는 이 같은 추세에 대응할 도서관계의 대응 능력이 제대로 보여지지 않고 있고 실제 공공도서관의 역할에 대한 사회적 인식과 지지를 얻어 내지 못하고 있기 때문에 효과적인 대응이 어렵다는 점이다. 그런 상황에서 이 책이 제시한 공공도서관의 새로운 역할과 가능성에 대한 인식은 도서관 공공성 확보를 위한 도서관계의 대응에 큰 도움이 될 것으로 생각된다.

평생교육이 아닌 평생학습으로

요즘 우리나라 공공도서관의 주요한 기능의 하나는 평생교육과 관련되어 있다. 일부 공공도서관은 아예 그 이름을 평생학습관이나 평생교육관 등으로 바꾸고 평생교육 프로그램을 확대 실시하고 있다. 이 책도 도서관의 교육적 기능을 재건해야 한다고 한 것처럼, 사회적 가치와 역할을 가진 공공도서관이 그에 적합한 교육적 활동을 전개하는 것은 마땅한 일이다. 그러나 자세히 살펴보면 지금 우리나라 공공도서관들이 실시하는 대부분의 평생교육 프로그램은 도서관이 수행해야 할 교육적 기능과는 일정한 거리가 있다고 할 것이다.

우리나라 공공도서관들은 1980년대 후반부터 공부방 이미지를 벗어 버리기 위해 평생교육 또는 문화 프로그램을 제공하기 시작했는데, 내용상으로는 다른 공공 및 민간 부문에서 제공하는 프로그램과 차별성을 보여 주지 못하고 있다. 실제적으로 공공도서관과 평생학습관의 프로그램에서 자료 봉사 부문을 제외하고 큰 차이를 보이지 않고 있다. 그러나 이 책이 언급하고 있는 미국 공공도서관에서는 문자 해득력 프로그램과 기타 문화 프로그램을 엄격하게 구분하면서 전자에 치중하고 있다. 이것은 공공도서관이 다른 무수한 평생학습 시설과 차별화되는 프로그램을 제공함으로써 고유한 정체성을 유지하는 동시에 다른 교육 및 문화 시설이 제공할 수 없는 영역을 보완하고 있다는 것을 의미한다.

맥케이브가 도서관의 고유성을 유지하면서 사회적 가치와 교육적 기능을 재건해야 한다고 한 것은 아마도 이같이 공공도서관의 본질을 확대하는 방식을 고려한 것으로 생각된다. 그러나 우리나라에서 도서관의 교육적 기능 확대라고 할 때 자칫 지금과 같이 그저 백화점식의 강좌식 프로그램을 나열해 실시하는 활동으로 이해되어 오히려 도서관의 정체성까지도 흔드는 결과를 가져올 수 있다는 점에서 정확하고 신중한 접근이 필요하다.

공공도서관은 정보 접근 및 이용의 취약 내지 소외계층에게 울타리가 되고 공공성을 견지해야 평생학습의 건강성도 보증해 줄 수 있다. 따라서 기존 프로그램을 평가해서 자료 및 시설(공간) 중심으로 재구성할 필요가 있다. 우선 자료 중심의 새로운 프로그램으로는 소외계층이 정보 격차 해소, 주부·노인·장애자의 정보해득력(information literacy, 또는 정보 활용능력, 정보문해) 강화, 바람직한 인터넷 문화의 정착, 독서문화의 대중화, 가정의 독서공간 꾸미기 등을 들 수 있다. 그중에서도 앞으로 공공도서관은 평생학습의 주력 프로그램으로 시민들의 정보해득력 향상을 위한 것을 집중적으로 개발할 필요가 있다. 정보해득력은 '각종 정보기술과 통신 네트워크 등을 이용하여 개인 및 사회 생활에 필요한 다양한 유형의 지식정보를 추적·평가·조합·활용하는 총체적 능력'을 말한다. 이러한 정보해득력을 갖춘 정보문해자에 대해 미국도서관협회 정보문해위원회는 "궁극적으로 어떻게 학습할 것인지를 배운 사람들이다. (…) 정보문해자는 어떤 업무 환경이나 의사 결정 상황에서도 항상 정보를 찾을 수 있기 때문에 평생학습이 준비되어 있다. (…) (정보문해는) 개인의 능력을 강화시켜 주는 수단"으로 규정하고 있다. 이 같은 정보해득력 관련 교육 활동을 강화함으로써 도서관이 존립의 가치를 확보할 수 있을 것이다. 지금까지의 수동적 교육 활동이 아닌 학습자와 도서관이 함께 주체적으로 평생 동안 자신의 학습 능력을 강화하는 평생학습 기관으로 전환해야 할 때이다.

시민과 지역과 함께 숨쉬는 공공도서관을 만들어야

저자는 최근 공동체주의적으로 움직이는 사회에서는 민간 부문의 개발 모델은 제대로 작용하지 못한다고 지적한다. 특히 지역주민들을 단순히 도서관에서 분리된 서비스를 이용하는 고객이 아니라 공공시설을 사용하고 개발하는 데참여하는 파트너로 자리매김해야 한다고 한 것은 매우 적절한 지적이라고 생각한다. 이러한 관점에서 공공도서관을 공동체의 중심적 기관으로 기능하도록하기 위해서는 무엇보다도 도서관을 시민의 생활 속에서 살아 숨쉬는 공간으로만들어야 한다. 이를 위해서 도서관을 시민들의 생활권 중심에 위치하도록 하는 것이 필요하다. 앞으로 도서관 설립 때 입지를 최대한 주요하게 고려해야 한다. 그런 점에서 최근 사회 전반에서 일어나고 있는 작은도서관 운동은 주목할만하다. 이 운동의 핵심은 규모는 작더라도 주민들이 쉽게 접근할 수 있는 곳에도서관이 있어야 한다는 인식의 전환이 일어났다는 점이다. 그러나 실제 작은규모의 도서관은 도서관으로서의 역할 수행에 일정한 제약이 있을 수밖에 없다. 따라서 이 같은 제약을 근본적으로 넘어설 수 있는 제도적 장치로서 기존의공공도서관과의 긴밀한 협력 관계를 구축, 유지해야 한다. 장서와 서비스를 공유하는 노력은 물론 서로 역할을 적절하게 분담하면서도 시민에 대한 도서관서비스 제공의 책임까지도 함께 한다면 이 운동은 새로운 도서관 발전의 주요한 전기를 마련할 수 있게 될 것이다.

또한 도서관을 시민의 품에 전달하기 위해서는 지역사회의 다양한 공공기관이나 민간단체와의 긴밀한 협력과 역할 분담이 필요하다. 이를 위해서는 도서관은 이들 기관의 활동에 관심을 가지고 참여하거나 협력하기 위한 노력을 강화해야 한다. 도서관 활동에 대한 시민이나 민간 부문의 참여도 보장해야 한다. 현재 우리나라 도서관법에서는 도서관운영위원회를 설치·운영하도록 하고 있는데 이러한 제도적 장치를 효과적으로 활용해 도서관 운영에 시민과 공동체의 참여를 보장함으로써 지역사회와의 소통과 공동 발전을 도모해야 할 것이다. 또한 도서관 관장과 사서직들은 지역사회의 다양한 활동에 보다 적극적으로 참여하거나 관여해야 한다.

도서관이 주도적으로 역할을 수행해야 할 부문들이 적지 않다. 최근 서산시, 순천시, 익산시, 원주시, 부산시, 서울시 등에서 추진되고 있는 '한 도시 한 책 읽기(one city one book)' 프로그램이나 파주시나 순천시 등에서 개최되는 책 축제 등에서 도서관이 주요한 역할을 수행해야 한다. 또한 이 같은 지역 중심의 공동체 프로그램을 기획하여 지역사회 공공기관이나 민간단체와 개인 등과 함께 추진하는 과정을 통해 도서관이 지역사회의 중심적 공공기관으로서의 위상을 확보하는 노력을 기울여야 한다. 이제 사서직의 일터는 도서관뿐 아니라 지역사회 전반으로 확대되어야 한다.

시설 운영 문제에 있어 일반열람실 문제를 시급히 해결해야 한다. 최근 들어 공공도서관은 지역의 학습과 문화 시설, 정보 제공 기능의 확대 등으로 시설의 합리적 재구성이 요구되고 있다. 그리하여 어쩔 수 없이 현재까지 많은 부분을 차지하던 일반열람실을 축소하는 경향을 보이고 있는데, 이에 대해 기존 이용자들의 반발과 반론도 점차 거세지고 있다. 이제 도서관들은 일반열람실 문제 해결에 적극적 태도를 보일 필요가 있다.

공공도서관이 지역사회의 공적 시민 공간으로 거듭나기 위해서는 개별적이고 분리된 이용, 단순한 시설 이용 형태를 보이는 일반열람실을 도서관에서 분리해 별도의 시설과 논리로 운영되도록 유도해야 한다. 이 문제 해결 방안을 논

도서관, 세상을 바꾸는 힘

의하는 과정 자체를 통해 도서관이 지역사회 속에서 어떤 위상으로 자리잡고 있는지, 앞으로 어떻게 발전해 나가야 하는지를 점검해 볼 수도 있을 것이다. 도서관에서는 일반열람실 분리를 통하여 보다 공동체적인 시설, 프로그램으로 거듭나야 할 것이다. 그래야만 공공도서관에 대한 지지와 지원을 확보해 낼 수 있다.

도서관과 사서들이 주체적으로 나서야

이 책을 통해 미국 공공도서관 역사에 있어 도서관과 사서들이 주도적으로 자신들의 역할과 운영 방안 등을 모색해 나왔음을 확인할 수 있다. 주요한 지점에서 도서관과 사서들은 자신들을 드러냈다. 그럼에도 불구하고 지금 미국사회에서 도서관과 사서들의 사회적 위상이 크게 낮아지고 있다는 우려가 커지고 있고, 그러한 우려를 극복하고 새로운 위상을 만들어 내기 위한 노력의 일환으로 이 책은 공공도서관이 교육적 기능 복원을 통해 지역사회 중심 기관으로 거듭나야 한다는 점을 강조한다. 또한 이미 도서출판 이채에서 번역해 출간한 바 있는『눈에 띄는 도서관 마케팅』에서 저자 주디스 A. 시스(Judith A. Siess)도 그동안 개인주의적 관점에의 사회의 주변부로 밀려나 있어 사람들의 시야에서 멀어져 있던 도서관과 사서들이 이제 전면에 나서 자신의 사회적 가치와 가능성을 보여 줘야 한다는 주장을 펼치고 있는 것이다. 건국 초기부터 사회적 위상을 튼실하게 구축해 왔던 미국 공공도서관들이 지난 수십 년 동안 개인주의적 관점에 밀려 사회적 위상이 크게 훼손되어 왔다는 점은 우리에게도 많은 시사점을 준다. 도서관과 사서직들이 스스로 자신의 미래를 만들어 내지 못한다면 언제든 사회에서 버려질 수 있다는 사실을 깨달아야 한다. 특히 공적 지원을 받아야 하는 공공도서관으로서는 자신들의 존립 가치를 증명하기 위한 노력을 강화하지 않을 수 없을 것이다. 지방자치제하에서는 지방자치단체나 의회, 지역사회를 대상으로 한 정치적 활동 역시 필요하다는 관점도 도서관계는 적극적으로 수용해야 한다. 특별히 공공도서관과 사서직을 대변하는 전문 단체들의 활발한 활동이 요구된다. 개별 단위 도서관들과의 연대를 기반으로 새로운 공공도서관의 역할을 사회에 드러내고 역할 수행에 있어 시민사서직의 중요성을 거듭 강조하고 설득해야 한다. 도서관에 닥친 제반 위기에 공동 대응하고, 새로운 역할을 위한 개혁을 주도해 나가는 과정을 통해 공공도서관들 스스로 지역사회의 핵심 공공시설로서의 자기 존립의 의미와 가치를 실제 서비스와 행동을 통해 증명할 수 있게 될 것이다. 이 책 『도서관, 세상을 바꾸는 힘』은 한국 공공도서관이 사회적 기관으로 새롭게 거듭나는 데 훌륭한 고민과 토론, 실천의 계기를 줄 것으로 기대된다. 자신을 주도하지 못한다면 그 어떤 일도 할 수 없다.

공공도서관과 사서직이 이 시대 자신들에게 주어진 시대적, 사회적 과제를 제대로 인식하고 그에 충실하게 복무하고자 하는 헌신적 고민과 노력을 하지 않는다면 공공기관으로서 존립할 수 있는 사회적 지원을 얻어 낼 수 없다. 도서관 스스로 자신이 세상을 바꾸는 힘이라는 사실을 깨닫고 그러한 역할 수행을 위해 도서관 울타리를 넘어 사회 속으로 당당히 나서기를 바란다.

이용훈(도서관문화비평가, 한국도서관협회 기획부장)